인생 리셋

인생 리셋

이드페이퍼 지음

술술 풀리는 인생의 비밀

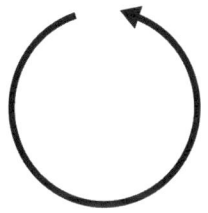

데이원

목차

여는 말 · 6

눈에 띈다 · 11
어두우면, 일어나서, 불을 켠다 · 35
방어는 포기하고 공격만 한다 · 59
머리 굴리지 말고 몸을 굴린다 · 87
평판은 무시한다 · 117
사소한 데 목숨 걸지 않는다 · 147
제때 포기한다 · 177
세상에 첫 단추를 잘못 끼우는 일은 없다 · 205
인기 있는 사람보다 필요한 사람이 먼저 뽑힌다 · 251
처음 핀 꽃에는 향기가 없다 · 275

맺음말 · 288

여는 말

 지금까지 우리는 인생이 잘 풀리려면 내가 노력해야 한다고 배웠다. 공부 열심히 해서 좋은 대학에 들어가고, 대학에서 열심히 취업 준비해서, 좋은 직장에 들어가 맡은 바 소임을 다 하면 인생이 잘 풀리는 거라고 배웠다. 그렇게 살았는데도 인생이 잘 풀리지 않으면 "네 노력이 부족해서"라고 들었다. 냉소의 욕구는 여기서 발생한다. 열심히 기도했는데 이뤄지지 않으면 "네 믿음이 부족해서"라는 것과 별다를 게 없기 때문이다.
 집에서 학교에서 그렇게 배웠던 사람들, 그렇게 가르쳤던 사람들의 진심을 들어 보자. 이들에게 "그래서, 당신의 인생은 잘 풀렸습니까?" 라고 묻는다면 이들 중 자신 있게 "잘 풀렸다"고 대답할 수 있는 사람은 몇 명이나 될까. 한국의 중장년층은 대부분 이렇게 살았으니 가까운 아무에게나 물어보면 되겠다. 이들 중 몇 명이나 자신의 인생이 그동안 줄곧 잘 풀렸다고 말할 수 있는가. 고생 끝에 낙이 온 사람들은 있겠다. 하지만 인생이 잘 풀렸다고 말할 수는 없다. 고생의 대가를 얻은 것이니까.

집에서 학교에서 배운 대로 되는 경우는 없다. 인간 세상은 생존법을 가르쳐 주지 않는다. 자연 상태에서는 부모나 집단이 새로 태어난 개체에게 생존법을 가르친다. 인간 문명은 그러지 않는다. 새로운 개체에게 생존법을 가르치는 것이 아니라 더 빨리 불행해지고 고통받는 법을 가르친다. 이 책은 집에서 학교에서 배우지 못한, 혹은 잘못 배운 생존법을 지적한다. 그리고 더 이상 고통받지 않는 인생을 살 수 있도록 돕는다.

살기는 누구나 다 산다. 하지만 산다고 다 같이 잘 살진 않는다. 대부분은 "죽지 못해" 산다. "죽지 못해" 사는 사람들은 사람 사는 게 다 똑같다고 생각한다. 내가 힘든 것만큼 다른 사람들도 다 힘들 것이라고 자위한다. 현실은 그렇지 않다. 인생이 힘든 사람일수록 생각과 현실이 다르다. 현실은 이렇다: 비슷한 조건에서 태어나 비슷한 환경에서 자랐는데 어떤 이는 너무 힘들게 살고, 어떤 이는 너무 쉽게 산다.

누구는 너무 힘들게 살고 누구는 너무 쉽게 사는 이유를 사람들은 당연시한다. 타고났으니까. 누구는 타고났으니 잘 풀리고, 누구는 그렇지 않았으니 안 풀린다고 믿는다. 뭐든 타고나야 한다고 믿는다. 부모, 재산, 지능, 재능, 유전자, 운, 뭐든 타고나지 못하면 인생은 망하는 거라고 운명론에 빠져 산다.

문제의 원인이 여기 있다. 운명을 믿는 것이다. "나는 타고나지 못했으니 인생이 안 풀릴 수밖에 없다"고 믿는 순간 당신은 평생 안 풀리는 인생을 살다 죽는다. 지금껏 인생이 잘 풀린, 성공한 사람들은 공통적으로 자기가 운이 좋았다고 말한다. 하지만 인생이 잘 풀린 사람들 중 정말로 운이 좋았던 경우는 없다. 이들의 살아온 과정을 들여다보면 다른 사람들과 별 다를 게 없었다. 운이 좋을 때도 있었고 운이 나쁠 때도 있었다. 단지, 이들은 불운했던 때를 잊은 것이다. 운명을 믿지 않았던 것이다. 부모, 재산, 지능, 재능, 유전자, 운, 그 어느 것도 믿지 않았던 것이다. 이들은 인생이 잘 풀리는 "법칙"에 따라 살았을 뿐이었다. 인생이 잘 풀린 사람들의 행적을 살펴보면 한결 같은 공통점이 발견된다. 그걸 본인이 인지하지 못했을 뿐이다. 부모도 배경도 학벌도 운도 믿지 않다 보니 자신의 인생을 행복하게 이끌었던 가장 중요한 원인마저 잊었던 것이다.

여기서 케케묵은 성공학 강의는 하지 않는다.『성공하는 사람의 7가지 습관*』같은 도사님 훈계에 관심 없다. 치열한 경

---

* 스티븐 코비가 1989년 출간한 자기계발서. 효과적인 삶을 위해 개인이 갖춰야 할 7가지 행동 습관과 그 기반이 되는 원칙들을 제시한다.

쟁에서 이기고 먹이 피라미드의 최상위 포식자로 올라서는 방법 같은 것도 가르쳐 주지 않는다. 당신이 미국식 자본주의 승자가 되고 싶으면 아마존에 가서 성공학 강의를 찾아볼 일이다. 여기선 빌 게이츠나 손정의가 되는 법을 가르쳐 주지 않는 대신, 그들처럼 스트레스 받으며 고생하지 않아도 행복하게 살 수 있다는 사실을 알려 준다. 당신의 인생이 더 이상 힘들지 않을 방법을 알려 준다. 최소한 지금보다는, 훨씬 덜 힘들게 사는, 더 편하고 쉽게 사는, "가성비 인생"을 사는 법을 알려 준다.

당신은 지금부터 "인생이란 원래 다 힘든 법이지" 자포자기 체념의 늪에서 벗어나는 법을 배운다. 당신은 지금부터 인생 잘 풀리고 잘 나가는 주변 사람들을 보며 "세상 불공평하다"고 시꺼멓게 속 썩지 않는 법을 배운다. 당신은 지금부터 "내가 지금 불행한 건 다 세상 탓"이라고 믿는 루저의 인생에서 벗어나는 법을 배운다. "인생 원래 이렇게 다 힘든 거냐"고 당신을 낳아 준 부모에게 울부짖는 못난 짓 하지 않는 법을 배운다. 되지도 않는 노력에 집착하다 좌절하지 않는 법을 배운다. 『아프니까 청춘이다*』같은 기성 세대의 대책 없는 훈계에 코웃음 치는 법을 배운다.

당신은 이제 지금과 다른 인생을 사는 법을 배운다. 지금까

---

* 김난도 교수가 2010년 출간한 에세이집. 젊은 세대가 겪는 어려움이 성장의 자연스러운 과정이라는 내용을 전하는 책이다.

지 안 풀리던 인생을 '최단 기간 + 최소 노력'으로 개조하는 법을 배운다. 뭘 해도 잘 풀리는 사람들처럼 당신도 그렇게 인생 리셋하는 법을 배운다. 노력에 집착하지 않아도, 굳이 최선을 다하지 않아도, 충분히 만족스러운 인생을 사는 법을 배운다. 뭘 해도 힘든 인생이 아닌, 뭘 해도 과정과 결과 모두 흡족한 인생을 사는 법을 배운다. 그래서 앞으로 몇십 년 뒤 누군가 "당신의 인생은 어떠했습니까" 물어보면 "제 인생은 그동안 순탄히 잘 풀렸던 것 같습니다"라고 말할 수 있게 해 준다.

인생 리셋

1

눈에 띈다

나는 나비다.

작고 하얀 나비다.

더 멀리 높게 날아 누군가의 눈에 띌 것이다.

사례1

할리우드 여배우 샤를리즈 테론은 불우한 여자였다. 아버지가 폭력 가장이었고, 가정 폭력에 고통받던 어머니가 아버지를 총으로 쏴 죽였다. 테론은 유럽으로 건너가 모델과 무용수를 병행했지만 주목받지 못했고, 미국 LA로 건너가 배우의 꿈을 키웠지만 여기서는 생계조차 유지하지 못하는 절망적 지경에 빠졌다. 당시 테론은 어머니가 보내 준 수표로 쌀을 사야 했는데, 은행에서 이 수표가 거부당하는 일이 발생했다. 두 눈이 뒤집힌 테론은 은행원에게 미친 듯이 고함 치며 은행의 부당한 처사에 따졌다. 당시 은행에서 번호표를 뽑고 대기 중이던 어느 할리우드 에이전트 관계자가 맹수처럼 날뛰는 테론을 보고 "저 여자 멋진데?"라고 생각했고, 자신의 회사로 데려와 배우로 데뷔시켰다.

"인생 잘 풀린다"는 말의 의미를 생각해 보자. 뭘 하면 뭐든 딱딱 맞아 떨어져 일사천리 굴러가고, 하다 막히면 막혔던 게 해결돼서 다시 잘 굴러가는 걸 의미한다. 쉽게 말하면 운이 좋다는 거다. 인생이 잘 풀린다는 말은 운이 좋다는 말과 흔히 같은 뜻으로 쓰인다. 그래서 사람들은 "인생 잘 풀리는 법" 따위는 존재하지 않는다고 생각한다. 운이 좋아야 인생이 잘 풀리는 거니까. 인생이 잘 풀리려면 운이 좋아야 하니까. 한 번도 인생이 잘 풀려 본 적도 없고, 주변에 그런 사례도 본 적이 없으니 선무당의 사주팔자 "운빨론"에 빠진다. 한 번이라도 인과 관계를 살펴볼 생각을 하지 않는다. 샤를리즈 테론의 에피소드를 보고 "운이 좋았구만!" 탄식하고 마는 것이다. 샤를리즈 테론이 저 상황에서 세계적 여배우가 될 수 있었던 계기는, 저 에피소드가 뻔히 말하듯, 다른 사람의 도움을 받았기 때문이다.

"인생 리셋"을 위한 제1원칙은 "혼자서는 절대로 인생이 풀리지 않는다"는 것이다. 많은 이들이 인생이란 혼자 와서 혼자 살다 가는 것이라고 말한다. 사실을 말하자면 당신 혼자 살면 인생도 없고 생존도 없다. 다른 사람과 함께 있어야 인생이 있고, 다른 사람의 도움을 받아야 인생이 풀리고 행복해진다. 알고 보면 당신의 불행도, 당신의 행복도 사실은 언제나 사람들과의 상호 작용에 의한 것이다. 당신이 인류 역사상 가장 뛰어난 천재라도 혼자 살면 인생은 없다. 인간은 혼자서는 입에 풀칠도 못한다. 편의점에서 컵라면만 먹고 산다 하더라도 한 명 이상의 사람과 거래를 해야 한다. 쓰레기 통을 뒤져 먹고 살아도 쓰레기 버리는 사람이 없으면 굶어 죽는다. 영화로도 제작된 적 있는 『인투 더 와일드(Into the Wild)』라는 논픽션은 인생을 자기 혼자 힘으로 살아 보려 했던 천재들이 어떤 최후를 맞았는지 이야기해 준다. 그러니 말한다. 인생이란 다른 이들과의 공존을 의미하며, 인생이 잘 풀린다는 말은 "다른 사람으로부터 제때 도움을 받는 것"을 말한다.

인생이 잘 풀리는 사람들이 있다고 했다. 다른 이들과 똑같은 출발점에서 출발했는데, 특별히 남다른 노력이나 고생도 하지 않고, 다른 이들보다 쉽게 목적지에 도달하는 사람들이 있다. 이들의 변치 않는 공통점은 "언제 어디서나 항상 도와주는 사람이 있다"는 점이다. 아무리 막막한 일이 닥쳐도 누군가 뜻하지 않게 뿅하고 나타나 도와준다는 것이 인생 잘 풀리는 사람들의 변치 않는 공통점이다. 이런 일을 한 번도 겪어 보지 못한 사람들은 이런 이야기를 들으면, "신데렐라야? 호박 마차 나오고, 유리 구두 왕자 나오고?" 이런다. 그런 일은 있을 수 없다며 미신 취급한다. 소공녀와 키다리 아저씨 같은 "소녀들의 로망"은 실제 현실에서 놀라울 정도로 빈번하게 일어나는 일이다. 당신이 그런 일을 겪은 적이 없다면 주변의 사례를 생각해 보자. 누구는 항상 다른 이들의 도움을 얻어 인생을 쉽게 사는

데, 누구는 항상 다른 이들에게 무시당하며 인생을 어렵게 산다. 꼭 당신이 아니더라도, 조금만 돌아보면 이런 사례는 차고 넘친다.

이런 일을 겪어 보지 못한 사람들은 이것조차 운으로 친다. 나는 운이 없으니까 도와주는 사람이 없는 것이고, 저 사람은 운이 좋으니 도와주는 사람이 있는 것이라고 생각한다. 나는 흙수저니까 도와주는 사람이 없는 것이고, 저 사람은 금수저니까 도와주는 사람이 있는 거라고 생각한다. 이게 인생이 잘 안 풀리는 원인이다. 왜 그런지 인과 관계를 보려 하지 않기 때문이다. 다 집어치우고 기본 이치만 따져 보자. 다른 사람의 도움을 받기 위해 가장 먼저 해야 할 일은 뭘까. 다른 사람의 눈에 띄는 것이다. "나 죽는다 살려 달라"고 할 때 이걸 다른 사람들이 보고 들어야 와서 도와준다. 혼자 방 안에 틀어박혀 "나 죽는다 살려 달라" 골방 벽에 다잉 메시지(dying message)를 쓰고 있으면 그.대.로. 꼼짝없이 죽는다. 일단은, 무조건, 다른 사람 눈에 띄어야 도움 받을 일이 생긴다. 밥을 먹어야 배가 부르고 비가 와야 벼가 자란다는 말처럼, 생각해 볼 필요도 없는 너무나 당연한 말이다. 눈에 띄지 않으면 당신은 다른 사람에게 도움 받을 일도, 인정받을 일도 없다. 온라인이든, 오프라인이든, 학교에서든, 직장에서든, 길거리에서든, 식당에서든 어디선가 누군가의 눈에 띄어야 도움 받을 기회를 얻는다.

다시 샤를리즈 테론의 에피소드로 돌아가자. 눈에 띄었기 때문에 다른 사람의 도움을 받았고, 다른 사람의 도움을 받았기에 영화 배우로 데뷔했다. 사람들은 샤를리즈 테론 같은 외모만 있으면 금방 눈에 띄어 어디서나 도움을 받을 수 있을 것이라고 생각한다. 하지만 테론보다 우수한 외모를 가졌음에도 아무것도 되지 못한 여자들이 더 많다. 샤를리즈 테론도 처음엔 그랬다. 모델을 해도, 무용을 해도, 배우를 해도 5년이 넘도록 아무 주목도 받지 못했고, 도와주는 사람도 없었다. 사회 경험이 없는 이들일수록 다른 사람의 도움을 무시하거나 도움을 받을 수 없는 상황을 고집한다. 사회 경험 일천한 천둥벌거숭이들은 나 혼자 잘나면 다 되는 줄 안다. 나 혼자 잘났으면 세상이 버선발로 뛰어와 삼고초려 해 줄 것이라 생각한다. 나 혼자 잘났으면 자동으로 승승장구해서 세상을 지배할 것이라 믿는다. 그런 한심한 착각에 빠져 살다 깨지고 치이고 경쟁에서 도태된다. "뭘 해도 다 잘될 것"이란 착각에서, "뭘 해도 안된다"는 염세주의로 굴러 떨어지기까지 오랜 시간이 걸리지 않는다. 자기보다 무능하다 생각했던 다른 경쟁자들이 승승장구하는 걸 보며 피눈물을 쏟으며 말한다.

"나는 운이 나쁜 사람이야."

반대의 경우도 그렇다. 나는 능력도 없고 잘난 것도 없으니 더 겸손히 조용히 살아야 한다고 생각한다. 불이익을 당하지 않으려고 몸 사리고, 침묵하고, 배알 없이 아부한다. 결과는 뻔하다. 이용당하고 버려진다. 이들의 불우한 인생을 보며 깨닫는 것이 있어야 정상이지만 그런 경우는 드물다. 잘못된 교육 때문이다. 당신이 안 풀리는 인생을 리셋하고 싶다면, 앞으로의 인생은 잘 풀리고 싶다면, 세상 돌아가는 원리부터 깨쳐야 한다. 세상 눈에 띄는 방법부터 익혀야 한다. 다른 사례를 보자.

사례 2

중국 주석 등소평(鄧小平 덩샤오핑, 1904~1997). 등소평은 별 볼 일 없는 남자였다. 키가 160cm에 불과했으며, 지극히 평범한 얼굴에, 공부를 잘 하지도, 운동을 잘 하지도 못했다. 게다가 그는 매사 "그까짓 거 대충하지 뭐"라는 적당주의 사고방식까지 있었다. 하지만 그는, 수많은 위기를 겪으면서도, 인생이 잘 풀렸다. 격동의 세월을 거치며, 그와 동고동락했던 동지들이 추풍낙엽처럼 몰락하는 중에 혼자 살아남아 승승장구했고, 죽기 전까지 하고자 했던 모든 뜻을 이루었다. 등소평은 20세기를 살았던 모든 인물 중, 가장 인생이 잘 풀린 사람 중 한 명이었다.

그는 국공 내전 당시 모택동의 심복으로 들어가 공산당의 대륙 제패에 공을 세웠고, 중화인민공화국 건국 이후 모택동의 신임을 얻어 승승장구했다. 하지만 그는 모택동이 비상식적인 행동을 하면 언제나 그에게 반기를 들었다. 한 번은 모택동이 장관급

회의에서 자신의 결정을 이야기할 때 "내 의견에 반대하는 사람은 손을 드시라"고 말했다. 등소평이 손을 들었으나 팔이 짧아 모택동은 보지 못했고 "그럼 아무 반대 의견이 없는 걸로 알겠다"고 하자 등소평은 그 자리에서 일어나 반대 의사를 표했다. 모택동은 그러자 "저 친구는 너무 작아서 일어서나 앉으나 마찬가지이니 반대로 간주하지 않겠다"고 말했다. 그러자 등소평은 테이블 위로 올라가 반대 의사를 분명히 했다.

모택동은 등소평이 자신의 의견에 반대할 때마다 화가 나서 지방으로 귀양 보냈으나 얼마 지나지 않아 다시 불러들였다. 모택동은 잔혹한 독재자였다. 한 번 눈 밖에 나면 다시 재기하지 못하도록 짓밟는 것이 관례였다. 하지만 등소평은 몇 번이고 눈 밖에 났음에도 예외 없이 다시 부름을 받았다. 그는 문화 대혁명 당시 모택동의 반대 세력으로 몰려 멸문지화 위기까지 몰렸음에도 여전히 승승장구하면서 30여 년의 세월 동안 중국을 지배하는 자리에 올랐다.

"눈에 띈다"는 것의 의미는 눈에 띄어서 다른 사람이 도와주고 싶게 만든다는 것이다. 등소평은 눈에 띄지 않았다. 그는 성격도 무난하고 조용한 편이었다. 하지만 어딜 가나 도와주려는 사람들이 있었다. 그중 한 명이 모택동이었다. 그는 등소평이 너무 자기 주장이 강하다고 생각했다. 그래서 "저 새끼 다시는 보지 말아야지" 하고 몇 번이고 내친 뒤에도, 금방 다시 등소평이 생각나서 데려왔다. 등소평은 자신을 아껴 주던 모택동이 죽은 뒤에 더 잘나갔다. 모택동 반대 세력의 지지를 받아 주석의 자리에 올랐고, 권좌에 오른 뒤에는 권력층으로부터 이렇다 할 저항을 받아 본 적도 없었다.

샤를리즈 테론과 등소평이 어떻게 다른 사람 눈에 띄었는지 다시 보자. 겉보기 다른 사례 같지만 분명한 공통점이 있다. 강한 주관이다. 강한 주관이 다른 사람의 이목을 끈다. 강한 주관은 도움 안 되는 똥파리를 내쫓고 도움이 될 귀인을 끌어들인다.

상식적으로 생각해 봐도 그렇다. 똥파리들은 뭐 주워 먹을 게 없을까 하는 기대감으로 날아온다. 그래서 겉모습만 보고 달려든다. 겉모습이 만만해 보이면 똥파리들이 꼬인다. 그런데 당신이 강한 주관을 드러내면 똥파리들은 금방 생각이 바뀐다. "이 사람 쉽지 않겠는데." 그리고 다른 곳으로 날아가 버린다.

강조하지만, 당신이 눈에 띄어야 할 대상은 당신과 비슷하거나 당신보다 못한 고만고만한 똥파리 떼가 아니다. 당신이 눈에 띄어야 할 대상은 당신보다 월등히 사정이 나은, 당신에게 실질적 도움을 줄 수 있는 "기득권"이다. 대부분의 경우, 당신의 인생에 도움될 사람이라는 건 당신보다 사회적으로 높은 위치에 있는 사람을 의미한다.

돈과 권력을 가진 기득권은 그렇다. 만만한 사람에게 매력을 느끼지 못한다. 왜냐하면 그런 사람들은 주변에 너무 많기 때문이다. 기득권 주변엔 온통 똥파리 떼뿐이다. 뭐 주워 먹을 게 없을까 하는 생각으로 날아와서 알랑방귀나 뀌는 이들이 대부분이다. 그래서 기득권은 남의 말만 잘 듣는 고만고만한 사람들에게 쉽게 흥미를 잃고, 주관이 건강한 사람에게 흥미를 갖는다.

좋은 의미로든 나쁜 의미로든 역사에 남은 정치계 "2인자"들을 살펴본다. 이승만과 이기붕, 박정희와 이후락, 김영삼과 이회창, 김대중과 박지원, 박근혜와 최순실… 권력자의 눈에 띄어 높은 자리에 오른 유명 인사들, 알고 보면 모두 예외 없이 남다른 주관을 가진 자들이었다. 그래서 권력자의 선택을 받은 것이다. 배알 없는 쭉정이, 주관 없는 아첨꾼은 애당초 눈에 띄지 않는다. 높은 자리에 오르지 못한다. 이런 경우가 마음에 들지 않아도 어쩔 수 없는 일이다. 인간 세상 법칙이기 때문이다. 자기 자신도 모르게, 이러면 안 되는데 그러면서도, 어쩔 수 없이 그렇게 돼 버리기 때문이다.

"강한 주관으로 기득권의 주목을 받는다, 그들에게 발탁돼 승승장구한다"는 공식은 옛날이나 지금이나, 서양이나 동양이나, 도시에서나 시골에서나, 민주 정권이나 독재 정권이나, 심지어 전쟁터에서조차, 변함없이 적용된다. "인생 리셋" 제1 법칙은 강한 주관에 관한 이야기다.

1. 주관은 보이고 들려야 주관이다

당신은 등소평을 생각해야 한다. 키가 작다고 무시당하자 책상 위에 올라가 버린 등소평은 "눈에 띄는 법"을 아는 사람이었다. 등소평이 거기서 "히잉~ 내가 키가 작아서 어쩔 수 없구나" 하고 말았으면 그는 평생 작다고 무시당하다 불행하게 죽었을 것이다. 샤를리즈 테론 역시 마찬가지였다. 당시 은행에서는 수표가 캘리포니아에서 발행된 것이 아니라는 이유로 출금을 거부했다. 만약 테론이 그때 은행의 설명에 납득하고 집으로 가 버렸거나, 무력하게 대충 항의하고 말 사람이었다면 그는 평생 아무 기회도 얻지 못하고 어머니처럼 비참한 삶을 살았을 것이다. 이건 아니다 싶으면 따져야 한다. 들리고, 보이게 따져야 한다. 당신은 테론이 가졌던 열정도 없을 것이고, 그만큼 절박 하지도 않을 것이다. 그래서 그렇게 극적인 상황을 연출하기 어려울 것이다. 하지만 최소한, 상대가 당신을 무시할 수 없게 만들 수는 있다. 목소리를 높이고 눈을 부릅뜨면 된다. 내가 옳다고 생각되면 상대가 내 말을 들어줄 때까지 인정사정 봐주지 말고 들이대고 몰아쳐야 한다. 그래야 당신이 살아남는다. 당신이 안 보이고 안 들리면, 보이고 들리게 해야 한다. 고함을 지르든지, 책상을 내리치든지, 바닥에 물건을 내동댕이치든지, 팔을 잡고 늘어지든지, 어떤 식으로든 눈에 띄어야 한다. 그래야 당신이 살아남는다.

2. 불만과 넋두리는 주관이 아니다

이 시점에서 우리는 진상 고객(black consumer)을 생각해 볼 필요가 있다. 진상 고객만큼 눈에 잘 띄는 인간도 없다. 하지만 아무도 진상 고객을 도와주려고 하지 않는다. 모두가 피하려고 한다. 그래서 강조한다. 눈에 띈다는 것은 건강한 주관을 보여 주는 걸 의미한다. 단순히 시끄럽게 군다고 주관이 강한 건 아니다. 정당한 사유가 있을 때, 나의 주관에 합리적인 이유가 있을 때, 그때 당신의 주장을 부르짖어야 한다. 물론 "더러워서" 면전에서 도와주는 척을 할 수는 있다. 하지만 그때뿐이다. 여기서 알려 주는 인생 잘 풀리는 법은 지속적인 효과를 뜻한다. 다른 사람이 정말 진심으로 당신을 도와주고 싶어서 도와줘야 지속적으로 인생이 잘 풀리는 것이다. 다시 말하지만, 다른 사람이 자발적으로 도와주고 싶게 만들어야 한다. 그게 핵심이다. 그저 "더러우니 이번만 도와주고 만다"는 생각이 들게 하면 인생이 잘 풀릴 일은 없다. 물론 상황에 따라선 그런 식으로라도 도움을 받아야 할 때가 있다. 가끔은 정말 진상 짓을 해서라도 도움을 받아야 할 수도 있다. 그럴 때는 그렇게 하면 된다. 항상 말하지만, 손해를 보고 뒤에서 분노하며 세상을 저주하기보다는 지금 당장 내 눈앞에서 문제를 해결하는 것이 훨씬 유리한 법이다. 어쨌든 눈에 띄는 것은 눈에 띄지 않는 것보다 절대적으로 당신의 생존에 유리하다는 사실을 기억해야 한다.

3. "반전 매력"은 눈에 띄는 주관이다

 강한 주관은 평소 그렇지 않은 모습에 의해 더 부각되는 법이다. 평소에는 "이런들 엇더며 져런들 엇더료 / 만수산 드렁츩이 얼거진들 엇더리" 하여가의 자세로 살다가, 딱 필요할 때만 강하게 주관을 드러내야 효과 만점이다. 쉽게 말해, 무리하지 않는 것이다. 강한 주관을 갖겠다고 무리수를 두면 얻는 것은 거부감뿐이다. 내 특정 이익과 관련 없는 사안에 대해선 아예 관심 끄거나, "잘 모르겠는데요" 하면 그만이다. 나의 주관을 드러낼 기회는 앞으로 얼마든지 있으니, 주관을 드러내기 위해 오지랖 부리거나 집착하지 말라는 말이다. 샤를리즈 테론은 주관이 강한 사람이었지만, 쓸데없이 자기 주장을 내세우며 소란을 피우는 인간이 아니었다. 그녀가 은행에서 야단법석을 떤 것은 대단히 예외적인 일이었고, 할리우드에서 일을 하게 된 뒤로 또 그런 모습을 보였다는 일화는 들리지 않았다. 등소평은 강한 주장과는 아예 거리가 멀어 보이는 인물이었다. 그는 공산주의자였지만 마르크스-레닌주의를 제대로 읽어 본 적이 없었다. 그는 공산주의 창시자들의 글이 체질상 맞지 않았다. 맞는 말인 것 같긴 한데, 굳이 거기 목숨 걸 필요는 없다고 생각했다. 그는 아무 데에도 집착하지 않았다. 중요한 건 내 판단이지 죽은 이들이 적어 놓은 글귀가 아니기 때문이었다. 그가 이념주의 홍위병 놀음에서 벗어나 실용주의 노선을 걸었던 건 그

때문이었다. 다시 설명하면, 내게 직접적인 불이익이 닥칠 경우, 내가 어떤 사안에 대해 뚜렷하게 아는 게 있을 경우, 그때 주관을 드러내면 된다. 이때 내 주장을 눈에 띄게 하라는 것이다. 평상시 당신은 고요한 호수다. 상대가 언제든 노를 저어 건너올 수 있어야 한다. 하지만 주관을 드러낼 때면 당신은 허리케인이 덮친 바다다. 상대가 절대로 무시할 수 없는, 무슨 일인가 살펴볼 수밖에 없는, 가까이 다가가 도와줘야 할 것 같은, 그런 상태가 되어야 한다.

4. 일관성이 없으면 주관도 없다

주관의 정의에 대해 생각해 보자. 주관이란 특정 사안에 대해 일관된 의견을 갖는 것을 의미한다. 일관성이 곧 주관이다. "저 사람 주관 있는 사람이다"라고 함은, 성깔 있다는 뜻이 아니라, 변치 않는 자기 주장을 갖고 있다는 뜻이다. 무식한 사람들은 흔히 성깔 부리는 것을 주관 있는 것으로 착각한다. 그러면서 자신은 주관 있는 사람이라고 말한다. 그래서 누구의 도움도, 호의적인 대접도 받지 못한다. "만만디(慢慢的)* 중국인"의 전형이었던 등소평이 권력층의 지지를 받으며 승승장구한 것은 일평생 변치 않았던 실용주의에 대한 일관성 때문이었다.

---

* '천천히'라는 뜻의 중국어로, 조급함 없이 신중하게 일을 처리하는 중국 특유의 기질을 한국의 '빨리빨리' 문화와 대비하여 이르는 말.

그는 반대를 위한 반대를 하지도 않았고, 아부하기 위한 찬성을 하지도 않았다. 그는 언제나 실용주의와 합리주의라는 주관에 따라 움직였다. 그래서 사람들의 존경과 신뢰를 받았다. 책상 위에 올라가며 자신에게 끝까지 반항했던 등소평을 모택동이 끝내 내치지 못한 것은 그의 일관성 때문이었다. 일관된 주관은 신뢰를 부른다. 아무도 함부로 무시하지 못하는 힘을 갖는다. 그리고 어떤 식으로든 눈에 띄게 만든다. "저 사람은 믿을 만하다"는 인상이 자발적 아군을 만든다. 실제로 믿을 만한지 어떤지는 전혀 중요하지 않다. 그런 인상을 주는 게 전부다. "인생 리셋"한답시고 "뼈를 깎고 환골탈태하라"거나, "마누라 빼고 다 바꾸라"는 등의 실현 불가능한 조언은 하지 않는다. 그렇게 보이기만 하면 된다. 그런 것처럼 보이는 것이 핵심이다. 세상은 언제나 "그런 것처럼 보이는 것"에 자발적 선의와 투자가 집중돼 왔다. 당신도 그렇게 보이기만 하면 된다.

5. 음영의 차이를 분명히

입시 미술 심사 방식은 대부분 동일하다. 작품들을 멀리 한꺼번에 모아 두고 그중에 제일 눈에 띄는 작품을 고른다. 정확하게 말하자면 "가장 뚜렷한 인상을 남기는 작품"을 고르는 것이지만, 어쨌거나 눈에 띄지 않으면 십중팔구 불합격이다. 그래서 입시 학원에서는 무조건 눈에 띄게 그리게 한다. 주제, 소재, 구도, 음영 등 어느 하나라도 두드러지게 그리도록 가르친다. 절대로, 어떤 경우에도, 밋밋한 그림은 금물이다. 경쟁에서 살아남는 당연한 제1 원칙이다: "눈에 띄어야 살아남는다." 사람은 많고 시간은 없다. 경쟁이 심할수록 많은 것이 묻힌다. 그러니 자연스럽게 "일단 눈에 띄는 걸" 고를 수밖에 없다. 당신이 아무리 "세상이 내 실력을 알아주지 않는다"고 분기탱천 해 봐야, 당신의 실력이 세상의 눈에 띄지 않으면 경쟁에서 뽑힐 수가 없다. 어릴 때부터 "모난 돌이 정 맞는다"는 교육을 받고 자란 이들은 이 뻔한 사실이 좀처럼 와닿지 않는다. 모난 돌이 실제로는, 정에 맞기보다는, 경쟁에서 이기는 경우가 더 많다는 사실을 심정적으로 받아들일 수 없다.

학교에서도, 사회에서도, 언제나 일관되게 사람들의 관심을 끌고 도움을 받는 사람들이 있다. 이들의 공통점은 성적도 아니고 외모도 아니다. 주관이 뚜렷하다는 것이다. 입시 미술 원리와 같다. 음영의 차이를 분명히. 모를 때는 완전히 모른다고 하는 것이고, 조금이라도 알면 영혼까지 끌어다 쏟아 내는 것이다. 모르면 "잘 모르겠다"고 하는 것이 아니라 "전혀 모르겠다"고 하는 것이다. 평범한 사람들은 또다시 이걸 의미 없는 말장난이라고 치부한다. 잘 모르겠다고 하는 것과 전혀 모르겠다고 하는 것은 상대에게 천양지차의 인상을 남긴다. "이 학생은 아는 건 없지만 주관이 있다"는 인상을 단 한 번이라도 남기면 당신은 사람들의 기억에 남는다. 건강한 주관은 모르는 걸 확실히 모른다고 이야기를 하는 것에서 시작한다. 시간 끌지 말고 자동 반사적으로 "전혀 모르겠습니다"라고 말하면 된다. 한국인들은 이것조차 못 한다. 눈치를 보고 몸을 사리기 때문이다. 대뜸 모른다고 하기보다는 그래도 좀 생각도 해 보고 눈치도 보다가 마지못해 "음… 잘… 모르겠는데요…"라고 하는 것이 "예의"라고 생각을 한다. 예의가 아니라 무례다. 모두의 시간을 낭비하고 모두를 불쾌하게 만든다. 당신의 인생이 지금까지 잘 안 풀린 까닭을 다시 생각해 보자. 본능적으로 예의부터 차려야 한다는 강박 관념으로 살았기 때문은 아닌지. 그리고 그 강박 관념이 실제론 당신을 불쾌감 주는 존재감 없는 인간으로 만든 건 아닌지 생각해 보자.

항상 모른다고만 하면 바보 같은 사람, 우스운 사람이 된다. 그러니 조금이라도 알면 아는 척을 해야 한다. 가장 좋은 방법은 소수 의견을 내는 것이다. 이견(異見)이 있으면 이야기하는 것이다. "저는 그렇게 생각하지 않아요." 이 말을 할 수 있느냐 없느냐, 이것이 당신의 인생을 바꾼다. 그렇게 생각하지 않는데도 튈까 봐, 욕 먹을까 봐 이야기를 하지 못하는 것이 한국인들의 기본 태도다. 이런 불우한 태도 때문에 자꾸만 인생이 뒷걸음질 친다. 눈에 띄지 못하고 사람들 틈에 묻힌다. 속으로 아무리 비범한 생각을 품고 있어도 세상의 이목이 두려워 이를 드러내지 못하기에 결국 세상 속에 묻히고 비범한 생각도 사장된다. 남들과 다른 생각이 있으면 입 밖으로 꺼내야 한다. 당신이 낸 소수 의견이 틀렸으면 아 틀렸구나 하고 배우면 된다. 배우면 당신은 그만큼 더 똑똑해진다. 소수 의견은 입 밖으로 내면 언제나 당신에게 이익이다.

6. 음영의 차이를 확실히

음영의 차이를 분명히 하라고 했다. 항상 모르는 것도 안 되고, 항상 아는 척하는 것도 안 된다. 아무리 머리 속에 든 게 많아도 그걸 우격다짐으로 세상에 강요해선 안 된다. 계속 강조하지만, 당신이 정말 어떤 사람인지는 중요하지 않다. 중요한 건 "당신이 어떻게 보이느냐"이다. 주관이 강해서 주목받는 건 좋다. 하지만 그 주관이 건강하지 못하면 사람들은 당신을 기피하게 된다. 내 존재를 강요하면 안 된다. 내 의견을 상대에게 윽박지르거나 나 혼자 잘났다는 태도는 건강한 주관이 아니라 병든 주관이다. 그동안 충분히 주관을 드러냈으면 한발 뒤로 물러서야 한다. 반대로, 아무리 머리가 텅텅 빈 바보 같은 사람이라도 맨날 모른다고 하면 진짜 바보 취급받는다. 일년에 한두 번이라도 소수 의견을 내면 된다. "전혀 모르겠는데요"와 "저는 그렇게 생각하지 않아요" 이 두 마디는, 남용하지 않으면, 일 년에 한두 번만 써도 당신을 건강한 주관의 인간으로 만들어 준다. 건강한 주관을 가진 사람은 다른 건강한 이들의 친구가 되고, 기득권의 기억에 남는다. 당신이 더 높은/좋은 자리로 갈수록, 더 똑똑하고 유능한 사람들 틈에 낄수록 그런 경향이 강해진다. 초등학교 교사들에게 미움받던 학생이 대학에 가서는 사랑받는 경우 매우 많다. "미운 오리 새끼 신드롬"은 당사자의 문제가 아닌 셈이다. 속한 환경의 문제인 셈이다. 당신이 지금껏 건강한 주관을 갖고 있었음에도 아무 도움을 받지 못했다면, 사람들의 시기 질투 미움만 받았다면, 당신이 속한 환경이 문제인 것이다. 당신은 더 상식적인, 더 우수한 이들이 모인 환경으로 가야 한다.

사례 3

A라는 미디어 회사가 있었다. 세일즈 부서 J과장은 목소리 큰 여자였다. J과장의 클라이언트는 삼성전자였다. 삼성전자는 남초 회사였고, A사에 대한 마케팅 예산을 줄이고 있었다. 하지만 J과장은 아랑곳 않고 더 많은 광고를 따왔다. 그는 삼성전자 직원에게 잘 보이려고 하지도 않았고, 친하게 지내려고 하지도 않았다. 그녀는 유부녀였고 술도 마시지 않았으니 개인적으로 친분을 쌓을 일도 없었다. J과장이 잘했던 것은 문제 해결이었다. J과장은 문제가 생기면 참지 않았다. 문제의 원인이 누구든 가리지 않고 끝까지 추적해 문제가 해결될 때까지 물고 늘어졌다. 타

부서 직원이든, 같은 부서 임원이든 가리지 않았다. 말단 직원이든 임원이든 문제 해결 앞에서는 똑같이 배려가 없었다. 임원들도 J과장 비위를 맞춰야 했다. 그에게 싫은 소리 듣기 싫어서 눈치를 보고 다녔다. J과장은 한다 안 한다가 분명한 사람이었다. 한다고 했으면 회사 다 뒤집어 놓더라도 했고, 안 될 거 같으면 처음부터 딱 잘라서 안 된다고 거절했다. (한다고 했어도 중간에 안 될 거 같으면 지체 없이 사과하고 일을 중단했다.) J과장은 바른 말도 잘했다. 삼성전자 담당자가 자기 회사 직원과 전화 통화로 싸운 적이 있었다. 담당자는 J과장과 만난 자리에서 전화 통화로 싸운 사람을 비난하며 "그 사람 원래 그런 사람이냐"고 따졌다. J과장은 눈 하나 깜짝 안 하고 말했다. "그거 본인이 잘못하신 것 같은데요, 본인이 말을 잘못 알아들으신 거잖아요." 삼성전자 담당자는 더 이상 아무 말도 하지 않았다. J과장은 몇 달 뒤 삼성전자 마케팅 부장으로 스카우트됐다. 한 달에 수십억을 좌우하는 영업 사원이었던 J과장은 매달 수백억을 집행하는 마케터가 됐다.

사례 4

J과장과 같은 회사 H대리는 J과장처럼 유능한 직원은 아니었다. 하지만 그도 목소리 큰 여자였다. 그녀는 너무 목소리가 크고 성격이 세서 다들 기피하는 유형이었다. 하지만 그는 J과장과 공통점이 있었다. 문제를 해결하려고 한다는 점. 그리고 쓴소리를

누구에게나 공평하게 한다는 점이었다. H대리는 항상 누군가와 충돌했다. 같은 마케팅 부서 사람들은 물론이고, 타 부서 직원들, 부장과도 다투었다. 물론 클라이언트들도 예외가 아니었다. 상대방이 잘못한 같으면 좀처럼 좋게 말해 주지 않았다. "당신이 잘못했으니 문제를 해결하라"고 요구했다. A사와 공동 마케팅을 자주했던 삼성전자 직원들 중에는 H대리에게 데인 사람들이 많았다. 삼성전자는 슈퍼 갑이었지만 H대리 앞에선 도무지 갑 행세를 하지 못했다. 언제나 눈치 보는 을이었다. 사람들은 H대리가 삼성전자에 밉보였다고 "쟤는 다른 데는 다 가도 삼성전자는 못 갈 거야"라고 혀를 찼다. 하지만 H대리가 A사를 그만둔 뒤 제일 먼저 스카우트된 곳은 삼성전자였다.

우리는 가끔 그런 생각을 한다. 성격 나쁜 사람들이 잘되는 거 같다는 생각. 착한 사람들은 안되고, 못된 사람들만 잘되는 것 같다는 생각. 사실 관계를 잘못 이해한 것이다. 성격이 나빠서 잘되는 게 아니라 주관이 강해서 잘되는 것이다. 주관이 강할수록 다른 사람들과 부딪치는 일이 많아지는데 이걸 보고 성격이 나쁜 것 같다고 인식하는 것이다. 성격이 좋고 나쁘고, 기질이 순하고 사납고, 이런 차이는 인생 잘 풀리는 것에 아무 영향을 주지 못한다. 주관이 강하기 때문에 사람들 눈에 띄는 것이고, 사람들 눈에 띄기 때문에 더 많은 기회를 얻는 것뿐이다.

당신은 원래 주어진 기질을 바꿀 필요도 없고, 성격을 개조할 필요도 없다. 원래 성격과 기질은 전혀 손댈 필요 없다. 당신은 그저 눈에 띄면 된다.

1) 강하고 건강한 주관으로,
2) 음영의 차이를 분명히 해서,
3) 사람들 눈에 띄는 것이다.

일단은 눈에 띄고 볼 일이다. 인생이 실전에 가까워질수록 조용하고 소극적인 모범생은 도태되고 "나대는 사람들"이 치고 올라간다. 누구에겐 마음에 들지 않을 수도 있고, 누군가에겐 미움을 살 수도 있다. 하지만 부인할 수 없는, 어쩔 수 없는 현실이다. 강하고 건강한 주관을 가질수록, 더 수준 높은 사람, 더 능력 있는 사람, 더 높은 사람의 관심을 살 확률이 높아진다는 사실, 이 사실은 세상 어디나, 예나 지금이나, 변치 않는 진실이다. 관심을 받고 기억에 남아야 선택되고 도움을 받는다. 이 진실을 깨쳐야 인생이 달라진다. 지금보다 잘 풀린다.

인생 리셋
2

어두우면, 일어나서, 불을 켠다

나는 화살이다.

목적을 향해 날아간다.

뒤돌아보지 않는다.

눈치 보지 않는다.

사례1

손정의(孫正義 손 마사요시)는 봉이 김선달의 현실 버전이다. 보통 사람의 상식으로는 이해할 수 없는 기행으로 일본 최고 부자가 된, 절대로 저렇게 하면 안 될 것 같은 짓으로 성공한 "역발상"의 귀재였다. 손정의는 유복하게 자랐다. 하지만 재일 교포에 대한 일본인들의 차별로 삶이 불행했다. (그는 등교 중에 조센징 죽으라며 던진 돌에 머리를 맞아 응급실을 간 적도 있었다.) 고등학교 1학년 여름방학 때 미국 캘리포니아주에 영어 연수를 가서 눈이 번쩍 뜨였다. 신세계였다. 진일보한 문명 세계였다. 게다가 차별도 없었다. 있긴 했지만 손정의가 일본에서 받던 폭력적인 차별에 비하면 없는 것이나 마찬가지였다. 그래서 그는 학교를 퇴학하겠다고 했다. 교장과 담임은 미국에 그렇게 가고 싶으면 휴학을 하고 가라고 권했다. 하지만 손정의는 자기는 영어를 못하기 때문에 언제 포기하고 돌아올지 모른다며, 돌아올 길을 막겠다고 휴학이 아닌 퇴학을 한다.

그는 샌프란시스코의 세라몬트(Serramonte) 고등학교에 1학년으로 입학했는데, 교과서 내용이 너무 쉽다는 이유로 교장을 서툰 영어로 설득하여 2주일 만에 3학년으로 월반한다. 그리고 혼자 3학년 과정까지 끝내고 고등학교 졸업을 위한 검정 시험을 치른다. 그러나 그의 어설픈 영어 실력으론 도저히 제시간 내 시험 문제를 풀 수 없다고 판단, 시험 감독관에게 영일 사전을 쓰게 해 주고, 시험 시간도 연장해 달라고 요구했다. 그는 "검정 시험은 언어 능력을 평가하는 게 아니다"라는 논지로 감독관을 집요하게 설득, 12시간 넘게 시험을 보고 합격 통지를 받는다. 고등학교 입학 한 달만의 일이었다.

한 달 만에 미국 고등학교 과정을 마친 그는 2년제인 홀리네임즈칼리지를 거쳐 UC버클리 경제학부 3학년에 편입한다. 발명으로 대기업을 세운 마쓰시타 고노스케(현재의 파나소닉 창업주)의 일화를 떠올리고 자기도 매일 한 가지 발명을 하기로 한다. 그는 혼자만의 생각으로는 발명도 특허도 불가능하다는 사실을 알고 해당 분야에서 가장 유명한 대학 교수들 대여섯 명에게 접근했다. 그는 교수들에게 이렇게 말했다.

나는 학생이라 하루 몇 분밖에 시간을 낼 수 없다. 교수님들이

비는 시간에 나를 위해 아르바이트를 해 주면, 시간당 원하는 비용을 지불하겠다. 원하는 비용 그대로 다 지불하겠다. 하지만 지금 나에겐 돈이 없으니 발명품이 완성돼 특허권이 팔리면 그 돈을 모두 교수님들에게 드리겠다. 그러니까 특허가 안 팔리면 교수님들은 무보수로 일을 한 셈이 되는 것이고, 팔리면 그 돈이 전부 교수님들한테 가는 것이다.

이 말을 잘 되지도 않는 영어로 한참 열심히 설명했다. 그러자 교수들이 배꼽이 빠져라 웃더니 "대체 뭔 소린지 모르겠지만 재미있을 것 같으니 한번 해 보자"고 말했다. 이 프로젝트 팀으로 손정의는 여러 개의 발명 특허를 획득했는데 이중엔 일본어로 키보드를 누르면 영어 음성이 나오는 휴대용 번역기 발명도 있었다. 손정의는 이 발명 특허권을 일본 샤프에 1억 엔에 파는 데 성공, 자신을 도와준 미국 교수들과의 약속을 지킨다. 그는 여러 가지의 특허권을 팔고 남은 돈으로 미국에 회사를 차렸는데 동업자에게 회사를 넘기고 일본으로 돌아오는 바람에 수중엔 1천만 엔만 남는다.

일본에 돌아온 손정의가 처음 시작한 사업은 소프트웨어 유통업이었다. 회사명은 소프트뱅크라고 지었다. 유통업을 하려면 광고를 해야 했는데 듣보잡 회사 소프트뱅크의 광고를 실어 주는 잡지사는 없었다. 그러자 손정의는 자기가 직접 잡지를 창간, 3년 만에 최다 부수를 발행하는 IT잡지로 성장한다. 그는 미국을 직접 방문해 미국 최고의 IT 전문 출판 업체인 지프-데이비스의 일본 출판권을 따낸다. 그는 빌 게이츠를 여러 번 만나 일본 내 마이크로소프트의 윈도우 독점 판매권도 따낸다. 소프트뱅크는 빠르게 성장했고 창업 4년 만에 일본 소프트웨어 시장의 60%를 점유한다. 소프트뱅크는 1994년 기업 상장을 했고 단숨에 2천억 엔을 끌어모았다.

끝없이 오를 것 같던 소프트뱅크의 주가는 2000년 3월 100분의 1 토막이 났다. 닷컴 거품이 꺼지던 시기였다. 70조 원이 넘던 손정의 재산도 1조 원 수준으로 급감했다. 소프트뱅크에 투자한 사람들은 손정의를 사기꾼이라고 욕했다. 주식 설명회를 할 때면 주주들이 들고 일어나 "사기꾼 새끼 변명 집어치우고 주가를 올려 놓으라"고 고래고래 소리 지르며 난장판을 벌였다. 손 회장은 위기를 돌파할 방법으로 초고속 인터넷 사업에 뛰어들었다. 이는 일본 최대 IT기업인 NTT와 경쟁자가 되는 것을 의미했다. 이러다 회사 진짜로 망한다며 사람들이 저지했지만 손정의는 성공할 수 있다고 바득바득 우기며 2001년 초고속 인터넷 서비스를 오픈한다. 한 달 이용료는 기존 인터넷 서비스의 1/8 수준인 990엔으로 책정했다. 서비스 오픈 하루 만에 100만 명이 가입했다. 하지만 회선이 문제였다. 한꺼번에 100만 명이나 몰릴 줄 몰랐던 것이다. 초고속 인터넷 회선을 일본 전 지역에 새로 설치하기에는 시간이 턱없이 부족해 NTT의 인프라를 임대할 수밖에 없었다. NTT는 독과점 방지법에 따라 신규 회사 소프트뱅크를 도와줄 의무가 있었지만 경쟁자를 돕고 싶지 않았다. NTT는 소프트뱅크 고객에겐 회선을 임대해 주지 않았고, 서비스를 신청하고 반년이 지나도록 서비스를 받지 못하는 소프트뱅크 고객들이 속출했다. 손정의는 또 다시 "사기꾼"이라고 욕먹었다.

손정의는 직접 NTT를 찾아가 수없이 항의했다. 책상을 내리치고, 소리 지르고 삿대질을 했지만 NTT는 여러 번잡스러운 수속이 필요하다는 변명만 되풀이했다. 이에 손정의는 담당 공무원을 찾아갔다. 석유와 라이터를 꺼내 내 요구를 들어주지 않으면 분신자살하겠다고 협박했다. 내가 여기서 타 죽는 꼴을 보고 싶지 않으면 지금 당장 NTT 사장한테 전화를 걸어서 한마디만 하라고 했다. 공정하게 하라고. 자기는 독점 금지법이 이행되는 걸 보고 싶은 것일 뿐, 돈을 달라거나 부당하게 이쪽에 권리를 달라는 것이 아니라고. 손정의의 분신 자살 쇼에 꼬리 내린 총무성은 NTT에 시정 명령을 내렸고 문제는 해결되었다. 소프트뱅크는 일본 내 최고 점유율 인터넷 서비스 업체가 되었다.

손정의는 "인생 리셋" 사례로 소개하기엔 적절하지 않은 인물이다. 왜냐하면 그는 태어날 때부터 보통 사람은 흉내 내기조차 힘든 노력파였기 때문이었다. 그는 미국 대학을 다닐 동안 뒤처지지 않기 위해 사력을 다해 공부를 했던 인간이다. 자려고 침대에 누워서도 책을 놓지 않았고 공부에 정신이 팔려 한숨도 못 잔 채 동이 트는 걸 봐야 하는 학생이었다. 그 바람에 면역력이 약해져 폐렴에 걸렸는데 자신이 폐렴에 걸렸다는 사실조차 인지하지 못할 정도로 자신을 혹사하며 살았던 병적 노력파였다.

"인생 리셋"은 어떻게 해야 성공한다고 알려 주지 않는다. 이렇게 해서 성공한다는 보장도 없을뿐더러, 이렇게 해서 성공한 뒤에 남는 것은 고장 난 몸과 피폐한 정신, 그리고 눈코 뜰 새 없이 바쁜 인생뿐이기 때문이다. "인생 리셋"의 목적은 최소한의 노력으로 최대한의 행복을 쟁취하는 데 있다. 우리가 손정의의 일대기를 보고 느껴야 할 건 "본받아야겠다"가 아니라 "이렇게 살면 죽는다"여야 한다. 당신의 인생 모델을 손정의로 삼는다면 당신은 십중팔구 지독한 좌절과 고통을 맛보게 될 것이다. 손정의는 극히 예외적인 사례이며 절대로 일반인이 따라해선 안 될 인간이다.

그럼 무엇 때문에 손정의가 나온 거냐고. 손정의가 고비 때마다 죽지 않고 생존한 이유 때문이다. 손정의가 성공한 이유는 노력 때문이 아니었다. 노력은 그 사람의 평소 잠재력을 키워 줄 뿐이다. 그 잠재력이 세상에서 결실을 보기 위해선 언제 어디서나, 예나 지금이나, 기득권의 도움이 필요하다. 앞서 본 손정의의 고비 탈출 에피소드를 다시 정리해 보자.

1) 미국 고교 학력 검정 시험 문제지를 받아 든 순간 "이거 절대 시간 내 못 풀겠다"고 판단, 담당 감독관에게 되지도 않는 영어+손짓+발짓을 섞어 가며 자기는 일본인이며 영어가 익숙하지 않으니 사전을 보며 더 오래 시험을 봐야 한다고 주장. 감독관은 처음엔 손정의가 정신병자인 줄 알았다고 함. 하지만 포기하지 않고 지속적으로 자신의 논리를 펴자 결국 설득당해 12시간 동안 시험을 보게 해 줌.

2) 대학을 다니는 동안 발명을 해서 특허권을 얻고 싶은데 방법도 모르고 그럴 만한 시간도 기술 없었음. 이에 그는 해당 분야에 일가견이 있는 교수들을 직접 찾아가 역시 되지도 않는 영어+손짓+발짓을 섞어 가며 특허권을 따게 해 주면 그걸 팔아서 당신들에게 보답하겠다고 이야기함. 교수들은 손정의의 말을 잘 알아들을 수도 없었고, 그의 특허권 대박 어쩌고에 신뢰도 가지 않았지만 그의 시종일관 목숨 건 듯한 진지하고 끈질긴 자세에 결국 끌려 들어감.

3) 부도 직전의 소프트뱅크는 초고속 인터넷 사업에 사활을 걸고, 당시 인터넷 독과점 기업이었던 NTT와 경쟁함. 기존 인터넷 회선의 대부분이 NTT 망이었기 때문에 소프트뱅크는 NTT의 회선을 빌려 쓸 수밖에 없었음. NTT는 독과점 지위를 잃기 싫어서 소프트뱅크에 회선을 빌려주지 않음. 이런저런 사정을 핑계로 '못 빌려주는 것'이라며 독과점 방지법을 빠져나가

는 상황이었음. 손정의는 문제 해결을 위해 목숨을 검. 석유와 라이터를 들고 공무원을 찾아가 분신 자살 소동을 벌였고 NTT 문제를 해결함. 당시 손정의는 정말로 불을 붙일 생각이었다고 함. 더 이상 고객들에게 거짓말쟁이가 되고 싶지 않았다고.

공통된 패턴이 보인다. "기득권에게 읍소하는 것"이다. 문제를 해결하는 가장 좋은 방법은 기득권의 힘을 빌리는 것이다. 손정의는 그렇게 성공한 인물이었다. 낭만주의자들은 손정의가 그만의 "혜안과 비전"으로 성공한 것이라고 헛소리를 한다. 혜안은 헛소리고 비전은 망상이다. 아무도 혜안과 비전으로 성공하지 않는다. 문제를 해결하고 자기 이득을 챙겨 먹기에 성공하는 것이다. 혜안과 비전이 있어야 성공한다는 말은 밥 안 먹어도 배부르다는 헛소리와 다를 게 없다. 그런 헛소리를 믿고 살면 아무 문제도 해결되지 않는다. 밥을 먹어야 배가 부른 법이다. 움직여야 밥을 얻어먹는 법이다. 움직이지 않고 생각만 하면 아무것도 못 얻어먹는다. 당신들이 지금까지 읽은 손정의 신화는 전부 거짓말이다. 손정의는 문제를 해결하고 자기 이익과 권리를 챙겨 먹은 덕에 성공한 것이지 혜안이나 비전 때문에 성공한 것이 아니다.

일단은 눈에 띄어야 한다고 했다. 그래야 기득권의 도움을 받을 확률이 높아지기 때문이다. 하지만 아무리 해도 눈에 띄지 못하는 사람이 있고, 눈에 띄는데도 도움을 받지 못하는 사람도 있다. 이런 경우, 자신이 직접 도움을 찾아 쟁취하는 수밖에 없다.

손정의는 극성맞은 사람이었다. 그는 분명 눈에 띄는 사람이었지만 적지 않은 불쾌감을 주는 사람이기도 했다. 그는 남의 도움을 쉽게 받아서 생존한 사람이 아니라 남의 도움을 쟁취해서 생존한 사람이었다. 손정의만 그런 것이 아니다. 우리가 아는 수많은 자수성가 억만장자들이 남의 도움을 쟁취해서 성공했다. 이들은 애당초 호감보다는 비호감을 더 많이 주는 유형이었다. (어쩌면 그런 태생적 핸디캡 때문에 다른 이의 도움을 목숨 걸고 쟁취하는 능력이 발달했을 수도 있다.)

눈에 띄는 전략은 수동형이다. 영어로 passive skill. 남의 도움을 쟁취하는 전략은 능동형이다. 영어로 active skill. 이것 아니면 저것 둘 중 하나 취사 선택의 문제인 것처럼 보이지만 사실 둘은 한 세트다. 눈에 띌 줄 아는 사람이 남의 도움도 쟁취하는 법이고, 남의 도움을 쟁취하는 사람이 세상 눈에 띄는 것도 잘한다. 어느 한 쪽만 잘하는 경우는 드물며, 둘은 대부분 서로 붙어 다닌다.

눈에 띄고 싶지 않아도 상관없다. 세상에 나를 드러내려 발버둥 치는 게 싫어도 괜찮다. 평생 은둔의 무명 씨로 살고 싶은 마음도 충분히 이해한다. 누구도 당신의 삶의 방식에 간섭하지 않는다. 하지만 당신은, 어떤 방식으로 살든, 살아야 한다. 어떤 가치관 인생관으로 살든, 내일 당장 죽을 계획이 아니라면, 살기 위한 최소한의 요령은 터득해야 한다. 여기에서 이야기하는 지침들은, 인생을 리셋하고 새로운 삶을 살기 위한 방법이기도 하지만, 인간 세상에서 살아남기 위한 가장 기본적인 생존법이기도 하다. 지금껏 당신이 학교에서 배우지 못한, 지금이라도 반드시 배워야 할 삶의 방식이다.

1. 먼저 눈에 띄는 사람이 먼저 대접받는다

식당이나 관공서를 가면 직원들이 너무 바빠 제때 제 서비스를 받지 못하는 일을 흔히 겪는다. 이런 상황에서 사람들은 2가지 유형으로 나뉜다.

1) 직원들 눈치를 보며, 그들의 움직임을 졸졸 쫓다가, 간신히 관심을 끌고, 미안하다는 듯, 애걸하듯 요구 사항을 말하는 사람들.
2) 본인 원할 때, 제일 가까운 직원을, 한 방에 불러 세우고 요구 사항을 말하는 사람들.

아무리 아수라장 같은 식당이나 관광지에서도 기다리지 않고 자기 원하는 걸 한 방에 쟁취하는 사람들이 있다. 이 사람들의 가장 중요한 특징은 절대로 상대가 날 발견할 때까지 기다리지 않는다는 점이다. 내가 먼저 상대의 관심을 끈다는 점이다. 목소리를 크게 높이거나, 단호한 억양을 구사하거나, 길을 막고 팔을 잡아서라도 내 존재를 알리고, 내 말을 듣게 만드는 것이다. 사소해 보이지만, 여기서 인생이 갈린다. 첫 번째 유형 사람들은 평생 인생이 힘들고 고되다. 두 번째 유형 사람들은 평생 인생이 쉽고 잘 풀린다. 아직도 "눈에 띄어야 인생이 잘 풀린다"는 말의 뜻을 이해하지 못하는 사람들은 현실을 직시해야 한다. 먼저 온 사람이 먼저 대접받는 게(first come, first served) 아니라, 먼저 눈에 띄는 사람이 먼저 대접받는다(first seen, first served). "식당이니까, 관광지니까, 사소한 상황에선 그냥 참고 기다리면 된다"고 생각하는 사람은 크게 착각하고 있는 것이다. "태도"가 인생을 좌우한다는 이야기를 하는 중이다. "습관이 평생을 좌우한다"는 격언은 달달 외우면서, 진짜 평생을 좌우할 습관을 알려 주면 "그런 걸로 인생이 바뀌겠느냐"고 회의적 반응을 보인다. 당신의 인생이 나아지지 않는 이유다. "눈에 띄는 습관"이 평생을 좌우한다. 사소한 것부터 시작해야 한다. 식당이나 여행지나 내가 받아야 할 서비스가 있으면 아무리 바쁘고 정신없어도 나를 먼저 보게 만들어야 한다. 핵심은 뻔뻔하고 당당한 것이다. 굳이 목소리 높이지 않아도 된다. 뻔뻔하고 당당하게, 당연하다는 생각으로 움직이면 주목받는다. 미안해

하거나 주저하지 않는 게 핵심이다. 눈치 보지 않는 것이 키 포인트다. 당연하다는 듯, 눈치 보지 않고 들이대면 사람들이 알아서 주목하고 도와준다. 도움을 받아야 할 때는 앞뒤 좌우 살피지 말고 무대포로 도움 받으러 가는 것이다. "나는 남의 도움 없어도 잘해" 그런 무대포 정신이 아니라, "내가 저 사람 도움을 받는 건 당연"하다는 무대포 정신이다.

간단히 말하면, "방이 어둡다, 일어나서 불을 켠다" 이 심리다. 당신 주변에도 다른 사람의 도움을 한 방에 쟁취하는 유형들이 있을 것이다. 이들은 방이 어두워서 전등 스위치를 켜는 것처럼 당연하게 움직인다. 방이 어두우니 불을 켠다고 생각하면 된다. 다른 생각은 하지 않는다. "나는 방이 어두우니 불을 켤 뿐이다." 이 태도를 익히면 당신은 인생 리셋 법칙 80%를 익힌 것이다.

2. 참지 않는다

방이 어두운데도, 그래서 불편한데도, 불을 켜지 않는 사람들이 있다. 한국인과 일본인들이 그렇다. 자신의 정당한 권익이 침해당하는 걸 뻔히 보면서 그냥 가만히 있는다. 대의를 위해서, 조직을 위해서, 혹은 다른 사람들도 그렇게 사니까 그냥 참고 산다. 높은 자리에서 고액 연봉 받고 사는 사람들 중에도 자기 권익을 챙기는 데 게으른 사람들이 많다. 가만히 있어도 항상 이익을 보는 편이었으니 사소한 것에 신경을 쓰지 않는 것이다. 물론 사소한 불이익에 호들갑 떨면 더 큰 손해를 볼 수도 있다. 하지만 어떤 경우에도 원칙은 바뀌지 않는다. 방이 어두우면 일어나서 불을 켜러 가는 것이다. 불편하면 일어나서 불편하지 않게 만드는 것이다. 이걸 못 하면 생존 능력이 없는 것이다. "그냥 앓고 말지" 같은 패배주의에 젖은 사람은 금방 "앓느니 죽지"라는 염세주의로 빠져든다. 죽는 길로 가는 것이다. 사회에서 도태되는 것이다. 어두우면 일어나서 불을 켠다. 불편하면 참지 않는다. 이 원칙을 지키면 살고, 지키지 못하면 죽는다.

3. 도움이 오지 않으면 내가 찾아 간다

세상은 어떤 경우에도 개인의 권리를 알아서 챙겨 주지 않는다. 계속 강조하지만, 사람은 많고 시간은 없기 때문이다. 스스로 권리를 찾아 먹지 못하는 나태한 사람들까지 일일이 다 알아서 챙겨 주는 복지 국가는 지금도 앞으로도 영원히 존재하지 않는다. 왜냐하면 물리적으로 불.가.능.하기 때문이다. 아무리 "찾아가는 복지"라는 허울 좋은 명패를 달아 봐야 본인이 권리를 찾아 먹지 않으면 아무도 당신의 권리를 대신 떠먹여 줄 수가 없다. 당신이 아무리 눈에 잘 띄는 사람이고 지금까지 (가만 있어도) 운이 좋았다 하더라도, 도움이 오지 않는 때는 분명 있기 마련이다. 사람은 항상 운이 좋을 수가 없다. 불운이 한번 오면 계속 겹치는 경향이 있다. 그럴 때면 분연히 일어나 도움을 찾아야 한다. "죄송한데요, 제가 지금 이러이러하니 이것저것 좀 해 주세요"라고 말을 할 줄 알아야 한다. 이런 말을 주저 없이 잘하는 사람이 운이 풀린다. 이런 말을 잘 못 하는 사람은 처음부터 잘 안 풀리고 고생한다. 지금껏 어쩌다 운이 좋았더라도 한 번 안 풀리기 시작하면 죽을 때까지 안 풀린다. "하늘은 스스로 돕는 자를 돕는다"는 말의 뜻을 평생 모르고 죽는 사람들이 있다. 평생 자기 권리를 찾아 먹지 못하고 도태되는 무기력증 환자들이다.

4. 안 되는 건 없다. 일단 말이나 해 본다

평생 안 풀리다 죽는 사람들의 가장 중요한 공통점은 해 보지도 않고 안 된다고 단정짓는 것이다. 되는지 안 되는지 물어보기라도 해야 하는데 인생 안 풀리는 사람들은 절대 물어보지도 않는다. 자기가 안 되면 평생 아무도 안 된다고 믿는다. 그래서 인생이 안 풀리는 것이라는 생각은 죽을 때까지 못한다. 사람은 항상 호기심을 갖고 살아야 한다. 특히 자신의 권익에 관한 것이면 극도로 예민한 호기심을 가져야 한다. 이거 영 안 될 것 같다 싶은 것도 "일단 물어나 보지 뭐"하고 가서 물어본다. 이것이 습관화된 사람들은 식당에서 날짜 지난 쿠폰으로 공짜

스테이크를 얻어먹는다. 해외 호텔에서 마음에 안 드는 방을 쉽게 바꾸고, (규정에도 없는) 보상도 받는다. 아무리 안 될 것 같아도 절대 포기하지 않고 "일단 되는지 안 되는지" 가서 따져 보기 때문이다. 인생이 풀린다 vs 안 풀린다, 이 갈림길은 여기서 시작된다. 방이 어두우면 불을 켜야 한다고 했다. 방이 어두우면 어두운 대로 그냥 사는 사람은 평생 그렇게 어두운 인생을 살고, 불을 켜기 위해 몸을 일으키는 사람은 언젠가 반드시 밝은 인생을 살게 된다.

5. 안 된다고 쫄지 말고 내 입장을 차분하게 설명한다

사소한 불편이라면 안 된다고 할 때 왜 안 되는지 이유나 물어보고 포기하면 된다. 하지만 사소하지 않은 불편이다, 이거 아니면 사는 데 지장이 있다 싶으면 절대로 그냥 물러나면 안 된다. 안 된다는 말을 들었다고 겁먹거나 위축되면 안 된다. 왜 안 되는지 이유를 듣지 말고 (혹은 듣는 척만 하고), 내 입장을 다시 잘 설명해야 한다. 손정의 에피소드 1번과 2번을 보자. 이런 막무가내 무대포 요구가 먹힌 까닭은 매우 단순하다. 자기는 "당연히 된다"고 생각했기 때문이다. 자기가 정말로 그렇게 믿으면 상대도 정말로 그렇게 믿는다. 처음엔 "이 새끼 미친 거 아니야" 했던 사람도 손정의의 순진무구한 믿음 앞에서 무장해제 당했다. 처음부터 "되는 게 당연하다"는 심정으로 들이댔기 때문에 상대방이 무슨 반응을 보여도 쫄지 않고 끝까지 물고 늘어질 수 있었던 것이다. 나보다 상대방이 더 중요한 사람들에겐 불가능한 미션일 수 있다. 사실을 말하자면 세상에 나보다 더 중요한 건 없다. 왜냐하면 내가 죽으면 다 끝이기 때문이다. 규칙이나 도덕관념보다 중요한 건 나 자신이다. 어린아이처럼 "당연히 된다"고 믿고 내 입장을 끈질기게 차분히 전달하면 상대도 마음을 움직인다. 처음부터 "아마 안 될 거야" 하고 쉽게 물러 날 사람에게는 누구도 마음을 바꾸지 않는다. "이 정도는 당연히 된다"고 생각하는 사람에게는 절대 안 된다는 사람도 자기도 모르게 마음을 바꾼다. 초등학교이 됐다고 생각한다. 어른에게 이것 좀 해 주시면 안 돼요? 천진난만 순진무구하게 두 눈 똑바로 뜨고 당돌하게 부탁하는 것이다. 아무도 피해 볼 일도, 손해 볼 일도, 기분 나쁠 일도 없는, 무한한 잠재적 이득만 있는 최고의 투자인 셈이다.

6. 손해 보고 사는 게 편하면 이미 망한 인생

손정의 에피소드 3번은 특히 중요하다. 손정의의 그런 행동이 가능했던 까닭은 처음부터 포기할 생각이 없었기 때문이었다. 처음부터 "이거 아니면 나 죽는다"는 생각을 갖고 있었기 때문이다. "이거 아니면 나 죽는다, 내 인생 망한다"는 생각이면 그 자리에서 목숨을 걸어야 한다. 내가 정말 절박해야 상대방이 두려움을 느끼고, 그에 따라 마음을 바꾸고 움직인다. 처음부터 "안 되면 말지 뭐, 내가 앓다 죽지 뭐" 이런 생각을 가진 사람은 물어보나 마나 문전박대당하거나 일언지하 거절당할 수밖에 없다. 사실을 말하자면, 손정의의 3번 에피소드 같은 일이 성공한 사업가들에겐 다 하나씩 있다. 이런 에피소드가 가장 많은 사람이 정주영이었다. 정주영이 그리스 선박 회사에 500원짜리 지폐에 그려진 거북선을 보여 주며 조선업을 시작했다는 일화는 유명하다. 정주영의 인생은 항상 이런 식이었다. 절대로 불가능할 것 같은 일에 "되는 게 당연하다"는 믿음 하나로 목숨을 걸었더니 진짜로 된 것이다. 왜냐하면 본인이 정말 그렇게 믿으면 상대도 정말 그렇게 믿기 때문이다. 정주영뿐 아니라 그동안 한국에서 사업을 성공한 사람들은 대부분 이런 방법으로 절대로 안 될 것 같은 일들을 성사시켰다. 그리고 살아남았다.

"내 권리는 신성 불가침이며 당연히 성취된다"고 믿어야 한다. "내 권리에 대한 믿음"은 종교적 신념이 되어야 한다. 그래야 어떤 문제가 닥치든, 상대가 뭐라 하든 신경 쓰지 않을 수 있다. 세상에서 제일 중요한 건 나 자신이며, 불법이 아닌 이상 그 정도는 누구나 해 줄 수 있는 법이다. "내가 그냥 손해 보고 사는 게 마음 편하다"는 사람은 이미 인생 망한 것이나 다름없다. "나 혼자 잘하면 된다"는 사람은 100%의 확률로 망한다. 왜냐하면 이 심리는 결국 "내가 손해 보고 사는 게 마음 편하다"는 심리와 동일하기 때문이다.

7. "안 될 수도 있다"는 생각은 실패의 지름길

손정의가 고등학생 때 미국에 가기 위해 자퇴서를 내자 교사들은 손정의에게 자퇴하지 말고 휴학을 하라고 강권했다. 왜냐하면 미국 갔다가 실패하면 되돌아와야 하기 때문이었다. 하지만 손정의는 교사들에게 말했다. 휴학을 할 경우 "안 되면 돌아오면 되지"라는 생각 때문에 쉽게 포기할 것이며 따라서 휴학이 아니라 자퇴를 해야 한다고. 일반인들은 이해하기 어렵겠지만, 손정의는 이것 때문에 성공한 것이었다. 고등학교 때 이 말을 했을 때 손정의는 이미 성공한 것이었다. 말하자면, 그는 "성공할 수밖에 없는 자질"을 타고난 것이었다. 성공할 수밖에 없는 자질은, 보통 사람들은 도저히 이해할 수 없을 정도로, 단순하다. "안 될 수도 있다"는 생각을 아예 하지 않는 것이다. 보통 사람들은 그렇게 생각한다. "이거 안 되면 이렇게 하지 뭐." 물론 이 생각이 잘못된 건 아니다. 이거 안 되면 그다음 걸 해서 더 잘 될 수도 있다. 하지만 이 생각을 하면 처음에 말한 "이거"는 안 될 확률이 더 높아진다. 예를 들어, 당신이 파리에 가서 탑 모델이 될 것이라 결심했다고 하자. 대부분의 사람은 "가서 안 되면 돌아와서 다른 거 해야지"라고 미리 빠져나갈 구멍을 판다. 대부분의 경우 이 구멍 때문에 실패한다. 포기해 버릴 핑계로 작용하기 때문이다. 성공과 실패는 여기서 갈린다. 절대로 실패하지 않는다, 다른 길은 없다, 반드시 된다, 당연히 된다, 이 생각을 얼마나 100% 완벽하고 순수하게 믿는지에 달린 문제다. 물론 가서 생존의 위협을 맞닥뜨리고 정말로 어쩔 수 없이 포기해야만 하는 상황이 될 수도 있다. 플랜B는 그때 생각하면 된다. 그런 상황이 되면 플랜B는 당신에게 훨씬 더 유리하고 기발하게 세워진다. 그전까지 당신에게 플랜B는 존재하지 않아야 한다. 처음부터 당연히 된다고 생각하고 움직여야 성공 확률이 51%가 되는 법이다. 처음부터 "안 되면 이렇게 해야지" 생각하고 움직이면 성공 확률은 한참 밑으로 추락한다.

8. 스스로 믿지 못하면 아무도 믿지 않는다

"안 될지도 몰라, 하지만 일단 한번 찔러는 보겠어, 왜냐하면 나중에 후회를 남기지 않기 위해서." 이런 생각이면 처음부터 하지 않는 것이 좋다. 왜냐하면 이미 실패한 것이기 때문이다. 스스로 확신하지 못하는 사람을 도와주는 세상은 존재하지 않는다. 자기 자신도 확신시키지 못하는 바보를 대체 누가 믿어 준단 말인가? 나 자신부터 설득해야 한다. 나 자신이 먼저 100% 확신으로 가득해야 한다. "이건 된다. 되어야만 한다. 안 될 수 없다." 이렇게 생각을 하고 들어가야 통한다. "잘 모르겠다. 혹시 모르니까. 시험 삼아 해 본다." 이런 생각으로 들어가면 가능성이 마이너스다. 절대 아무도 당신을 도와주지도, 믿어 주지도 않는다.

9. "당연히 된다"는 종교적 믿음

내가 정말 그렇게 믿으면 상대도 그렇게 믿는다. 동서고금 막론하고 다 통하는 신비의 설득 기술이다. 내가 매력 있다고 믿으면 상대도 나를 매력 있다고 여긴다. 매력만 그런 게 아니다. 상대를 설득하기 전에 나 자신 먼저 설득해야 한다. 나 자신이 먼저 "당연히 된다"는 생각에 (추호의 의심도 없이) 빠져 있어야 상대도 당신 입장에 끌려 간다. "절대로 안 돼! OVER MY DEAD BODY!" 했던 사람도 상대가 "당연히 되는 건데?"라는 종교적 믿음으로 설득하면 이게 아닌데 이게 아닌데 하면서 원래 결심이 허물어진다. 사람은 절대로 사실이나 논리로 설득되지 않는다. 인간은 감정의 동물이다. 개인 간 모든 중요한 결정은 감정적 요인으로 결정된다. 그중 가장 강력한 것이 상대의 확신이다. 다른 사람을 설득하려고 논리와 어휘력을 연습하면 시간 낭비다. (손정의가 되지도 않는 영어로 교수들을 설득한 에피소드를 떠올려 보자.) 그런 것 집어 치우고 나 자신부터 먼저 세뇌해야 한다. 지금 나의 목적에 종교적/광신적 믿음을 가져야 한다. 다시 강조한다. 내가 먼저 미쳐야 상대도 나를 따라 미친다. 공연이나 전시회 같은 예술 창작 분야에서만 일어나는 일이 아니다. 개인 간 상호 작용에서 더 자주 발생하는 일이다.

10. 체면 차리다 굶어 죽는다

소시민들은 상대가 나를 싫어하는 것 같으면 미리 겁낸다. 조심하거나 피해야겠다고 생각한다. 상대방 입장부터 헤아리면 설득은 거기서 끝이다. 상대방 입장부터 헤아리면 자동으로 "안 될지도 모른다"는 생각이 들 수밖에 없다. "나보다 남이 먼저." 이런 생각을 하는 사람은 절대 자신의 당연한 권리를 지키지 못한다. "남보다 내가 먼저." 이런 생각이 나의 권리를 지킨다. 나의 권리를 다른 사람에게 설득시킬 수 있다. 중요한 건 체면 차리지 않는 것이다. 내 체면이 중요한 사람일수록 다른 사람 입장에 신경 쓴다. 그리고 당연한 나의 권리도 쉽게 포기해 버린다. 내 체면 생각하지 않는 사람일수록 내 권리를 끝까지 지키고 쟁취한다. 목적에 미친다는 건 그런 것이다. 상대방도, 내 체면도 사라지는 것이다. 활 시위를 떠난 화살처럼 목적을 향해 앞으로만 달리는 것이다. 성공한 사람들, 인생 잘 풀린 사람들은 공통적으로 그랬다. 체면 따위 안드로메다 저편으로 던져 버리고 오직 정해진 목적에만 매달렸다. 인생에 체면과 눈치는 적이다. 체면과 눈치 지수가 높을수록 실패 확률도 높아진다. 체면과 눈치 지수가 낮을수록 성공 확률은 높아진다. 체면도 눈치도 버리기 어려우면 목적에 미쳐야 한다. "당연히 되어야 하는 것이고, 그래야만 하는 것"이라는 종교적 믿음을 가져야 한다. 당신이 손정의처럼 될 필요는 없다. 손정의처럼 우격다짐 저돌적 인생을 살며 원색적 비난을 받을 필요는 없다. 하지만 중요한 순간에, 꼭 이뤄야 할 목적이 있을 때, 꼭 지켜야 할 권리가 있을 때는 그렇게 해야 한다. 그래야 인생이 달라진다.

인생 리셋
3

방어는 포기하고 공격만 한다

나는 축구 감독이다.
한 골 먹으면 두 골 넣는다.
수비는 하지 않는다.
닥치고 공격뿐이다.

사례 1

스즈키 이치로, 야구에 관심이 없는 사람도 한 번쯤은 들어 봤을, 아시아가 배출한 역사상 최고의 야구 선수이다. 학창 시절 이치로는 주목받지 못한 선수였다. 원래 투수였는데, 실력이 신통치 않아 프로 입단 후 타자로 전향했다. 그는 2년 동안 2군을 전전하다가 프로 3년 차에 득도한다. 1994년 일본 프로야구 역사상 최초로 한 시즌 200안타를 기록하더니, 이후 7년 연속 타격왕 자리에 오른다. 그는 야구가 너무 쉬웠는지 잠시 성적이 주춤하자 나태했던 자기 자신을 반성한다며 4할을 치겠다는 공언을 한다. 그리고 2000년 시즌 동안 3할 8푼 7리, 거의 4할을 기록하고 2001년 28세의 나이로 메이저리그로 진출한다. 아무리 이치로라지만 그의 메이저리그 진출에는 대부분의 사람들이 회의적이었다. 나이도 찰 만큼 찬 데다 메이저리그에서 일본 출신 타자가 성공한 사례는 없기 때문이었다. 메이저리그에 잘 적응한다 하더라도 일본에서 했던 것처럼 할 수는 없을 것이라고 생각했다. 이치로를 영입한, 이치로에 대해 가장 낙관적인 기대를 갖고 있었던 시애틀 매리너즈에서는 "이치로가 데뷔 첫해에 잘하면 2할 8푼 정도는 칠 것"이라고 예상했다. 하지만 이치로는 사람들의 예상을 철저하게 짓밟았다. 그는 2001년, 메이저리그 데뷔 첫해에 타격왕, 최다 안타, 도루왕, 리그 MVP, 신인왕을 석권했다. 미국과 일본 모두가 경악했다. 이치로의 활약을 직접 보지 못했던 사람들은 이거 거짓말이지? 하고 몇 번이고 되물었다. 그게 끝이 아니었다. 2004년엔 262안타를 치면서 메이저리그 한 시즌 역대 최다 안타 기록을 경신했으며, 데뷔 후 10년 연속 200안타를 넘게 치며 이 기록 역시 경신해 버렸다. 당시 미국인들 사이에선 "세상에 줄지 않는 게 2가지가 있다면 그건 세금과 이치로의 안타다"라는 말이 유행했을 정도로 이치로는 미국에서 가장 유명한 일본인이자, 가장 존경받는 외국인이 된다. 그는 메이저리그에서 17년 동안 활약하며 통산 3천 안타와 500도루를 훌쩍 넘겼으며, 10번의 골든 글러브를 수상하며 미국 야구 최고 영예인 명예의 전당에 거의 만장일치로 입성했다. 야구 인생의 전성기를 일본에서 보낸 뒤 뒤늦게 메이저리그로 들어온 늦깎이 선수가 세운 믿기지 않는 기록이었다. 이치로는 그 엄청난 업적을 세웠으면서 한결같이 말했다. 자기는 천재가 아니라고, 자기는 타고난 것이 아무것도 없었다고. 그는 언론 인터뷰에서 자신의 재능에 대해 일관되게 말했다.

"노력하지 않고 무언가를 잘 해낼 수 있는 사람이 천재라고 한다면, 저는 절대 천재가 아닙니다. 하지만 피나는 노력 끝에 뭔가를 이루는 사람이 천재라고 한다면, 저는 천재가 맞습니다. 제가 최고의 선수가 될 수 있었던 이유는, 저보다 많이 연습한 선수가 한 명도 없었기 때문입니다. 저는 단 한 번도 저 자신과 맺은 약속을 어긴 적이 없습니다."

사례 2

이치로보다 더 극적인 사례가 있었다. 이치로보다 7년 먼저 메이저리그에 진출했던 노모 히데오였다. 노모는 이치로보다도 주목받지 못했던 선수였다. 그는 철저한 무명이었고, 고등학교 졸업 후 프로에 입단하지도 못했다. 그는 대신 사회인 야구단에 들어갔다. 여기서 포크볼을 배워 기량이 폭발했고, 1990년 프로 입단에 성공한다. 그는 데뷔 첫해 다승왕, 탈삼진왕, 승률왕, 방어율왕, 4관왕을 기록하며 일본 프로야구 역사상 최초로 MVP, 신인왕, 사와무라 상을 석권했다. 그 이후 4년 연속 다승왕을 차지하며, 일본 프로야구 역사를 바꾼다.

1993년 노모는 미일 올스타 전에서 당시 메이저리그 최고 투수였던 로저 클레멘스를 만난다. 노모의 소름 끼치도록 기괴한 투구를 본 클레멘스는 노모에게 이렇게 말했다.

"미국으로 와라. 너라면 가능하다."

노모는 당시 올스타 전에서 미국 타자들에게 철저하게 압도당했다. 정신없이 처맞으면서도 노모는 클레멘스의 말을 기억했다. 그리고 1994년 메이저리그 진출을 선언한다. 하지만 노모는 당시 퇴물이나 다름없는 투수였다. 1993년부터 이미 투구 패턴이 상대팀에 분석돼 쉽게 풀어 가는 경기가 없었고, 그에 따라 투구수가 한도 끝도 없이 늘어나며 몸에는 과부하가 걸렸다. 그는 탈삼진왕이기도 했지만 더불어 볼넷왕이기도 했다. 그는 아웃카운트를 잡기 위해 너무 많은 공을 던져야 했다. 그의 야구 인생은 내리막길이라는 평가가 지배적이었다. 당시 메이저리그는 넘볼 수 없는 벽이었다. 메이저리그 진출한 사례는 있었으나 성공 사례는 단 하나도 없었다. 일본 언론은 하나같이 그의 도전을 격려하긴커녕 "한물간 선수의 한심한 망상"이라는 식의 모욕적인 기사를 써댔다. 특히 노모가 몸 담았던 긴테쓰 버팔로스의 감독인 스즈키 케이시는 "노모의 메이저리그 진출은 그의 인생 최대의 자위 행위"라는 막말까지 일삼았다. 실제로 노모를 환영하는 메이저리그 구단은 없었다. 10곳이 넘는 구단과 접촉했지만 전부 퇴짜를 맞았다. 외국인 선수에게 그나마 가장 우호적이었던 LA 다저스와 천신만고 끝에 계약을 맺었다. 연봉 1억 원,

메이저리그 최저 연봉 계약이었다. 1994년 노모가 일본에서 마지막으로 받았던 연봉의 14분의 1이었다.

노모의 활약을 기대한 사람은 아무도 없었다. 때마침 메이저리그 선수 파업까지 겹쳐 그나마 있던 관심도 식었다. 하지만 노모는 아랑곳하지 않았다. 신들린 포크볼로 메이저리그 괴수들을 철저히 돌려 세웠다. 데뷔 첫해 탈삼진왕을 차지하고, 내셔널리그 신인왕이 되었다. 데뷔 첫해 올스타 전에 나가 당대 최고의 타자들을 3연속 삼진으로 잠재웠다. 1996년엔 "투수들의 무덤" 콜로라도 쿠어스필드에서 노히트 노런을 기록했다. (이후로 쿠어스필드에서 다시 노히트노런이 나오는 일은 없었다.) 1997년까지 3년 연속 200탈삼진을 잡으며 메이저리그를 대표하는 "닥터K"가 되었다. 미국은 "노모 열풍(Nomo Fever)"에 휩싸였다. 타임지 표지로 등장했고, 헐리우드 영화 속에 그의 이름이 언급됐다. 앨런 버그만 같은 미국 특A급 작곡가들이 노모를 위한 헌정가를 만들었다. 그는 미일 정상 회담에 초청돼 백악관을 공식 방문한 첫 번째 일본 민간인이 되었다.

하지만 여전히 회의론은 존재했다. 노모 열풍은 반짝 현상이라는 것이었다. 그런 괴랄한 투구폼으로 던지는 투수가 롱런할 수 없다는 견해가 꾸준히 제기됐다. 투구 폼 자체가 그에겐 혹사였다. 그의 팔꿈치는 이미 오래 전 너덜너덜 걸레가 돼 수술을 받았고, 그의 투구 패턴은, 일본에서 그랬던 것처럼, 메이저리그에서도 간파되었다. 그의 전성기는 3년 만에 끝났고, 틈만 나면 두들겨 맞는 투수로 전락했다. 그는 2000년까지 마이너와 메이저를 전전하며 이 팀 저 팀 연달아 방출되는 수모를 겪었다. 하지만 노모는 여전히 자신에 대한 회의론을 믿지 않았다. 그는 포크볼이 먹히지 않자 슬라이더와 커브를 배웠다. 4년간 와신상담했다. 그리고 2001년 귀신같이 부활했다. 그해 등판 첫 경기에서 노히트 노런을 기록했다. 미국은 다시 한번 깜짝 놀랐다. "노모가 아직도 야구를 하고 있었냐"는 사람들이 대부분이었다. 노모는 이미 4년 전 잊힌 퇴물 선수였다. 그런데 갑자기 2번째 전성기를 맞았다. 다저스에서 노모를 다시 모셔왔고, 그는 2003년까지 팀내 최다승을 올리며 다시 한번 LA 다저스의 에이스가 되었다. 노모는 미일 통산 200승을 달성했고 메이저리그 123승을 거두었다. 비록 이 기록은 박찬호에 의해 깨지긴 했지만, 동양인 최초 메이저리그 100승은 영원불멸이었다. 노모 히데오에 의해 동양인 투수들의 메이저리그 입성이 줄을 이었고, 그 덕분에 우리는 류현진, 다르빗슈, 다나카, 구로다, 이치로의 메이저리그 경기를 볼 수 있었다.

 헛된 꿈을 좇는 사람일수록 인생이 쉽게 망한다. 인생이 최악의 방식으로 리셋돼 버리는 것이다. 그래서 어른들은 "꿈을 버리고 현실을 쫓으라"는 조언을 많이 한다. 비현실주의는 분명한 인간과 가족의 삶을 망치는 악질적 사고 방식이다. 하지만 인생은 수학 공식과 달라서 현실주의 논리로만 흘러가지 않는다. 지금까지 살펴본 사례들이 그렇다. 현실적으로 불가능해 보였던 일들이 실제로 일어났다. 지금까지 사례들을 곱씹어 볼수록, 그리고 더 많은 사례들을 수집해 볼수록, 현실주의는 결국 "주제를 알고 살라, 송충이는 솔잎을 먹고 살아야 한다"는 소시민적 사고에 머무는 것이 대부분이다. "꿈을 버리고 현실을 쫓는다"는 사고 방식은 부모님 세대의 전유물이었다. 굶어 죽는 것이 두려운 시대였기에, 부모님들은 하고 싶은 게 있어도 하지 않았다. 참는 것이 미덕이었다. 무조건 참고 버텨야 생존한다는 강박 속에 살았다. 이게 한국과 일본인의 현실주의로 굳어졌다. 그들의 현실주의는 그들을 생존케 해 주었다. 가족을 부양하고 자식을 대학에 보내게 해 주었다. 하지만 불행했다. 어느 한 부분도 "인생이 잘 풀렸다"고 하기 어려웠다. 참고 살았지만 힘들게 살았다. 생존했지만 그 생존은 고통의 대가였다.

인간들의 성공한 삶, 실패한 삶, 불행한 삶, 행복한 삶에 관한 사례를 보면 볼수록 예상치 못한 결론에 도달하게 된다. "현실주의"의 삶을 산 사람일수록 인생이 안 풀렸고, "비현실적인" 삶을 산 사람일수록 인생이 잘 풀렸다. 보다 정확히 말하면, 현실주의 삶을 사는 사람일수록 방어적, 소극적인 인생을 살았고, 비현실적 삶을 산 사람일수록 공격적, 적극적인 인생을 살았다. 핵심은 여기에 있다. 방어적인 삶을 산 사람일수록 인생이 안 풀렸고, 공격적인 삶을 산 사람일수록 인생이 잘 풀린 것이다.

핵심은 현실주의 vs 비현실주의에 있는 것도 아니고, 꿈을 쫓는 삶 vs 현실에 순응하는 삶에 있는 것도 아닌 것이다. 공격적인 삶 vs 방어적인 삶, 이 기준에 의해 진짜 인생이 갈리는 것이다. 비현실적인 삶, 꿈을 쫓는 삶은 단지 사람을 지금 당장 더 공격적으로 살게 만드는 여러가지 요인 중 하나일 뿐이다. 이치로와 노모 히데오는 비현실적인 삶, 꿈을 쫓는 삶을 살아서 성공한 게 아니라 공격적인 삶의 방식이 습관화돼서 성공한 거였다. 반대의 경우도 마찬가지. 부모 세대가 주장하는 "비현실적 삶을 살다 망한 사례"는 1) 도를 넘었거나 범죄를 저질렀거나, 2) 공격적으로 살지 않았기 때문이지, 꿈을 쫓았기 때문은 아니다.

소시민들은 자신들의 인생이 왜 안 풀리는 건지 원인 파악을 못한다.

"소시민은 도전하는 자를 비웃는다.", 이는 노모 히데오가 자신의 메이저리그 도전을 비웃었던 자들에게 한 말이라고 알려져 있다. 실제로는 노모가 직접 한 말이 아니라 그를 존경했던 언론인이 한 말이라는 얘기도 있지만, 누구의 말인지는 중요하지 않다. 중요한 건 이 짧은 한마디가 소시민이 평생 소시민인 이유를 말해 주기 때문이다. 왜 이들이 평생 남 탓 사회 탓 세월

탓을 하며 불행하게 사는지 설명해 주기 때문이다.

도전하는 삶이 아름답다고 말한다. 아무것도 도전하지 않으면서, 무엇 때문에 아름답다는 것인지 알지도 못하면서, 그저 지금껏 주워들은 대로, 무작정 아름답다고 말한다. 우리는 "도전하는 가치"엔 관심이 없다. 우리가 관심 있는 건 "결과"다. 도전해서 실패했지만, 그래서 불행해졌지만, 도전하는 가치만으로 위대했다거나 아름다웠다거나, 그런 헛된 말은 영화 시나리오 작가들이나 할 말이다. 도전하는 삶은 아름다운 게 아니다. 안 풀리는 인생을 리셋해서 잘 풀리게 하는 여러 방책 중 하나일 뿐이다. 우리는 결과적으로 잘된 삶, 마지막까지 잘 풀린 삶을 원하는 것이지 허울 좋은 가치나 명분을 원하는 건 아니다.

1. 공격적으로 살아야 인생이 풀린다, 수비적으로 살면 안 풀린다

도전하는 삶이 도움되는 까닭은 인생을 공격적으로 살게 해주기 때문이다. 인생에는 우리가 모르는 비직관적 속성이 많다. 그중 하나가 조심하고 살수록 불운이 닥치고, 조심하지 않고 공격적으로 살수록 운이 따른다는 사실이다. 사실을 알고 보면 인류 역사가 시작되기 전부터 그랬다. 조심하는 개체가 남들보다 먼저 굶어 죽었다. 조심하지 않고 더 멀리 쏘다닌 개체가 남들보다 더 많은 단백질을 섭취하고 더 많은 이성과 짝을 지었다. 인생이 안 풀릴수록 몸을 사리는 것이 아니라 더 적극적으로 더 멀리 나가 위험을 감수해야 운이 바뀐다. 너무나 당연한 현실임에도 이걸 가르쳐 주는 사람이 없다. 인간의 본능은 이상하게도 생존에 역행하는 쪽으로 진화해 왔다. 불운이 계속되면 지금까지의 행동 패턴을 바꿔 더 공격적으로 나가야 하는데 그 반대로 움츠러든다. 그래서 계속 인생이 안 풀리고, 우울해지고, 무기력증에 빠져드는 악순환을 겪는다. 현대 인류의 삶도 구석기 시대의 삶과 다르지 않다고 생각해야 한다. 인생이 잘 안 풀리면 창 갈고 밖으로 나가 새로운 땅과 새로운 무리와 새로운 사냥감을 찾아 나선다고 생각해야 한다. 도전하는 삶은 아름답지 않다. 도전하는 삶은 대개 추하다. 하지만 불운을 극복하고 판을 뒤엎는 효과를 발휘한다. 목적 없이, 의욕 없이 소극적인 인생은 아무리 착실하게 열심히 살아도 꼬인다. 가난한 부모님 세대의 인생을 생각해 본다. 조심조심 몸 사리며 방어적으로 살아온 탓에, 기회를 놓치고, 먹을 걸 빼앗기고, 그 울분을 가장 소중한 사람들에게 풀었다. 공격적으로 사는 인생이 잘 풀리는 건 밥을 먹어야 배가 부르다는 말과 다를 게 없다. 기회가 있을 때 먼저 잡고, 먹을 것이 있을 때 먼저 먹어야 할 일이다. 그래야 잘산다. 그러지 않기 때문에 못산다. 무기력한/소극적인 인생 때문에 못살게 돼 놓고 남보다 적극적으로 사는 사람들을 도둑놈이라며 손가락질한다. 그래서 평생 소시민이다.

    치열하게 아귀다툼하며 살라는 얘기가 아니다. 그런 착각하지 말라고 이치로와 노모의 예를 들었다. 이치로와 노모는 전형적인 일본인이었다. 일탈 행동을 하면 죽는 줄 아는 부모 세대와 다를 게 없었다. 이들은 오로지 야구만 했다. 공부도 안 하고, 장사도 안 하고, 그것 외에 아무것도 안 했다. 심지어 메이저리그에 진출하고도 영어도 배우지 않고 오로지 야구만 했다. 이 둘은 정직과 성실의 화신이었다. 유전적으로 우리의 부모 세대와 다를 게 없었다. 하지만 유일하게 다른 게 있었다. 도전했다는 것이다. 이치로는 일본 최고의 야구 선수가 되겠다고 했다. 그래서 일본 최고의 야구 선수가 됐다. 무려 7년 동안. 그러다가 타율이 떨어졌다. 그래도 여전히 일본 제일의 타격왕이었다. 하지만 이치로는 조금 떨어진 자신의 기량에 심한 충격을 받았다. 그래서 4할을 치겠다고 했다. 그리고 진짜로 거의 4할을 쳤다. 그리고는 일본에서 더 이룰 것이 없다고 생각해 메이저리그에 진출했다. 그는 메이저리그마저 석권했다. 일본에서 일본 프로야구를 석권했을 때보다 더 오래, 더 철저하게, 더 잔인하게 리그 전체를 씹어 먹었다. 그는 10년 넘게 메이저리그를 평정했으면서도, 명예의 전당 1순위 헌액이 예정된 상태에서도, 그래도 여전히 굶주렸다. 그는 아직 더 뛸 수 있다고 했다. 50살까지 메이저리그 현역으로 뛰겠다고 했다. 그는 한겨

울에도 매일 타격 연습을 했다. 자신과의 약속을 한 번도 어기지 않았다. 왜냐하면 인생을 잠시라도, 아주 잠시라도, 소극적으로 살 수 없었기 때문이다.

노모도 그랬다. 그 역시 아주 잠시라도 느긋하게, 평온하게 살 수 없었다. 노모는 인생이 잘 풀릴 만한 조건이 없었다. 이치로는 그나마 좋은 스승이라도 만나 일찍 재능을 꽃피웠지만, 노모는 그러지 못했다. 혼자서 외롭게 배워야 했고, 몰지각한 스승들과 싸워야 했다. 게다가 그는 "잘못된" 투구폼으로 일찍 몸이 망가졌다. 모두가 그에게 현실주의를 빙자한 염세주의를 늘어 놓았지만 노모는 다 무시했다. 그에게 중요한 건 도전뿐이었다. 주변에서 염세적 훈계를 늘어놓을 때마다 더 이 악물고 공격적으로 나섰다. 그가 몸 담았던 버팔로즈의 스즈키 감독은 입단 당시 약속을 깨고 노모의 투구폼에 간섭했다. 그리고 그가 부상을 당하자 "이제 그는 끝났다"는 발언을 했다. 1994년 시즌이 끝날 무렵, 노모는 머리에 타구를 맞아 두개골에 금이 갔다. 하지만 노모는 이후 경기에 자원 등판, 144개의 공을 던졌다. 그리고 4일 뒤 또 경기에 나와 10이닝 완투를 하며 182개를 던졌다. 노모는 또 다시 4일 뒤에도 연장 10회까지 177개의 공을 뿌렸다. 두개골에 금이 간 채로, 9일간, 3경기에 나와, 503개의 공을 던졌다. 이는 스즈키 감독을 향한 메시지였다. "나는 절대로 네가 훈계한 대로 살지 않겠다"는 것이었다. 그가 메이저리그에 진출한 것도 사실은 메이저리그에 대한 꿈과 환상 때문이 아니었다. 자신의 인생을, 꼰대들의 훈계와 달리, 더 공격적으로 살기 위함이었다. 노모는 재능 때문에 성공한 것이 아니었다. 사람들은 그의 인생을 "불꽃 투혼"이라고 했다. 노모의 인생은 그의 불 같은 공격성 때문에 흥했다. 아무도 그의 인생이 잘 풀릴 것이라고 예상하지 않았다. 저러다 결국 꼬이고 망할 것이라고 예상했다. 하지만 그의 인생은 소시민들의 예상과 반대로 풀렸다. 그는 위기가 닥칠 때마다, 불 같은 호전성으로, 불사조처럼 되살아 났고, 매번 전보다 더 잘나갔다.

2. 자기 확신은 장미빛 인생, 자기 불신은 흙빛 인생

노모가 메이저리그에서 성공한 또 다른 요인이 있었다. 로저 클레멘스의 한 마디였다. "미국으로 와라, 너라면 할 수 있다." 로저 클레멘스는 약물을 투약했지만 그의 안목은 진짜였다. 그가 그때 노모의 재능을 본 것인지 아니면 불꽃 투혼을 본 것인지는 알 수 없다. 그가 정말로 노모의 메이저리그 성공을 확신한 것인지, 아니면 인사치례였는지, 아니면 충동적 감탄사였는지 역시 알 수 없다. 어쨌든 노모는 이 말 한마디를 가슴 속에 품었다. 그리고 다른 말은 전부 무시했다. 다른 "현실주의" 조언들 모두 깡그리 무시하고 로저 클레멘스의 말만 기억했다. 그 말은 종교적 신념이 되었다. 그는 미국에 진출해, 아시아 선수로는 처음 메이저리그 선발 마운드에서 서서 로저 클레멘스의 말을 기억했다. 그리고 그는 전설을 써 내려갔다. 로저 클레멘스조차 노모가 이만큼 성공할 것이라고 예상하진 못했을 것이다. 그리고 자신의 말 한마디가 노모에게 신의 계시보다 더 강력한 효과를 발휘했다는 사실도 알지 못했을 것이다.

손정의 역시 노모와 다르지 않은 경우였다. 손정의는 어릴 때부터 아버지로부터 그런 말을 듣고 자랐다: "너는 천재니까 할 수 있지 않냐?" 무식한 돈키호테, 봉이 김선달 개저씨 버전이었던 손정의가 아무도 상상 못했던 성공을 거둔 원동력이 여기 있었다. 아버지가 그의 머리 속에 심어 준 "너는 천재니까" 믿음이었다. 그는 평생 이 믿음 속에 살았다. 많은 사람들이 그의 정신병적 자기 확신과 오만함에 기가 질리고 혐오감을 느꼈지만, 중요한 건 이 믿음 덕에 포기하지 않았다는 사실이다. 그는 어떤 역경이 닥치고 어떤 문제에 봉착해도 매번 자신만의 마법의 주문을 외웠다.

"나는 천재니까."

자신에 대한 맹목적 믿음이 좋은 건 1) 절대 포기하지 않는다는 것, 2) 끝까지 해결 방법을 찾는다는 것이다. 손정의가 어떻게 불가능한 일을, 아무도 상상조차 하지 못했을 일을 시도하고 해결했는지 다시 이야기한다. 한 치도 의심하지 않았기 때문이다. 무조건 된다고 생각했기 때문이다. 현실주의자들은 대부분 소시민들이다. 왜냐하면 의심하기 때문이다. 된다고 생각하기 전에 "현실적 의심"부터 하기 때문이다. 그래서 인생이 안 풀리는 것이다. 이것이 현실주의의 현실이다. 진짜 현실은 이와 다르다. 의심하기 전에 "무조건 된다" 생각하고 움직이면 정말로 된다. "무조건 된다" 생각하고 움직이는 건 손해 볼 게 없는, 오로지 이득만 보는 행동임에도 현실주의자들은 일단 의심부터 한다. 그렇게 일말의 가능성마저 소멸시켜 버린다. 될 일도 되지 않게 만들어 버린다. 그래서 인생이 안 풀린다.

나 자신이 한 치의 의심 없이 믿어야 상대도 그렇게 믿기 마련이다. 내가 믿는다고 남이 믿겠어? 라는 멍청한 의심을 먼저 하니까 일이 안 풀린다. 내가 믿으면 남도 믿는다. 인간은 그렇게 만들어졌다. 인간은 서로 믿고 의지하기에 인간이다. 인간은 인간이기에 혼자 생존할 수 없다. 그래서 내가 믿으면 남들도 믿는다. 이는 놀라울 정도로 확률이 높은 설득법이다.

"나는 천재니까, 나라면 할 수 있다"는 자기 확신은 인간의 능력을 상상하지 못한 범위까지 끌어 올린다. 인간은 원래 정해진, 원래 예상했던 (유전적) 능력과 다르게 움직인다. 인간은 자기 확신에 의해 백만 배 더 강한 능력을 발휘하고, 자기 불신에 의해 원래 능력의 절반에도 못 미치는 수준에 주저앉는다. 결국 본인 선택의 문제다. 손정의나 노모 히데오나 평생 좋은 말만 듣고 산 것이 아니다. 평생 좋은 말만 듣고 사는 사람은 아무도 없다. 이들은 단지 자신에게 유리한, 자신에게 긍정적인, 자기 확신을 가질 말만 믿은 것이다. 인생 잘 풀리는 사람들의 변치 않는 특징이다. 자기 확신, 자기 믿음이 있는 사람은 결국 인생이 잘 풀린다. 다시 말하지만 본인 선택의 문제다. 당신이 어디서 누구에게 어떤 부정적인 말을 들었든 그냥 무시하면 그만이다. 주변에서 뭐라고 지껄이든 한 가지만 믿으면 된다: "나는 천재니까, 나라면 할 수 있으니까." 인간은 누구나 살면서 자신에 대한 긍정적인 말 한 마디쯤 듣기 마련이다. 그 말이 근거 없는 빈말이었더라도, 당신이 그렇게 믿으면 그 말은 진실이 된다. 그리고 그 말은 당신을 평생 따라다니며 당신의 인생이 꼬일 때마다 잘 풀리게 만든다. 예외는 없다. 성공한 사람 중에 자기 확신이 없었던 사람은 단 한 명도 없었다. 자기 확신이 없는 사람은 성공하지 못했으며, 인생이 잘 풀리지 않았다. 자기 확신이 확고한 사람은, 결코 의심하지 않는 사람은, (최소한 자신이 의도한 지점까지는) 인생이 잘 풀렸다. 다시 말한다. "당연히 된다"고 생각하고 덤비면 된다. 하지만 조금이라도 의심하면 시작도 전에 실패다. 종교적 믿음이나 마찬가지다. 중요한 건 나 자신을 믿는 것이다. 예수를 믿으면 십일조의 희생양이지만, 나 자신을 믿으면 인생의 승자다. 나 자신을 믿으면 끝까지 포기하지 않는다. 더 나은 미래를 향해 끊임없이 도전하게 된다.

3. "이미 이뤄진 일"이라는 확신이 결과를 바꾼다

 나 자신에 대한 믿음이 어려운 사람들이 있다. 나 자신을 믿어야 한다고 아무리 강제 주입 세뇌해도 절대 자신을 믿을 수 없는 사람들이 있다. 이런 사람들에게 이런 조언은 의미 없는 못한 조언이다. 사실을 말하자면 나 자신에 대한 믿음이 핵심은 아니다. 중요한 건 "내가 하려는 일에 대한 확신"이다. 나에 대한 믿음은 그때 그때 달라진다. 날씨와 기후와 혈당 농도, 체내 미생물 분포에 따라 바위처럼 단단했다가 아침 안개처럼 사라지기도 한다. 나에 대한 믿음은 슬프게도 언제든 나를 배신할 수 있다. 그렇기에 보다 확고한 근거가 필요하다. 절대로 변치 않을, 절대로 부인할 수 없는 불가항력적 근거.

 아르헨티나의 작가 보르헤스의 단편 소설 "끝없이 두 갈래로 갈라지는 길들이 있는 정원"에는 이런 구절이 나온다.

 "대담한 임무를 수행하는 자는 그것이 이미 이뤄진 일이라고 확신해야 한다. 정해지지 않은 미래가 아닌, 이미 정해진 과거처럼, 절대로 바꿔 놓을 수 없는 일이라고 확신해야 한다."

 이른바 "시간 역행법"이다. "내가 해야 하는 일"이라고 생각하면 안 된다. 마음 병든 소시민들은 "내가 해야 하는 일"이라는 의무감 때문에 스트레스를 받고 일을 망친다. "이미 이뤄진 일"이라고 생각해야 한다. 보르헤스의 말대로 미래의 나 혹은 다른 전능한 누군가가 (당신을 위해) 이미 해 놓은 일을 그대로 따라 하는 거라고 생각해야 한다. 다시 말한다. 내가 하려는 일은 이미 이뤄진 일이고 당신은 이미 이뤄진 일을 당연한 듯 되풀이하는 것이다. "하면 된다"가 아니라 "이미 됐으니 하는 것"이다. "해야만 하는 것"이 아니라 "이미 정해진 운명"인 것이다. 당신은 현재를 사는 중이 아니라 과거를 사는 중이다. 당신이 하려는 일은 이미 일어난 과거의 일이며, 절대로 달라질 수 없는 것이다. 당신이 아무리 마음에 병이 든 찌질이 소시민이라도 이미 이뤄진 일을 실패할 수는 없다. 이런 생각으로 살아야 한다. 여기서 확신을 찾아야 한다. 그래야 사람이 변한다. 눈빛과 표정과 행동이 달라진다. 그리고 당신을 둘러싼 세상이 달라진다. 손정의 같은 사람들에게 일어났던 기적을 당신이 직접 경험하게 된다.

4. 운이 오지 않으면 내가 찾아간다

뮤지컬 영화 「라라랜드(La La Land, 2016)」에는 여주인공 미아(엠마 스톤)가 나온다. 미아는 배우 지망생이다. 스타벅스 종업원으로 생계를 유지하며 배우 오디션을 보는 그는 연기 천재지만 아무도 알아봐 주지 않는다. 오디션을 수백 번 봤지만 언제나 결과는 똑같고 모욕감만 늘어난다. 그러다 재즈를 한다는 가난뱅이 예술가 세바스찬에게 이런 조언을 듣는다: "오디션은 그만 보고 네가 직접 너를 주인공으로 한 작품을 써 보라"고. 미아는 세바스찬의 말대로 한다. 그리고 어느새 정신을 차려 보니 얼렁뚱땅 세계적인 배우가 돼 있다. 그리고 그의 곁에는, 가난뱅이 예술충 세바스찬이 아니라, 잘생기고 교양 넘치는 부자남이 남편으로 있다. 이 부분에서 많은 사람들이 착각을 한다. "미아는 운빨이 맞아 저렇게 됐구나. 오디션을 수백 번씩 보다 보니 결국 하나 얻어 걸리는구나 나도 오디션을 수백 번 봐야겠다." 영화가 잘못 만들어진 탓은 아니다. 영화에는 분명히 미아가 어떻게 성공을 한 것인지 자세하게 설명해 주고 있다. 사람들이 그 부분을 놓쳤거나 기억하지 못할 뿐이다.

미아의 성공 스토리는 실제 있었던 일이다. 「트리플 엑스」, 「분노의 질주」 등으로 유명한 영화 배우 빈 디젤이 그랬다. 「라라랜드」는 혹시 빈 디젤의 스토리를 여자 버전으로 각색한 것이 아닐까 싶을 정도로 많이 유사하다. 빈 디젤의 성공기를 요약하면 다음과 같다.

1. "나는 잘생기고 몸 좋은 천재니까 금방 스타가 되겠지"라는 생각으로 LA로 폼 나게 진출.
2. 오디션 수백 번 떨어짐.
3. 돈도 털리고 멘탈도 털리고 낙향.
4. "너희들이 날 써 주지 않으면 내가 날 써 주겠다"며 자신이 직접 작품을 만들어 주인공이 됨.

5. 그 작품이 영화 관계자 눈에 띄어 LA 진출.

자기 작품을 만들기 전까지 디젤은 LA에서 죽자 사자 오디션을 봤지만 하나도 걸린 게 없고 끼니를 때우기도 어려운 생활을 몇 년이나 지속했다. 소시민은 이쯤에서 "아마 난 안 될 거야" 생각으로 될 대로 되라 인생을 살게 되는데 빈 디젤은 그게 아니었다. 그는 실패 끝에 깨달았다. 요행을 바라면 안 된다는 걸. 그 지점이 바로 인생이 바뀌는 지점이다. 감나무에서 감이 떨어지길 기다리지 않고 내가 직접 감나무를 길러 감을 수확하기로 한 것이다. 운이 내게 찾아오길 기다리는 게 아니라 내가 운을 만들어 내기로 한 것이다.

라라랜드의 미아가 "이제 더 이상 오디션은 보지 않겠다"고 선언한 장면을 떠올려야 한다. "나는 더 이상 요행을 바라지 않겠다"는 선언이었다. 바로 이 지점이, "더 이상 오디션은 보지 않겠다"는 지점이 미아의 인생이 바뀐 전환점이었다. 미아가 세계적 배우가 된 것은 미아가 스스로 제작하고 주연한 연극이 어느 유명 제작자의 눈에 띄었기 때문이었다. 유명 제작자가 무명 배우의 연극을 본 것 자체가 운빨 아니냐고 물을 수 있다. 하지만 그렇지 않다. 유명 제작자일수록 무명 배우, 작가, 연출가들의 작품을 더 열심히 본다. 그래야 수입이 유지되기 때문이다. 남보다 더 많은 작품을 생산할 수 있어야 돈도 더 많이 벌고 업계 영향력도 더 강해지기 때문이다. 「메멘토」, 「아메리칸 뷰티」, 「디스트릭트9」 같은 혜성처럼 등장한 수많은 명작들이 무명 배우/작가/연출자의 단편을 유명 제작자가 알아본 덕에 탄생했다. 라라랜드 미아의 이야기는 엉뚱한 비현실적인 이야기가 아니었다. 빈 디젤 외에도, 이미 그런 사례가 많이 있었기에 나온 스토리인 것이다.

많은 젊은이들이 "실력이 있어야 뽑힌다"는 망상을 갖고 있다. 그러다 안 뽑히면 내가 부족했기 때문이라며 더 노력을 하거나, 더 많은 시험을 본다. 사실을 말하자면, 경쟁률이 높은 시험일수록 실력이 있어서 뽑히는 게 아니라 운이 있어야 뽑힌다. 타인에 의한 선택은 "그 사람의 선택"일 뿐 "네 실력"이 아니다. 다른 사람의 선택을 기다리는 것은, 빈 디젤과 미아가 깨달은 것처럼, 요행을 바라는 것이다. "실력이 있어야 뽑힌다"는 망상에 빠진 젊은이일수록 쉽게 좌절하며, 또 다른 요행에 중독돼 남은 인생을 말아먹는다. 설사 운 좋게 뽑힌다 하더라도 사회의 부속품으로 전락하고 "이건 내가 원한 길이 아니었어"라고 좌절하거나, 과로사한다.

5. 노력보다 눈에 띄는 게 중요하다

미아와 빈 디젤의 사례는 중요하다. 실력대로 풀리지 않는 시장에서, 달랑 몸뚱이 하나만으로 뛰어든 흙수저 청춘이 어떻게, 그 모든 더러운 운빨의 저주를 이기고 성공했는지 말해 주기 위해 가져온 사례들이다. 방어적이 아니라 공격적으로 살아야 인생이 잘 풀린다고 했다. 하지만 많은 사람들은 아직도 공격적인 삶이 뭔지 모른다. 눈에 띄어야 인생이 풀린다고 했다. 샤를리즈 테론 역시 라라랜드 미아처럼 오디션에 수백 번씩 떨어지며 집에 쌀이 떨어져 굶어 죽을 지경에 몰렸다. 그를 살린 건 오디션 때문이 아니었다. 은행 창구에서 맹수처럼 난동을 부리다 영화 제작자 눈에 띄었기 때문이었다. 결국 한마디로 요약된다. 남보다 공격적으로 살았다는 거다. 적극적으로 살아야 한다는 말은 수도 없이 많이 들었을 것이다. 하지만 이 말 뜻을 대부분 엉뚱하게 받아들인다. 남보다 더 노력하라는 말로 이해한다. 진정한 노력은 절대로 자신을 배신하지 않는다고 믿는다. 그래서 남보다 더 많이 좌절하고 남보다 더 빨리 과로사한다.

적극적으로 살라는 말은 "방어적으로 살지 말고 공격적으로 살라"는 말로 바뀌어야 한다. 그리고 이 말은 "눈에 띄어야 살아남는다"는 말과 동일시되어야 한다. 이 말을 "남들보다 더 열심히 살라"는 말과 동일시하면 여전히 안 풀리는 인생을 살게 된다. 열심히 살지 말라는 것이 아니다. 남의 눈에 띄도록 열심히 살라는 것이다. 그러기 위해선 방어적으로 살지 말고 공격적으로 살아야 한다는 것이다.

이제 더 이상 "꿈을 향해 열심히 달리면 결국엔 이루어진다"는 일제 식민지 순정만화적 망상에서 벗어나야 한다. 현실 신데렐라 스토리의 인생 전환점은 운빨도 아니고 노력도 아니다. "요행을 바라지 않겠다"는 마음가짐이다. 내 운은 내가 개척한다"는 마음가짐. 운빨의 저주에서 벗어나기 위한 과감한 선택. 이게 공격적으로 인생 사는 법의 핵심이다.

6. 공격적 마음가짐은 시험도 잘 보게 해 준다

공격적인 마음가짐의 이점은 아무리 설명을 해도 끝이 없다. 연예, 예술, 스포츠뿐 아니라 다른 모든 인간 활동에 적용된다. 면접도, 오디션도, 시험도 똑같다. 시험지 앞에서 방어적인 마음을 가질수록 당신의 시험 성적은 곤두박질친다. 시험지 앞에서 공격적인 마음일수록 당신의 시험 성적은 급상승한다. 공격적 삶의 방식, 공격적 마음가짐은 인간의 두뇌 능력을 급상승시킨다. 어디서 무얼하든 공격적인 마음가짐 하나만으로 결과가 바뀐다. 다시 강조하지만, 인생이 잘 풀리지 않는 원인 99%는 "방어적인 자세" 때문이라는 사실을 절대 잊어서는 안 된다. 당신이 방어적인 자세를 취할수록, 방어적인 사고 방식으로 살수록 당신의 인생은 점점 더 수렁에 빠진다는 사실을 기억해야 한다. 구체적인 예를 들어 알아보자.

예시 1. 시험 공부를 할 때, 그리고 시험을 볼 때, "덜 틀린다, 실수를 덜 한다"는 생각일수록 더 많이 틀린다. 성적이 오르지 않는다. 시험 공부를 할 때, 그리고 시험을 볼 때, "더 많이 맞춘다"는 생각일수록 더 많이 맞춘다. 성적이 오른다.

예시 2. 내 생각을 이야기할 때 눈치 보고 소극적일수록 비호감, 무시당하며 산다. 내 생각을 이야기할 때 눈치 보지 않고 공격적일수록 무시당하지 않으며 사람들 눈에 쉽게 띈다.

예시 3. 불편한 게 있을 때 "기다려 보자"라는 사람은 평생 불편한 삶을 산다. 불편한 게 있을 때 분연히 일어나 해결하는 사람은 세월이 갈수록 편한 삶을 산다.

예시 4. 필요한 게 있을 때 "기다려 보자"라는 사람은 평생 궁핍한 삶을 산다. 필요한 게 있을 때 분연히 일어나 쟁취하려는 사람은 세월이 갈수록 풍족한 삶을 산다.

예시 5. 내게 해를 끼치는 사람과 맞서길 꺼려하는 사람은 평생 피해 보고 산다. 내게 해를 끼치는 사람과 주저 없이 맞서는 사람은 세월이 갈수록 유리한 인생을 산다.

예시 6. 내게 해가 되는 사람과 관계를 미적미적 끊지 못하는 사람은 인생이 망한다. 내게 해가 되는 사람과의 관계를 적극적으로 끊는 사람은 인생이 쉽게 망하지 않는다.

예시 7. 하고 싶은 일을 좌고우면 고심하는 사람은 평생 하고 싶은 일을 못 하거나 하고 싶은 일을 하면서도 불행해진다. 하고 싶은 일이 있을 때 고민하지 않고 일단 해 보는 사람은 남보다 빨리 성공한다.

예시 8. 일할 때 "혼나지 말아야지"라는 생각으로 일하는 사람은 평생 혼나거나 실패한다. 일을 할 때 "내 일처럼" 주도적으로 하는 사람은 인정받고 승진한다.

예시 9. 잘못했을 때 자기 방어가 심할수록 (변명, 자책, 자기 연민 등) 사람들의 거부감을 사고 일을 더 못하게 된다. 잘못했을 때 "그럴 수도 있지" 라고 떨쳐 버릴수록 사람들의 호감을 사고 일을 더 잘하게 된다.

예시 10. 어려운 일을 앞에 두고 "설마 되겠어" 생각하는 사람은 인생이 조금도 나아지지 않는다. 어려운 일을 앞에 두고 "하면 돼"라고 생각하는 사람은 인생이 극적으로 나아진다.

예시 11. 조건 좋은 남자를 만났을 때 "이 남자 꼭 잡아야 한다"고 생각하는 여자는 이 남자도 놓치고 다음 남자도 놓친다. 조건 좋은 남자를 만났을 때 "이 남자보다 더 나은 놈도 가능하겠는데?"라고 생각하는 여자는 이 남자도 잡고 다음 남자도 잡는다.

예시 12. 움츠러들고, 피하고, 두려워하고, 양보하는 자세가 인생을 어렵고 쪼들리고 불행하게 만든다. 받아치고, 들이밀고, 양보하지 않는 자세가 인생을 잘 풀리게 만든다.

인생 리셋
4

머리 굴리지 말고 몸을 굴린다

나는 바보다.

아메바다.

비천한 인생이다.

진흙탕에, 오물통에, 쓰레기장에,

기꺼이 몸을 던진다.

사례 1

선영은 영문과를 다녔지만 영어에 흥미가 없었다. 그녀는 집에서 시킨 대로 학교와 전공을 선택한 소신 없이 대학에 온 학생이었다. 그의 집에선 그녀가 어문학에 소질이 있다고 생각해서 영문과를 보낸 것이 아니라, 단지 영문과 출신 여자들이 결혼을 잘 하더라는 말을 듣고 보낸 거였다. 선영은 과 내에서 영어를 제일 못 했다. 애당초 영어에 관심이 없었으니 외국에서 살다 온 학생들이 즐비한 과에서 두각을 보일 리 없었다. 그녀는 미운 오리 새끼였다. 꽉 막힌 목소리에 세련되지 못한 행동거지로 뒤에서 놀림감이 되었다. 그녀의 인생이 바뀐 것은 3학년 때였다. 외국어 수업 중 다른 학생이 "항공 노선"이라는 단어를 떠올리지 못하는 걸 보고 자기가 대신 "Air Route?"라고 말한 것이 계기였다. 교수는 선영을 칭찬했다. 아! Air Route! 잘했어요! 굿! 선영은 영감을 얻었다. 논리적 근거는 없었지만 자기가 영어에 소질이 있을지 모른다는 생각을 했다. 그때부터 영어를 파기 시작했다. 학교에서 모든 말을 영어로 하기 시작했다. 그녀의 영어는 졸업할 때까지 별 볼 일이 없었다. 동기들이 동시통역 대학원 등에 진학하며 선영보다 월등히 앞서 나갔지만 그녀는 개의치 않았다. 그녀는 영문학과에 와서 뒤늦게 영어라는 언어에 흥미를 느꼈고, 영어에 자신의 인생을 걸었다. 그녀는 졸업 후 뉴욕으로 갔다. 여기서 또 영어를 배웠다. 그리곤 로스쿨을 다녔다. 로스쿨을 졸업하고 유명 로펌에 취업했다. 여기서 키 크고 잘생긴 부잣집 미국인 남자 변호사와 결혼해 뉴욕에 정착했다. 그녀는 이제 뉴욕에서 가장 잘나가는 한국인 여성 변호사 중 한 명이다. 그녀의 동기들 중 그녀보다 더 성공한 이는 없었다.

사례 2

해영은 흙수저였다. 어머니가 삯바느질로 가족을 먹여 살렸다. 해영은 매력이 없었다. 잘하는 건 공부뿐이었는데 그나마도 특출나게 잘하진 못했다. 어른들은 해영이를 부잣집에 시집보내는 것이 최선이라고 말했다. 왜냐하면 그럴 만한 성적은 됐기 때문이었다. 하지만 해영은 다른 길을 택했다. (시집 가기 유리한) 서울에 있는 여대가 아닌 지방 의대를 갔다. 해영이 지방 의대를

간 것은 장학금을 제일 많이 줬기 때문이었다. 다른 이유는 없었다. 집이 가난하니 장학금을 받으며 공부를 하겠다는 거였다. 그렇게 해서 의사가 됐는데, 어른들은 또 걱정을 했다. 여자애가 매력이 없어서 시집은 어떻게 가느냐고. 이제 나이 서른인데. 그랬더니 명문대 의대를 나온 잘생긴 전문의와 결혼을 했다. 그것도 해영이 시큰둥한 와중에 남자가 매달려서 한 결혼이었다. 남자는 잘생기기만 한 게 아니었다. 그는 부잣집 좋은 남편에 훌륭한 사업가였다. 지방에 병원을 열었는데 돈 없는 노인들을 무료 진료해 주고 집까지 모셔다 드렸다. 병원은 소문이 났고, 사업은 큰 성공을 거두었다. 하지만 뜻하지 않은 변수로 병원 사업을 접어야 했고, 둘은 한국에서의 삶을 포기하고 호주로 이민을 갔다. 의사가 외국에 나가면 처음부터 다시 의사 면허 따야 했기에, 둘은 영어부터 다시 배워야 했다. 남편이 먼저 호주 의사 면허 공부를 하는 동안 해영은 딸 둘을 키우며 영어 공부를 했다. 평생 영어라곤 의학 용어 외엔 접해 본 적이 없었지만 해영은 아무 의심 없이 그냥 책을 붙들고 공부했다. 나이 40에 다시 의대 1학년이 됐다고 생각하고 무작정 다시 공부했다. 40대 중반이 되어서야 호주 의사 면허를 딴 해영은 전공이 가정 의학이었다. 호주 대형 병원에서는 환자가 제일 먼저 방문해야 하는 진료 과목이 가정 의학이고, 호주 병원은 연봉제가 아니라 진료한 환자수에 따라 급료를 받기 때문에 대부분의 경우 가정 의학과가 제일 돈을 많이 번다. 남편보다 늦게 의사 면허를 땄지만, 해영은 멜버른의 대형 병원에 취업해 남편보다 더 많은 돈을 번다. 그녀의 두 딸은 멜버른의 학교를 다니는데 천재라고 소문이 자자하다.

사례 3

대현은 우등생이었다. 그는 마음만 먹으면 전교 1등이었다. 공부 못 하는 열등생들이 흔히 "내가 마음만 먹으면 전교 1등"이라고 큰소리 치고 다니지만 대현은 그런 말을 하지 않았다. 왜냐하면 정말로 자기가 전교 1등을 하고 싶을 때 전교 1등을 할 수 있기 때문이었다. 그는 학교 록 밴드의 리더였다. 전자 기타를 잘 쳤다. 아버지에게 새로운 기타를 사 달라고 할 때면 보상거리를 만들어야 했기에 그때마다 전교 1등을 했다. 게다가 못하는 운동이 없었다. 농구, 축구, 배구 등 일단 하기만 하면 에이스가 됐다. 그게 유일하게 못하는 운동은 달리기였다. 악착같이 뛰는 게 귀찮기 때문이었다. 그는 놀기도 잘 놀았다. 방배동 일대 유흥가를 자기 손바닥처럼 꿰뚫고 있었다. 어느 술집에 새로운 술이 들어왔는지 다 알고 있었다. 그는 주말마다 친구들과 유흥가에 가서 놀았다. 그가 주말에 술을 마시지 않을 때는 전교 1등을 해야 하는 시험 기간 때뿐이었다. 그는 모두의 예상대로 서울대를 갔다. 그리고 여기서 사법 시험 공부를 했다. 대현은 평소 말했다. 자기 같은 평범한 집 학생이 신분 상승하는 방법은 고시뿐이라고. 사람들은 대현이 합격

하는 것은 당연한 일이라고 생각했다. 왜냐하면 그는 지금까지 시험을 보면 언제나 자기가 원하는 결과를 얻었으니까. 하지만 그는 합격하지 못했다. 당연한 줄 알았던 합격은 10년 이상 이뤄지지 않았고, 동기들보다 인생이 뒤처지자 더욱더 미친 듯 매달렸다. 지금까지 항상 마음먹은 대로 한 방 인생을 살았던 그는 합격이 모든 걸 보상해 줄 유일한 수단이었다. 그는 사법 시험 합격이 힘들 것 같자 행정 고등 고시로 진로를 바꿨다. 하지만 그는 끝내 합격하지 못했다. 40줄을 바라보는 나이에 신림동 월세가 오르자 지방으로 내려가야 했다. 여기서 학원 전단지를 돌리며 생계를 유지하다 가끔 객원 강사로 학원에서 학생을 가르치며 입에 풀칠하는 신세가 되었다.

사례 4

선웅은 고향에서 유명한 천재 소년이었다. 그가 졸업한 초등학교 교문엔 항상 그의 이름 석 자가 새겨진 플래카드가 붙어 있었다. 중학교 고등학교를 수석 입학했을 때도, 모의고사 전국 1등을 했을 때도, 서울대에 합격했을 때도 그의 이름은 고향 여기저기 나부꼈다. 그는 언제나 1등 인생을 살아왔다. 그의 성적표엔 언제나 숫자 1 뿐이었다. 사람들은 그가 대통령은 아니라도 장관이나 판사 정도는 할 것이라고 믿었다. 하지만 그가 된 것은 고시 낭인이었다. 그는 대학 졸업 후 20년 넘게 불합격했지만 사법 시험 합격의 꿈을 버리지 못했다. 그의 생각은 그랬다. 지금 합격하기만 하면 판사가 돼 나올 것이라고, 그러니까 합격만 하면 된다고, 그러면 모든 게 다 순리대로 될 거라고. 그렇게 20년을 살았다. 그는 한 번도 직업을 가져 본 적이 없었다. 그는 기본적인 생계 유지조차 불가능한, 완전한 사회 낙오자로 전락했다. 그는 서울대 학과방을 전전하며 끼니를 해결했다. 학과방에서 학생들이 단체 음식을 주문하면 그곳에 끼어서 서비스로 나온 군만두를 주워 먹었다. 커피 자판기에서 학생들이 커피를 뽑아 먹을 때마다 옆에 바짝 붙어 서서 혹시 커피 한 잔 더 뽑아 주지 않을까 기다렸다. 심심하면 과방에 죽치고 앉아서 만만한 학생 아무나 붙들고 일장 연설을 늘어 놓았다. 그동안 자신이 살아온 이야기, 자신의 화려했던 과거, 자신의 천재적 학업 능력, 고시 공부를 하며 쌓아 온 법학 지식을 1-2분 정도 되는 짧은 시간 내 속사포처럼 쏟아부었다. 그를 한 번이라도 접했던 학생들은 그로부터 도망 다녔고, 선웅은 자신을 모르는 신입생을 붙잡고 자기 자랑 랩을 늘어 놓았다. 그는 서울대 인문대에서 유명한 인물이 되었다. 학생들은 교수들에게 "저 거지 아저씨 좀 쫓아내 달라"고 이야기했지만 교수들 중엔 이 "거지 아저씨"의 동기도 있었다. 선웅과 동기였던 교수들은 "불쌍한 사람이니 잘해 주라"고 말했다. 교수들은 선웅이 불쌍해서 마주칠 때마다 점심 사 먹으라고 지갑에서 돈을 꺼내 주었는데, 그 이후 선웅은 교수들이 보일 때마다 도망 다녔다.

학창 시절 공부를 잘했던 사람들은 누구나 이런 생각을 해보게 된다: "쟤는 학교 다닐 때 나보다 훨씬 더 멍청했는데 어째서 나보다 잘됐을까?" 이에 대한 답을 찾는 사람은 드물다. 성공하지 못한, 별 볼 일 없는 삶을 사는 서울대 출신들은 그래서 평생 고통에 시달린다. 내가 더 머리가 좋은데, 왜 쟤가 나보다 잘나가는 걸까? 이런 고통스러운 자학과 열등감은 지능이 높을수록 강화된다. 지능이 높을수록 불행한 까닭은 여기에 있다. 지능은 성공과 아무 관계가 없으며, 오히려 높은 지능이 성공에 장애가 된다는 사실을 모르기 때문이다.

많은 사람들이 아직도 지능이 높아야 성공할 확률도 높으며, 지능이 낮으면 성공도 못 하고 돈도 못 벌 것이라는 착각 속에 빠져 산다. 이런 멍청한 착각은 지난 백여 년 동안 세상을 지배해 온 사이비 심리학에 근거한다. 오늘날 "지능의 모든 것"을 대변하는 IQ 테스트는 20세기 초 프랑스에서 만들어졌는데, 원래 테스트의 목적은 "열등생을 가려내기 위함"이었다. 학업에 뒤처지는 학생들을 가려내 그들에게 필요한 학습법을 개발하기 위해 만들어진 것이었다. IQ 테스트는 애당초 인간의 지능을 수치화하기 위함이 아니라 "학교에서의 학업 능력"을 파악하기 위함이었다. 이 테스트를 개발한 심리학자 알프레드 비네(Alfred Binet)는 처음부터 말했다. 이것은 인간의 지능을 대변하는 것은 아니라고. 인간은 지능은 너무 복잡해서 이 테스트로 확인이 불가능하다고.

하지만 사이비 학자들은 IQ 테스트 창시자의 경고를 무시해 버리고 IQ 수치가 "인간 능력의 모든 것"인 것처럼 단정지었다. 여기에 가장 지대한 영향을 끼친 사람이 미국의 심리학자 루이스 터먼(Lewis Terman)이었다. 그는 1920년대부터 1500명의 어린이들의 IQ 테스트 수치를 수집해 이들의 성장 과정을 추적 조사했다. 자신이 모은 데이터를 근거로 터먼은 이렇게 결론 내렸다. IQ가 높은 아이들은 학업 성적이 우수할 뿐 아니라, 키도 크고, 힘도 세며, 더 건강할 뿐 아니라, 사회 적응력도 뛰어나고, 사고를 치거나 사고에 당할 확률도 적다고. 고작 몇 년 간 관찰한 결과임에도 많은 수의 미국 심리학자들은 터먼의 연구를 "새로운 진리"로 받아들였다. 터먼이 1956년 사망한 뒤 학자들은 샘플들을 계속해서 추적 조사했고, 높은 IQ의 소유자가 돈도 더 많이 벌고, 사회적으로도 높은 지위를 차지한다는, (이른바 "Terman Study of the Gifted"라는 제목의) 연구 결과를 발표했다.

터먼 연구에서 시작된 "IQ 만능주의"는, 아이러니하게도, 터먼 연구를 이어받은 심리학자들에 의해 역풍을 맞았다. 여기 수집된 샘플 중 가장 사회적으로 성공한 100명의 그룹과 가장 사회적으로 실패한 100명의 그룹의 평균 IQ가 동일한 것으로 나타났기 때문이었다. 샘플들의 성공과 실패 사례를 더 많이 수집할수록 학자들은 분명히 알 수 있었다. IQ가 전부가 아니라는 사실을. 이들은 IQ 테스트 창시자 알프레드 비네의 경고로 돌아갔다. IQ는 인간 지능을 대변하지도 못하고, 당연하게도, 인간의 사회적 성공을 점칠 수도 없다는 사실을 받아들였다. 그래서 대안으로 나온 것이 EQ(Emotional Quotient)였다. 90년대 세상을 떠들썩하게 했던 EQ 광풍은 "아무리 봐도 IQ는 성공과 아무 관련이 없더라"는 사실에서 시작돼, "알고 보니 인성이 성공에 더 큰 영향을 끼치더라, EQ가 제일 중요하더라"는 결론으로 치달았다. 한때 세상을 지배했던 EQ 만능주의는, IQ 만능주의가 그랬듯, 또 다시 역풍을 맞았다. 그러자 EQ를 보완하기 위해 MQ(Moral Quotient)란 것도 만들어졌고, MQ가 욕을 먹자 BQ(Body Quotient)라는 것도 만들어졌다.

인간 지능에 관한 사이비들의 호들갑은, 그동안 많은 데이터를 분석해 왔음에도, 백 년이 넘도록 바뀌지 않았다. 1950년대 시작된 IQ 만능주의는 아직도 간판만 바꿔 달며 반복되고 있다. 21세기의 심리학자들은 19세기 사람이었던 알프레드 비네의 경고를 아직도 이해 못 하고 있다. 인간의 능력은 어떤 식으로도 수치화가 불가능하다는 것이다. 하지만 일부 심리학자들은 여전히 어떤 식으로든 인간의 능력과 성공 가능성을 숫자로 서열화하기 위해 혈안이 돼 있다. 수치로는 아무것도 예측이 불가능하다. 심지어 학업 성취조차 IQ로 예측이 불가능하다. 하버드 학생들을 대상으로 한 연구 조사에서, 하버드 학생들

중 IQ 때문에 지금 학교에 오게 됐다고 생각한 사람은 15%에 불과했다. 포춘 500대 기업의 창업자와 경영자를 대상으로 한 설문에서도 역시 자신의 선천적 지능으로 성공했다는 응답은 5%도 되지 않았다. (자기 머리가 좋아서 성공했다고 응답한 사람 중에는 도널드 트럼프가 있었다.) 진실을 말하자면, 지능은 오히려 사람을 불행의 나락으로 빠뜨리거나 실패의 가능성을 높이는 데 일조한다. 연구 결과에 따르면 학업 성적이 우수한 학생일수록 우울증에 쉽게 빠지고, 사람들로부터 고립될 가능성이 높으며, IQ 수치가 높은 사람일수록 마리화나와 불법 마약류에 빠져들 가능성이 높은 것으로 나타났다. (Why Intelligent People Use More Drugs, psychologytoday.com, Nov 2010)

앞서 2명의 고시 낭인들 사례를 이야기했다. 고시계에는 낭설 같지 않은 낭설이 있었는데, 머리가 너무 좋으면 떨어진다는 거였다. 앞서 "고작 2가지 샘플"만 그런 게 아니라, 머리가 좋은 사람보다는 엉덩이가 무거운 이들의 합격률이 더 높은 것이 지난 70년 사법 시험 역사의 일관된 경향이었다. "저 학생은 누구보다 똑똑하니까 고시쯤은 한 번에 붙겠지"라는 생각은 그 바닥을 모르는 사람들의 착각이다. 정답은 "아무도 모른다"이다. 오히려 똑똑한 머리가 방해가 될 수도 있으며, 합격 가능성을 높여 주지 않는다는 것이다. 눈대중 짐작이 아니다. 실제로 지능이 높을수록 고시 공부 같은 장기 레이스에 불리한 것은 심리적으로 "어쩔 수 없는 사실"이다. 동물의 지능은 개체의 생존 가능성을 높이기 위해 진화된 기능이다. 특정 목적에 한정적 맞춤 서비스를 제공하기 위해 발달된 기능이 아니다. 지능이 높으면 지적 욕구도 커진다. 그래서 더 많은 지적 자극을 추구한다. 그래서 지능이 높은 학생일수록 수업 시간에 다른 공부를 한다. 수학 시간에 영어 공부를 하고 영어 시간에 수학 공부를 한다. 이 공부를 해서 무엇 하나, 이게 정말 나의 오장육부를 위한 길인가 회의감도 느낀다. 미래의 불확실성에 대한 염려도 커진다. 지능이 높을수록 더 많은 변수를 계산할 수 있기 때문이다. 더 많은 변수를 계산할수록 의심과 불안이 늘어난다. 회의감이 커지고 염세주의에 빠진다. 앞서 "지능이 높을수록 마약 중독 가능성도 높다"는 통계는 중요하다. 남들보다 더 많은 변수를 계산한다는 지능의 속성은 너무나 많은, 그리고 너무나 치명적인 부작용을 낳는다. 수업 시간에 딴짓하는 게 문제가 아니다. 이들이 마약에 손대는 것에는 그럴 만한 이유가 있기 때문이다. 우울증과 정신병에 더 취약하기 때문이다.

(Bad News for the Highly Intelligent, scientificamerican.com, Dec 2017)

지능은 생존을 위한 기능이라고 했다. 자연 상태에서는 끊임없이 변수가 발생한다. 그래서 지능이 높을수록 변수에 잘 적응한다. 새로운 환경에 남들보다 더 잘 적응한다. 하지만 현대 사회에선 이 변수가 제한되었다. 현대 문명의 가장 중요한 특징은 많은 것이 예측 가능한 범위 내에서 통제된다는 것이다. 인간 문명은 우수한 지능의 인간들에게 치명적 핸디캡을 부여한 셈이다. 변수에 적응하는 대신, 쓸데없는 걱정을 하는 습관을 남긴 것이다.

"머리가 너무 좋으면 떨어진다"는 설은 한국에만 있는 게 아니다. 미국 대학 교수들이 자주 하는 말 역시 "머리가 너무 좋으면 떨어진다"는 것이다. 미국 대학에서 박사 학위를 받고 교수 자리에 오르려면 IQ 120이 넘으면 안 된다고 한다. 물론 농담처럼 하는 말이지만, 누구나 하는 말이다. 왜냐하면 지금까지 대부분 그래 왔으니까. 머리 좋은 사람들이 고시에 떨어지는 이유와 다르지 않다. 머리가 좋으면 중간에 그만두거나 집중하지 못한다는 것이다. 왜. 변수를 계산하기 때문에. 쓸데없는 걱정을 하기 때문에.

고시나 박사 학위에 국한된 문제도 아니다. 사실을 말하자면 세상만사 모든 일이 다 그렇다. 취업, 승진, 사업, 하다 못해 취미 활동까지, 굉장히 많은 경우, 머리가 너무 좋은 것이 성공적인 결과를 얻는 데 심각한 장애로 작용한다. 걱정을 하기 때문이다. 걱정은 행동을 하기 전에 생각을 하게 만든다. 생각이 많아질수록 행동은 늦춰지거나 포기된다. 행동을 하지 않으니 결과가 나지 않는다. 이게 머리 좋은 사람들이 실패하는, 성공하지 못하는, 경쟁에서 뒤처지는 근본 원인이다. 행동하지 않고 생각만 하는 것보다 더 치명적인 건 쉽게 그만둔다는 거다. 학업이나 시험은 쉽게 그만두지 못하지만, 직장 생활은 쉽게 그만둔다. 환경에 예민하기 때문이다. 지적으로 열등한 환경에 비판적이 되거나, "절이 싫으면 중이 떠나야" 한다는 식의 사고에 쉽게 빠진다. 더 심각한 문제는 똑똑하기에 다른 데 쉽게 한눈을 판다는 점이다. 지적 호기심이 왕성하기에 이것저것 다 재미있어 보인다. 똑똑하기에 이것저것 다 잘하기도 한다. 그러다 보니 어느 하나에 진득이 정붙이지 못하고 여기저기 이것저것 다 만지작거린다. 그래서 아무것도 이루지 못한다. 이것저것 다 건드려 보기만 한 결과, 얄팍하고 단편적인 경험만 남는다.

경력직 면접을 보면 명문대 출신 "메뚜기 지원자"가 많다. 대부분의 경력이 1년에서 2년 미만이다. 이들은 면접장에선 너무나 지적이고 매력적이다. 하지만 회사는 이런 이들을 뽑지 않는다. 왜냐하면 또 그만둘 것이기 때문이다. 사업은 더 그렇다. 이 꼴 저 꼴 더러운 꼴 보지 않기 위해 사업을 시작하면 더 더러운 꼴을 많이 보게 된다. 생각만 많아지고 행동은 늦춰진다. 그러기에 더러운 꼴에 더더욱 취약해진다. 끊임없는 자기 검열에 사업은 "비즈니스"가 아닌 "자위 행위"로 전락한다. 사업이 앞으로 나아가는 게 아니라 끊임없이 제자리를 맴돌다 추락한다.

사람들은 "지능은 보조적 수단"이라는 사실을 좀처럼 이해하지 못한다. 동물은 움직이기 위해 탄생한 생명체고, 지능은 동물의 움직임을 보다 정교하게 만들기 위해 발달한 기능이다. 다시 생존의 의미로 돌아간다. 움직여야 생존한다. 행동이 곧 동물의 생존이다. 지능은 행동의 정확성과 효율을 높이기 위해 존재한다. 하지만 현대 사회에서 지능은 행동을 방해하는 요소로 작용한다. 삶이 물리적으로 너무 편해진 까닭에 지능은 본래의 존재 의미를 잃었다. 조종하고 통제할 행동량이 급격히 줄어 버린 탓에 지능은 비생산적인 방향으로 작동하기 시작했다. 미리 걱정하고 두려워하게 된 것이다. 일부는 이를 창작의 원동력으로 삼았지만 대부분의 사람들에겐 이것이 우울증과 정신병, 그리고 실패의 원인이 되었다.

작금의 현실이 그렇다. 지능은 행동을 보조하는 것이 아니라 저지한다. 이 한마디로 그동안의 모든 궁금증이 풀린다. 어째서 나보다 머리 나쁜 놈이 더 성공한 것인지, 어째서 그렇게 보기 싫었던 "열등 종자"가 나보다 잘나가는지, 어째서 그렇게 매력 넘치고 세련됐던 멋쟁이들은 실패만 하는지. 저 한마디가 모두 설명해 준다. 지능이 행동을 보조하지 않고 저지하기 때문에.

우리가 아는 대부분의 성공한 사람들은 어릴 시절 영재와도 거리가 멀었고, 아름다움이나 대중적 호감/인기와도 거리가 멀었다. 사실을 말하자면, 영재란 존재 가치가 없는 개념이다. 영재가 사회에 이바지한 경우는 아예 없다시피 한데 미개한 현대 문명 사회는 아직도 영재에 목숨을 건다. 성공한 사람들 대부분은 어릴 때 영재보다 둔재에 가까웠다. 가장 먼저 발명왕 에디슨이 떠오른다. 바보들은 에디슨의 천재성을 알아보지 못한 학교 교사들을 탓한다. 하지만 에디슨에게 천재성은 없었다. 그는 지금 학교를 다녀도 똑같은 둔재 취급을 받다가 학교를 그만뒀거나 따돌림이나 학교 폭력으로 짧은 생을 마감할 수도 있다. 그는 실제로 어린 시절 둔재였고, 자신의 명언대로, 99%의 노력으로 천재가 되었던 것이었다. 에디슨이 했던 말은 진의가 잘못 해석된 거였다. "99%의 노력과 1%의 영감"이라고 하니 아무도 이게 무슨 뜻인지 알 수 없다. "99%의 행동과 1%의 지능/재능"이라는 말이다. 그의 실제 발언은 다음과 같다:

"내가 우연으로 발명한 건 아무것도 없다. 해 볼 만한 걸 발견하면 그게 될 때까지 했던 거다. 요약하자면 1%의 외부 자극과 99%의 땀이었다고 할까. (None of my inventions came by accident, I see a worthwhile need to be met and I make trial after trial until it comes. What it boils down to is one per cent inspiration and ninety-nine per cent perspiration.)"

에디슨은 천재에 대한 이야기를 한 게 아니라 성공에 대한 이야기를 한 거였다. 그는 천재가 뭔지 몰랐다. 왜냐하면 천재가 아니었으니까. 그는 어릴 때부터 몸을 잠시도 가만두지 못하는 아이였다. 그의 위인전을 보면 어릴 때 너무 까분다고 어른들에게 두들겨 맞는 일화가 자주 등장한다. 그는 태생적으로 행동하는 사람이었고, 지능은 행동을 보조하는 역할을 했던 거였다. 그래서 성공한 거였다. 에디슨은 발명왕 이전에 사업가였다. 그의 발명은 99% 기존의 발명을 상업화한 것이고, 그 덕분에 한때나마 미국에서 가장 거대한 기업이었던 제너럴 일렉트릭(GE)의 창업주가 되었다. "어릴 땐 둔재였지만 세계 최고로 성공했어" 패턴은 다른 위인들에게서도 흔하게 발견된다.

영국 수상이자 노벨 문학상 수상자인 윈스턴 처칠은 어릴 때 너무 공부도 못하고 멍청해서 그의 부모는 그가 나중에 커서 굶어 죽을 것을 염려했다. 에디슨과 마찬가지로 어릴 때 ADHD가 의심될 정도로 잠시도 몸을 가만두지 못하는 아이였으며, 하기 싫은 공부는 아예 들여다보지도 않아 낙제를 밥 먹듯이 했다. 그나마 제일 들어가기 쉬운 샌드허스트 군사 대학에 지원했지만 2번이나 떨어지는 수모를 겪어야 했다.

아인슈타인은 학창 시절 말더듬이로 유명했다. 그냥 말더듬이가 아니라 뭔가 물어보면 굉장히 오래 한참 생각해야 대답이 가능했던, 지적 장애인처럼 보이는 말더듬이였다. (에디슨의 부모와 달리) 아인슈타인 부모는 오랜 세월 자식이 저능아라고 믿었다. 아인슈타인은 학교 성적이 너무 형편없어서 학교 교사들은 그에게 학교를 그만두고 가정 교육을 받을 것을 진지하게 권유했다. 고등학교도 간신히 졸업한 아인슈타인은 취리히 공대에 재수를 한 끝에 입학할 수 있었다. 그의 힘겨운 삶은 대학을 졸업한 후에도 이어졌다. 그는 오랫동안 취업을 못했고, 간신히 취업을 해서도 오래 버티질 못했다. 아인슈타인이 유일하게 잘했던 것은 자신이 고안한 과학 이론을 써 내려가는 것이었다. 그는 저능아처럼 보이긴 했지만 아무것도 하지 않는 저능아는 아니었다. 그는 언제나 연필로 뭔가를 쓰면서 남는 시간을 한순간도 헛되이 보내지 않았다.

피카소는 열 살이 넘도록 문맹이었다. 학교를 다니긴 했지만 적응하지 못했다. 그래서 열 살 때 학교를 그만두고 집에서 가정 교사를 고용해 학업을 계속했다. 하지만 가정 교사는 금방 그만두었다. 피카소는 누구도 가르칠 수 없는 고집쟁이 둔재였기 때문이었다. 피카소는 그림 그리기에만 관심이 있었으며, 그래서 미술 학교에 입학했지만, 여기서도 적응하지 못하고 자퇴했다. 그는 모든 걸 혼자 배워야 했다. 글도 그림도 세상 사는 법도 전부 혼자 배웠고, 파리 미술 시장에서 그림을 흥정하는 법도 혼자 바닥부터 배웠다.

영화 「포레스트 검프(Forrest Gump, 1994)」는 지능과 성공에 관한 훌륭한 문학이다. 저능아 포레스트 검프가 성공한 까닭은 저능아였기 때문이라고 영화는 시작부터 역설한다. 저능아였기에 한눈팔지 않고 앞으로만 달릴 수 있었다는 이야기다. 검프의 주변 사람들이 온갖 잔머리를 굴리며 살다 몰락하는 동안 검프는 앞으로만 달렸다. 장애아였던 검프는 달리기로 장애를 극복했고, 지진아였던 검프는 달리기로 대학 풋볼 선수 챔피언이 되었으며, 사업으로 성공해서 부자가 되었지만 그래도 또 달렸다. 미국 대륙 동쪽 바다에서 서쪽 바다까지. 그리고 다시 서쪽 바다에서 동쪽 바다까지. 검프는 말한다. 자기는 한 번도 어딜 가기 위해 달리지 않았다고. 달리는 게 자신을 어떻게 해 줄 거란 생각은 한 번도 하지 않았다고. 왜 사람들은 달리는 것에 목적이 있을 거라 생각하는지 모르겠다고.

사례 1과 2를 다시 보자. 선영과 해영은 실존 인물이다. (이름만 다르다.) 하지만 허구의 인물 포레스트 검프와 놀라울 정도로 닮았다. 이들은 어디를 가기 위해 달리지 않았다. 영어가 좋아서 영어를 배웠고, 공부를 하기 위해 의대에 진학했다. 목적 의식이 전혀 없었다고 하면 거짓말일 것이다. 하지만 이들은 최소한 영어를 배우는 중에는, 공부를 하는 중에는, 목적 의식이 없었다. 미래에 대한 걱정이나 실패에 대한 두려움 따윈 없었다. 그냥 앞으로 달릴 뿐이었다. 이들은 원래 그런 인간들이었다. 달리는 동안에는 절대 아무 생각도 하지 않는 포레스트 검프 같은 유형이었다. 그게 이들의 성공 비결이었다. 다른 수많은 "별 볼 일 없었던" 사람들의 성공 비결이었다.

간단한 퍼즐 하나 풀어 보자.

스테이크 3개를 구워야 한다. 불판에는 스테이크를 2개까지만 올려 놓을 수 있다. 스테이크 한 면을 굽는 데 걸리는 시간은 10분. (즉, 스테이크 하나 다 구우려면 20분 걸림.) 스테이크 3개를 다 굽는 데 걸리는 최단 시간은 얼마인가.

위와 같은 상황에 처한 대부분의 사람들은 스테이크 2개를 먼저 다 굽고 (20분 경과), 그리고 나서 나머지 하나를 굽는다. (또 20분 경과 = 총 40분 경과) 하지만 머리 좋은 사람은 머리를 굴려서 3개의 스테이크를 30분 만에 다 굽는다. 스테이크 2개의 한쪽 면을 먼저 다 구운 뒤 (10분 경과), 하나는 뒤집어서 굽고 다른 하나는 다른 안 구워진 스테이크로 교체하고 구움 (10분 경과). 양면 다 구워진 스테이크는 접시에 덜고 나머지 2개 스테이크의 안 구워진 면을 마저 굽는다. (10분 경과, 총 30분 소요.)

사이비 성공학 개론서는 스테이크 3개를 40분 동안 굽는 사람은 실패하고, 30분 만에 굽는 사람은 성공한다고 주장한다. 마시멜로를 오늘 먹지 않고 내일까지 기다리는 사람이 성공할 것이라는 주장과 비슷한 헛소리다. (The Marshmallow Myth, psychologytoday.com, Mar 2017) 이런 사이비 성공학이 창궐하는 이유는 사회가 그만큼 천박하기 때문이다. 몸뚱이를 움직이지 않고 성공하려는 사이비 기회주의자들이 대다수이기 때문이다. 사이비 성공론의 논리는 이렇다. 스테이크를 더 빨리 굽기 위해, 효율성을 높이기 위해 노력하기 때문에 성공한다는 것이다. 스테이크를 더 빨리 굽는 방법을 찾지 않는 게으름 때문에 실패한다는 것이다. 퍼즐의 마지막 문장 "스테이크 3개를 다 굽는 데 걸리는 최단 시간은 얼마인가"라는 질문을 하지 않기 때문에 실패한다는 것이다.

성공이 지능과 아무 상관이 없는 것처럼, 효율성과도 아무 상관없다는 사실을 사이비들은 죽을 때까지 깨닫지 못한다. 효율성은 성공한 사람 밑에서 일할 때 필요한 덕목이다. 그들이 시킨 일을 더 빨리 해서 승진도 빨리 하고 연봉도 많이 받으려면 효율성이 필요하다. 하지만 성공과는 상관이 없다. 사실을 말하자면 스테이크 얼마나 더 빨리 구울 수 있는지 잔머리 굴리는 사람보다는 그냥 죽어라 우직하게 굽는 사람이 성공하기 훨씬 더 적합한 사람이다.

효율성에 대한 맹신은 사람을 잔머리의 노예로 만든다. 일단 먼저 몸이 움직여야 하는데, 그러진 못하고 "어떻게 하면 더 빨리 더 쉽게 할 수 있을까" 수를 쓸 생각을 한다는 것이다. 성공은 행동의 결과라고 했다. 행동을 저지하는 모든 것이 실패의 원인이다. 효율성은 물론 인생을 잘 풀리게 해 준다. 가성비를 높여 준다. 하지만 성공은 아니다. 어떻게 하면 더 편하게 할 수 있을까 하고 생각하는 버릇이 행동을 저지하는 결과를 낳는다. 물론 "이번만 편하게 가자"는 생각일 수도 있다. 하지만 단언컨대, 당신은 절대로 이번 한 번만 편하게 가려고 하지 않는다. 평생 죽을 때까지 편하게 가려고 할 것이다. 그래서 편한 방법이 아니면 절대 발도 내딛지 않을 것이고 손도 대지 않을 것이다. 버릇의 차이, 마음가짐의 차이가 무섭다. 한번 정해진 버릇이나 마음가짐은 죽을 때까지 변치 않고 당신의 인생을 결정짓는다.

"머리가 나쁘면 몸이 고생한다"는 말을 많이 한다. 이런 말을 입버릇처럼 하는 사람 중에 성공한 사람이 있다면 그 사람은 사기꾼이다. 이런 말을 입버릇처럼 하고 있다면 당신은 평생 성공하지 못할 사람이다. 성공한 사람 밑에서 승진을 하고 고액 연봉을 받을 수는 있다. 하지만 당신이 성공할 일은 없을 것이다. 머리가 나쁜 사람들은 잔머리 굴리기 전에 몸이 먼저 움직인다. 그래서 고생은 하지만 인생은 앞으로 나아간다. 남보다 더 멀리 더 묵직하게 나아간다. 머리가 나쁘기에 이것저것 재고 따지고 겁먹지 않는다. 머리가 나쁘기에 가능성 없어 보이는 일임에도 몸부터 내던진다. 소인배들은 이를 보며 머리가 나쁘면 몸이 고생한다며 비웃는다. 그리고 몇 년 뒤에 그 머리가 나빠 몸이 고생한 사람이 주는 월급을 받아먹으며 산다.

놀라움과 황당함은 언제나 잔머리 굴리는 소시민들의 몫이다. 저게 되겠어? 라며 비웃다가 정말 되는 걸 보고 대경실색한다. 선영이의 친구들이 그랬다. 저런 꼴로 무슨 뉴욕에 가냐고 혀를 끌끌 찼다. 그리곤 이제 선영이 이야기는 더 이상 하지 않는다. 말해 봐야 본인들 처지만 비참해지기 때문이다. 선영 본인은 자신의 성공에 그 어떤 놀라움도 황당함도 느끼지 않는다. 그녀에겐 자만도 우쭐함도 없다. 그는 그저 달리고 싶어서 달렸을 뿐이고, 달리다 보니 새로운 땅에 도착한 것이기 때문이다. 자만이나 우쭐함 역시 소시민의 몫이다. 뭐가 아주 조금만 잘 풀려도 자기 머리가 좋아서 그렇게 된 줄 알고 계속 잔머리를 굴린다. 그러다 망한다. 왜냐하면 몸 움직일 생각을 하지 않기 때문이다. 계속 잔머리 굴릴 생각만 하기 때문이다.

해영도 선영과 다르지 않다. 이역만리 낯선 땅에서 악전고투 끝에 성공했음에도 어린 시절 가난한 동네에서 살던 때와 똑같다. 우쭐함도 과시도 없다. 그때 코흘리개 어린 시절 얌전하고 묵묵한, 밝고 성실했던 모습 그대로다. 포레스트 검프를 연상시킨다고 했다. 이렇게 성공한 사람들은 공통적으로 검프의 모습을 떠올리게 한다. 자기는 그저 달렸을 뿐이라고. 대단한 의미 부여하지 말라고. "머리가 나쁘면 몸이 고생한다"는 말 따위 신경 쓰지 않았기 때문이다. 머리가 나쁘지만 걱정하거나 부끄러워하지 않았기 때문이다. 잔머리 소시민들이 "나는 왜 이렇게 태어났지 억울하다"며 몸부림 칠 시간에 이들은 달렸다. 달리고 달리고 또 달렸다. 장애물이 나타나도, 다른 소시민들이 "왜 내게 하필 이런 일이 닥치는지 억울하다"며 몸부림칠 시간에, 묵묵히 장애물을 넘고 기어올라 또 달렸다. 몸이 고생하는 걸 당연히 받아들였다. 몸이 고생하는 걸 피하지 않았기에 계속 달릴 수 있었다. 그게 성공의 비결이었다.

이와 동일한 또 다른 사례가 유튜브 창업자 스티브 첸이다. 그는 머리가 좋은 사람이었다. 하지만 머리를 쓰지 않았다. 대신 몸뚱이를 굴렸다. 실리콘밸리에 일자리가 생기자 아무 생각도 없이 200달러와 담요 한 장을 들고 실리콘밸리로 갔다. 거기서 천둥벌거숭이처럼 몸으로 구르며 일을 배우다 문득 아직 세상에 동영상 검색 서비스가 존재하지 않는 걸 깨닫고 친구들과 동영상 검색 사이트를 만들었다. 그는 계획도 없었고 경험도 없었고 심지어 온라인 동영상에 대한 지식도 없었다. 머리 없이 몸뚱이만 뛰어든 탓에 엄청난 고생을 감수해야 했다. 빚을 내고 카드 돌려 막기를 하며 한 치 앞도 보이지 않는 고난의 행군을 해야 했다. 그는 그 모진 고생을 다 겪은 후에 그렇게 말한다. 몸뚱이가 먼저 뛰어들지 않고 머리로 계산부터 했다면 오늘날의 유튜브는 없었다고. 머리 없이 몸뚱이만 뛰어든 덕분에 유튜브가 탄생한 거라고. 사실이 그렇다. 머리로 계산부터 했으면 자신 앞에 펼쳐질 무시무시한 고난 길에 지레 겁먹고 시작도 못 했거나 소극적이 될 수밖에 없었다. 머리로 생각하지 않고 몸이 먼저 돌진한 덕에 불가능할 거란 생각도, 힘들 거란 생각도 하지 못한 거였다. 몸이 먼저 뛰어들고 나니, 생각할 겨를도, 걱정할 틈도 없이, 자기도 모르게, 어쩔 수 없이, 미친 듯이 달릴 수밖에 없었던 거였다.

 스티브 첸이 미처 말하지 못한 중요한 사실은, 어쩌면 가장 중요한 사실은, 닥치면 다 한다는 거다. 사람들은 기본적으로 움직이지 않으면 겁부터 먹게 돼 있다. 하지만 움직이면, 그래서 해결해야 할 상황에 부딪치면 그 상황을 해결하기 위해 몸이 어떻게든 움직이기 마련이다. 멍청이들은 스티브 첸의 이야기를 듣고도 여전히 그가 남다른 재주가 있어서 성공한 것이라고 생각한다. 사실을 말하자면, 스티브 첸의 상황에 다른 사람을 랜덤하게 집어넣었어도 같은 결과를 얻었을 확률은 60% 이상이다. 인간은 원래 그렇게 만들어졌다. 환경에 적응하게 만들어졌다. 자기가 직접 환경을 만들거나, 그 환경에 뛰어들면 몸이 절로 그 환경에 적응하기 위해 몸부림치게 돼 있다. 어떻게든 생존하기 위해 분투하게 돼 있다. 이걸 노리라는 것이다. 닥치면 누구나 다 하게 돼 있으니, 걱정하고 두려워하기 전에, 억울하다 힘들다 징징대기 전에, 당신 몸뚱이를 목표한 환경에 먼저 처넣어 보라는 것이다. 그게 성공한 모든 평범한 이들의 공통된 조언이다.

인생 리셋을 위한 지능 저하법

지능이 낮은 사람이 성공에 더 유리하다고 일부러 자신의 물리적 지능을 낮출 필요는 없다. 지능이 높으면 여러모로 살기 편한 건 분명한 사실이다. 지능이 높으면 높은 대로 두면 된다. 다만 지능이 당신의 행동을 방해하지 않게 하면 된다. 어떻게. 핵심은 이렇다: 나를 지우는 것이다. 나라는 존재가 존재하지 않는 것이다. 그러면 된다. 내가 지워지면 당신은 지능이 높든 낮든 집이 부자든 거지든 생각하기 전에 먼저 행동하게 된다. 생각하기 전에 행동 먼저 하는 버릇이 생기면 당신의 능력치는 원래의 한계를 넘는다. 그리고 당신의 인생은 달라진다.

1. 시작하기 전에 몸부터 사리면 이미 100% 망한 것. 몸 사릴 생각하기 전에 움직이면 성공 확률 80%.
2. 이러면 바보 취급받지 않을까 머리 굴리면 평생 루저 인생. 바보 병신 되길 불사하고 무작정 움직이면 성공 확률 높아짐. (실패해도 누군가의 눈에 띔.)
3. 나는 머리가 좋으니 적당히 해도 된다고 생각하면 실패한 인생. 나는 머리가 나쁘니 적당히 하다간 망한다고 생각하면 중산층 인생. 내 지능도 능력도 과거도 모른 채 닥치고 무작정 덤비면 장밋빛 인생.
4. "나는 너무 어려서, 나는 너무 힘들어서, 나는 너무 늙어서" 이런 걱정부터 하면 이미 실패한 인생. "나는 너무 잘나서, 너무 유능해서, 너무 조건이 좋아서" 이런 생각으로 움직이면 절반은 실패하거나 불행할 인생. "나는 어쩌고~ 저쩌고~"라는 생각 없이 닥치고 하면 성공할 인생.
5. "저걸 어떻게 하지, 내가 할 수 있나" 이 생각부터 하면 이미 100% 망한 것. "나는 뭐든 할 수 있어, 저 정도는 츄잉

껌" 이런 생각으로 덤비면 성공 확률 50% 실패 확률 50%. 아무 생각 없이 하면 성공 확률 80%.

6. 그림 그릴 때 "이걸 어떻게 그릴까" 생각하면 이미 망한 그림. 아무 생각 없이 무작정 선 긋고 색 처바르면 홍한 그림.

7. 노래할 때 (악기 연주할 때) 망설이고 가다듬으면 음치. 노래할 때 (악기 연주할 때) 생각 없이 뛰어들고 지르면 명창 명연주.

8. 영어 회화 할 때 머리 속에 문장을 만들고 말하면 평생 영어 늘지 않음. 영어 회화 할 때 생각 없이 되는 대로 아무 단어부터 지껄이면 영어가 일취월장.

9. 공부/업무 시 "이걸 언제 다 읽지" 생각을 하는 순간 이미 경쟁자에 뒤처진 것. 아무 생각 없이 그냥 읽고 싶은 부분부터 읽기 시작하면 이미 경쟁자보다 앞선 것.

10. "내가 저런 회사에 어떻게 들어가" 서류 탈락부터 생각하는 사람은 다른 회사도 떨어짐. "저 회사 들어가고 싶다"고 그냥 생각 없이 들이밀면 합격 확률 급증.

11. 직장에서 뭔가 시킬 때마다 질문부터 하는 사람은 찍히거나 눈 밖에 남. 직장에서 뭔가 시킬 때마다 몸뚱이부터 움직이는 사람은 모두의 사랑 독차지.

12. "이거 잘 모르는 건데" 망설이면 영원히 모른 채 인생 마감. "하면서 배우지 뭐" 시작하면 어느덧 전문가 레벨.

13. 운동이든 취미든 장비부터 고르고 폼부터 잡으면 평생

늘지 않음. 장비는 빌리거나 중고로 사고 일단 하면 일취월장.

14. 유튜브 한답시고 학원 다니고 장비 고르면 이미 실패한 유튜버. 휴대폰으로 일단 아무거나 찍다 보면 어느덧 인기 유튜버.

15. 창작할 때 망신당하는 게 싫어서 심사숙고할수록 평생 망작 생산. 망신당하고 욕 처먹으면서도 상관없이 계속하면 결국 명작 생산.

16. 요리할 때 "잘 모르는데, 안 해 봤는데, 맛없으면 어쩌지" 생각하면 이미 망한 요리. "하면 되지" 아무 생각 없이 해 버리면 당신도 고든 램지.

17. 사업 실패가 두려워 사전 준비 기간이 길어질수록 실패 확률 급증. "부딪치며 배운다"는 생각으로 시작해야 성공 확률 증가.

18. 손해 볼 것, 피해 볼 것부터 생각하면 뭘 해도 이미 망한 것. 손해 봐도, 피해 봐도 상관없다는 마음가짐일수록 앞으로 잘될 가능성 급증.

19. "안 될 거야" 생각하면 평생 아무것도 안 됨. 0.1%의 가능성이라도 무시하고 일단 하면 되는 경우 많음.

20. 다른 사람이 거절당했다고, 이미 한 번 거절당했다고, 포기하면 영원히 끝. 거절당한 요청, 안 된다는 요청도 계

속 다시 하다 보면 뚫리는 경우 많음.
21. "저 남자 멋있다, 어떻게 사귀지" 생각하는 여자는 이미 남자에게 차인 것. 저 남자 멋있다고 느끼는 순간 본능적으로 몸뚱이 움직여 다가가야 남자와 맺어질 확률 증가.
22. "나는 못생겨서, 학벌이 낮아서, 가난해서, 직업이 쪽팔려서", 이런 생각부터 하는 여자는 이미 남자에게 차인 것. "난 너무 예뻐서, 학벌이 좋아서, 똑똑해서, 조건이 좋아서", 이런 생각에 빠져 사는 여자는 높은 확률로 불행. "나는 어쩌고" 생각 자체가 없는, 아무 생각 없이 남자를 대하는 여자는 가까운 장래 최고 조건 남자와 결혼.

인생 리셋
5

평판은 무시한다

나는 배우다.

가면을 쓴다.

원래의 나는 존재하지 않는다.

사례 1

전 세계 개발자들에게 마이크로소프트는 과거 20여 년 간 "악의 제국"이었다. 다른 사람 기술을 베껴서 더 조악한 꼴로 출시하고도 세계 소프트웨어 시장을 독점했기 때문이었다. 마이크로소프트의 출세작인 MS-DOS는 시애틀의 어느 개발자의 소프트웨어를 헐값에 사들여 출시한 것인데, 이 개발자의 소프트웨어는 당시 이미 시장에 출시돼 있던 디지털 리서치 사의 DR-DOS을 그대로 갖다 베낀 것이었다. 빌 게이츠는 이 사실을 알고 있었지만 개의치 않았다. 1990년에 출시한 윈도우 3.0은 애플 컴퓨터의 매킨토시 OS를 베낀 것인데, 너무나 조악하고 불편한, 거의 미완성 수준의 OS였음에도, 마이크로소프트의 PC 시장 점유율을 90%까지 높여 준 상품이 되었다. 윈도우보다 훨씬 뛰어난 마우스 기반 GUI(Graphic User Interface) OS를 마이크로소프트보다 6년 앞서 출시했던 애플 컴퓨터는 마이크로소프트의 윈도우 출시 이후 "폭망", 다시 PC 시장에서 재기하지 못했다. 컴퓨팅 업계에서 마이크로소프트가 행한 악행은 손에 꼽기 어려울 정도로 많다. 일방적인 계약 파기, 부당한 독점력 행사, 배신과 기회주의적 처사 등 "업계 내" 문제만이 아니었다. 아직도 마이크로소프트의 고객 센터는 어떤 질문도 제대로 답해 주지 않는다. 지금까지 마이크로소프트에 신고된 문의 중 문제 해결에 도움이 된 것은 한 건도 없다 해도 과언이 아니다. 너무나 명백한 소프트웨어 오류를 20년 넘게 방치하는 것조차 당연해서, 회사가 고객 니즈에 맞추는 것이 아니라, 고객이 회사에 맞춰 제품을 사용하는 것이 윈도우 소프트웨어 사용자들의 현실이다.

사례 2

데이터베이스 소프트웨어의 명가 오라클(Oracle)은 마이크로소프트와 같은 해에 설립된 회사다. 마이크로소프트는 개인 PC 사용자에, 오라클은 비즈니스 사용자에 초점을 맞췄다. 1979년 IBM의 SQL 기술을 바탕으로 데이터베이스 소프트웨어 상업화에 성공한 오라클은 시장 선점만이 회사가 살아남는 길이라고 판단, "전설적으로 무자비한" 마케팅/영업 전술을 발휘한다. 오라클은 영업부에 집중적인 투자를 하고, "일단 밖에 나가면 계약을 따올 때까지 돌아오지 말라"는 식으로 직원들을 몰아붙였다. 당시 오라클은 시장 선점을 위해 고객에게 거짓말도 서슴지 않았다. 일단 무조건 계약을 맺고 보기 위해 없는 기능을 덧붙이기도 하고, 성능을 과장하거나, 유지 비용을 속이기도 했다. 고객을 상대로 사기를 친 것이었다. 이 때문에 수많은 기업들로부터 소송이 잇달았다. 그러나 오라클은 영업에 투자한 만큼 법적 대응을 위한 준비도 철저히 해 두었다. 결과적으로 오라클의 데이터베이스 소프트웨어는 당시 시장의 지배자였던 잉그레스(Ingres)를 제치고 사실상 업계 표준으로 부상했고, 회사는 폭발적 성장을 거듭했다.

사례 3

2017년 4월에 있었던 미국 유나이티드 항공의 승객 강제 퇴거 사건은 아직도 인터넷 패러디가 회자될 정도로 세상에 큰 충격과 공포를 주었다. 당시 유나이티드 항공은 시카고에서 켄터키로 비행할 예정이었는데, 갑작스럽게 4명의 승무원을 추가로 태워야 할 상황이었다. 하지만 항공기는 만석이었고, 유나이티드 항공은, 승무원을 다른 항공기로 보내는 대신, 승객들 중 4명을 임의로 선별해 (보상금과 함께) 비행기에서 내리게 했다. 4명 중 한 명으로 뽑힌 아시아계 미국인 데이빗 다오는 다음 날 아침 해당 지역에 업무가 있다는 이유로 내리길 거부, 급기야 항공사 안

전 요원과 경찰에 의해 강제로 내쫓겼는데, 이 과정에서 다오가 무참히 얻어 맞고 피를 흘리는 참사가 발생했다. (유나이티드 항공은 4명 승객을 성공적으로 내쫓은 뒤 이들의 짐을 그대로 싣고 켄터키로 날아가 버림.) 다오가 얻어 맞고 질질 끌려 나가는 동영상이 인터넷에 올라온 뒤 유나이티드 항공에 대한 비난이 쇄도했고, 항공사 사장이 직접 사과문을 올렸지만 다오를 비난하는 내용에 가까워 더 큰 비난을 받고 다시 한번 사과문을 올려야 했다. 문제는 유나이티드 항공의 고객 서비스는 항상 이런 식이었다는 점이다. 2015년 6월엔 콜라를 달라는 중동 여성 승객에게 "당신들에겐 콜라 캔도 테러 무기가 될 수 있다"며 콜라를 주지 않는 엽기 행각을 보였고, 2008년엔 승객의 값비싼 기타를 이리 던지고 저리 던져 박살을 내놓고는 땡전 한 푼 물어내지 않은 적도 있었다. 2017년엔 레깅스를 입었다는 이유로 2명의 소녀 승객의 탑승을 거부한 적이 있으며, 약에 취한 것으로 보이는 승무원이 승객들을 상대로 횡설수설 협박을 하는 바람에 승객 절반이 비행기에서 내리는 소동도 있었다. 유나이티드 항공사는 동반 탑승한 애완동물 사망률이 가장 높은 항공사이며, 고객의 물건이 가장 많이 파손되는 항공사로도 악명이 높다. 당연히 유나이티드 항공에 대한 소비자 만족도는 언제나 최악이며, 한때 유나이티드의 안티 사이트가 회사 홈페이지보다 더 유명했던 적도 있었다. 어쨌든 이런 모든 문제들이 쌓이고 쌓이다 데이빗 다오의 유혈 사태로 터진 것인데, 재미있는 사실은 이 엄청난 일이 있은 후 유나이티드 항공의 매출 및 순수익은 되려 늘었다는 점이다. (美 유나이티드항공, 탑승객 끌어내도 2분기 실적은 고공 행진, 조선일보, 2017. 7. 22)

사례 4

미국의 미드웨스트 항공은 "파도 파도 미담만 나오는 항공사"로 유명했다. 승객의 애완동물의 안위가 궁금하면 승무원이 직접 애완동물 케이지를 들고 와 승객에게 보여 줬다. 승객이 비행기에서 양복을 잃어버리면 승무원이 자신의 양복을 비행기에서 내린 승객의 숙소까지 직접 가져다주었다. 승객의 아이 기저귀가 떨어지면 승무원이 택시를 타고 마트에 가서 기저귀를 사다주기도 했다. 미드웨스트의 기내식은 웬만한 일급 레스토랑 식사 못지 않은 것으로 유명한데 (식기도 일회용이 아닌 도자기와 유리 재질이었음), 그중에서도 기내에서 직접 구운 초콜릿 칩 쿠키는 미국 최고의 초코칩 쿠키 중 하나로 유명했다. 미드웨스트 항공은 사업을 급격히 확장하면 고객에 대한 "가족 사랑 서비스"가 어려워질 것을 염려해, 사업이 한창 호황 중일 때도 노선을 늘리는 것에 제한적이었다. 미드웨스트 항공은 9.11 테러 등으로 항공 산업이 크게 위축되고 사업이 적자로 돌아섰을 때도 기존의 "가족 사랑 서비스"는 포기하지 않았는데, 이 때문에 회사의 적자 규모는 눈덩이처럼 불어 났고, 끝내 2009년 파산하고 말았다.

('하늘에서 누리는 최상의 서비스' 미드웨스트 항공, 파산하고 만 이유, 인터비즈, 2017. 7. 10)

사례 4의 미드웨스트 항공의 이야기는, 유나이티드 항공과의 대비 효과로, 사람들에게 적지 않은 충격을 준다. 여기 관련 기사에서 언급된 바와 같이, 고객 만족도는 회사의 이익과 별 관련이 없다는 사실이 오랜 기업 역사를 통해 증명돼 왔다. 현실이 그렇다. 사람들은 회사의 고객 서비스에 아무리 만족해도 이 때문에 지출을 더 하지는 않는다는 것이다. 대부분의 고객 만족 서비스는 매출 신장이 아닌 "적자"로 이어진다는 것이다.

관련 기사 1
"미움받는 회사가 되는 것은 수지 맞는 일(Proof That It Pays to Be America's Most-Hated Companies, Bloomberg, 2013. 12. 17)"

관련 기사 2
"고객 만족의 값비싼 대가(The High Price of Customer Satisfaction, MIT Sloan, 2014. 3. 18)"

아프리카 BJ와 유튜버들의 흥망성쇠를 볼수록 깨닫는 사실이 있다. 포장에 신경 쓰는 유튜브일수록 구독자 수가 늘지 않는다는 사실이다. 디자인은 중요하다. 시각적 안정감과 편의성을 높이는 것은 고객에 대한 최소한의 예의다. 오프라인 매장으로 치면 매장에 들어가는 입구와 계산대 동선을 편리하게 만들어 놓는 것과 다르지 않다. 하지만 문제는 이게 비즈니스 성장으로 이어지지 않는다는 점이다.

  모두가 롯데 매장의 건축학적 설계의 문제점을 지적한다. 많은 사람들이 다시는 절대로 롯데 매장에 오지 않겠다고 다짐한다. 적지 않은 사람들이 롯데에선 도저히 불편해서 쇼핑을 할 수 없다고 말한다. 롯데는 40년 넘게 극도로 불편하고 불합리하게 설계된 매장에서 장사를 했지만 그동안 성장세가 꺾인 적이 없다. 롯데의 유통 사업은, 언제 어디서나 욕을 먹으면서, 막강한 성장세를 유지해 왔다. 롯데가 극단적인 예라고 생각한다면 디시인사이드 같은 인터넷 사이트를 생각해 볼 필요가 있다. 오프라인 매장에서 롯데는 예외적인 케이스일 수도 있다. 하지만 디시인사이드는 예외적이지 않다. 다음 카페, 싸이월드, 그리고 네이버 지식인이 부동의 업계 1위를 하고 있을 동안 이들이 얼마나 끔찍하도록 불편한 UI를 제공했는지 사람들은 처음부터 인지하지 못했거나 이미 다 잊었다. 사람들은 대부분 디시인사이드의 디자인이 뭔가 잘못돼도 겁나게 잘못돼 있다는 사실을 인지조차 하지 못한다. 사실이 그렇다. 최소한 온라인에서는 디자인이 매출에 영향을 주는 일은 없다. 개발이 매출에 영향을 준다. 웹사이트 속도나 기능에 문제가 생겨야 매출에 영향을 끼친다.

전 세계 1위 쇼핑몰 아마존이 그랬다. 제프 베이조스는 사이트를 처음 만들 때 모든 돈을 개발에 투자했다. 그는 개발에 되도록 많은 돈을 쓰기 위해 사무실 책상조차 목공소에서 파는 중고로 사 오거나 직접 만들어 썼다. 웹사이트 디자인은 거의 신경 쓰지 않았다. 아마존 1994년 창립 당시 초기 화면과 아마존이 거의 20년간 사용했던 웹사이트 디자인을 보면 이 사람들이 디자인에 정말로 아무 고민을 하지 않는다는 사실을 알 수 있다. (아마존 특유의 오묘한 체크아웃 버튼 위치 때문에 결제 방법을 찾지 못했던 고객도 부지기수였다.)

마이크로소프트의 창업자 빌 게이츠 역시 자신의 평판에 개의치 않고 목표에만 집중한 대표적인 인물이다. 그는 자기보다 잘난 개발자의 코드를 훔쳐 오는 것도, 다른 회사의 제품 아이디어를 그대로 가져다 쓰는 것도 개의치 않았다. 그는 전 세계 모든 깨시민 개발자들의 깨알 같은 저주를 받았지만 2006년 마이크로소프트 회장직에서 은퇴할 때까지 승승장구하며 누릴 거 다 누렸다.

마이크로소프트가 기술적으로 열등했으면서도 시장 독점력을 잃지 않은 가장 큰 이유는 "실용성"을 잃지 않았기 때문이다. 빌 게이츠는 "쓸 만한 제품"을 "제때" 생산하기 위해 다른 건 모두 희생시켰다. 자신의 회사가 악의 제국이라고 불리는 것도, 정부의 반독점 소송에 걸리는 것도, 행사장에서 욕을 먹고 파이 테러당하는 것도 개의치 않았다. 왜냐하면 그에게 중요한 건 목적지를 향해 움직이는 것뿐이기 때문이었다. 그에게 중요한 건 자신의 알량한 자아가 아니었기 때문이었다.

평판의 이야기는 지능 이야기와 같다. 자기 검열, 평판에 대한 집착이 지능 과잉과 같은 작용을 하는 것이다. 행동을 방해하는 것이다. 자기 검열이 지능 과잉과 다른 점은, 지능 과잉은 아무 행동도 못 하게 하는데, 자기 검열은 쓸데없는 행동을 해서 자원을 낭비시킨다는 점이다. 생각이나 고민 전에 몸뚱이를 움직였다고 하더라도, 자기 검열이 발동되면 말짱 도루묵이다. 몸이 앞으로 나아가는 게 아니라 제자리에 맴돌기 때문이다. 목표를 향해 나아가는 게 아니라 끊임없는 자기 방어와 꽃단장에 세월을 탕진한다. 우리는 신세계 스타필드 백화점의 화려한 인테리어와, 애플의 눈부신 상품 디자인과, 구글의 실용적 세련됨을 보고 생각한다. 그래 사업을 하려면 이 정도는 해 줘야지! 화려함과 세련됨은, 사업자의 입장에선, 자기 과시다. "우리는 이런 럭셔리에 돈과 시간을 투자할 만큼 부유하며 안목이 고상하다"는 사실을 뻐기는 것이다. 말하자면 불꽃놀이 같은 것이다. 한화가 일 년에 한 번 하는 불꽃놀이처럼 잉여 자원을 사람들에게 하릴없이 베푸는 것이다. 많은 사람들이 이런 데 현혹된다. 돈도 시간도 안목도 없으면서 시작부터 구글 애플을 따라 하려고 한다. 때 빼고 광내고 화장 진하게 해서 구글 애플과 어깨를 나란히 하려고 한다. 거지가 깡통에 쌀 찼으니 타워팰리스에서 살겠다고 설치는 꼴이다. 세련되고자 하는 것 자체가 자기 검열이자 자의식 과잉이자 잔머리 굴리기다. 지능은 그나마 위험을 회피하는 역할이라도 해 주지만 자기 검열 꽃단장은 모든 걸 시작부터 말아먹는 역할만 한다.

목적을 향해 움직여야 성공 확률이 높아진다. 자기 검열 꽃단장은 목적을 향해 움직이지 못하게 만든다. 목적을 향해 나아가는 것보다 다른 사람이 나를 어떻게 볼지가 더 중요하기 때문에 앞으로 한 발짝도 나아가지 못한다. 목표를 향해 나아가는 방법은 간단하다. 나를 잊는 것이다. 내 몸뚱이는 나를 목적지까지 운반하는 수단에 불과하다고 생각하는 것이다. 더럽혀지거나 다치거나 손상되는 게 당연하다고 생각해야 한다. 중요한 건 내가 움직이는 것이지 다른 사람의 평판이 아니라는 사실을 머리에 각인시켜야 한다. 지능이 낮은 사람들이 지능이 높은 사람보다 더 압도적인 사회적 성공을 거두는 이유가 다시 반복된다. 자기 검열이 없기 때문이다. 평판에 덜 민감하기 때문이다. 그럴 시간에 목적지를 향해 움직이기 때문이다.

성공한 모든 것들이 그랬다. 목표 달성에 완전히 미쳐 의리 도덕 명분 평판 따윈 완전히 잊었다. 마이크로소프트와 유나이티드 항공만이 아니다. 피카소도 그랬고 에디슨도 그랬다. 스파이더맨으로 유명한 마블 스튜디오도 그랬다. 마블의 원작 만화를 보면 당혹스러운 부분이 한둘이 아니다. 경쟁사인 DC 코믹스의 캐릭터를 너무 똑같이 갖다 베꼈기 때문이다. 마블 만화를 보다 보면 이걸 허가 받고 베낀 건가 심각하게 궁금해진다. 물론 허가 받고 베낀 건 없다. 그냥 베낀 것이다. 아무 생각 없이. 재미있는 이야기를 만들고 싶다는 목표에 미쳐서. 그래서 마블은 DC의 아류였다. DC가 먼저 개발하면 마블이 따라해서 인기를 주워 먹었다. 닥치는 대로 모방하고 창작하고 욕처먹고 아득바득 바닥부터 올라 마침내 DC코믹스보다 위대해졌다. 그게 성공의 원인이었다.

  똑같이 노력하면 아무 경쟁력이 없다. 평판에 무신경할수록, 몸을 더럽힐수록, 아귀처럼 목표에 매달릴수록 필살의 경쟁력을 갖는다. 지능은 성공과 아무 관련이 없다고 했다. 하지만 평판은 성공과 매우 밀접한 관련이 있다. 평판의 실제 높낮이는 성공과 아무 관련이 없다. 여기까지는 지능과 비슷하다. "평판에 신경 쓰는 마음가짐"이 성공에 직접적/결정적인 영향을 끼친다. 평판에 신경 쓸수록 실패율은 정비례해서 높아진다. 평판에 매달릴수록 성공 확률은 필연적으로 낮아진다. 여기에는 어떤 예외도 없다. 평판에 목을 매면 당신이 원하는 목표는 100%의 확률로 실패한다.

  미드웨스트 항공의 파산이 안타까운 사람들은 관점을 바꿔 본다. 미드웨스트가 감동의 고객 서비스를 끝까지 포기하지 못하고 파산한 것이 정말 무엇 때문인지 다시 생각해 본다. 그게 정말 고객을 위한 것이었나? 미드웨스트 항공 고객들은 미드웨스트가 계속 서비스를 운영하길 바랐다. 자신들이 받아먹는 넘치는 혜택이 지속되기보다는 서비스 자체가 지속 가능하길 바랐다. 미드웨스트가 기존 고객 서비스를 포기하지 못한 것은 자신들이 특별하다는 생각 때문이었다. 자신들은 너무나 특별하기 때문에 유나이티드 같은 양아치들과 섞일 수 없다고 생각한 것이다. 평판에 목매는 심리가 그렇다. 공익이나 양심과는 관련 없는 것이다. 자기 자신이 너무 숭고하고 고귀하기에 자기 검열 꽃단장을 포기할 수 없는 것이다. 평판에 목매는 이들은 지속가능한 미래를 위해 일하지 않는다. 자신의 알량한 자의식에 꽃단장을 하기 위해 일한다. 평판에 목매는 심리의 정체를 알아야 한다. 이는 선한 마음의 결과물이 아니다. 자의식 과잉으로 인한 병이다. 생산성이나 공익이 아닌 남에게 예쁘게 보이는 게 더 중요하기 때문에 생긴 병이다.

1. 세련되면 망한다, 투박해야 흥한다

구글이나 애플이 아닌 아마존의 사례를 따라야 한다고 했다. 당신의 머리 속에 "나도 구글이나 애플처럼 되어야지!"라는 헛바람이 들어 있으면 당신의 사업은 이미 절반쯤 망한 것이다.

다시 말한다. 당신의 모든 자원은 평판이 아닌 목적에 투입되어야 한다. 그래서 아마존의 사례를 따르라고 한 것이다. 대중은 꽃단장에 놀라울 정도로 관심이 없다. 어째서 이렇게 예쁘고 세련된 것에 관심이 없지? 그런 의문을 품는다면 당신이 대중을 모르는 것이다. 남다른 세련미를 구분할 수 있는 대중은 1%도 안 된다. 아.무.도. 더 예쁘고 더 고급스럽고 더 세련된 것에 지갑을 열지 않는다. 아.무.도. 더 유려하고 간결하고 아름다운 글에 반하지 않는다. 대중은 소설 작가의 문장력이 어떤 수준인지, 문법에 무슨 문제가 있는지 절.대.로. 신경 쓰지 않는다. 대중은 언제나 먹이 냄새를 맡고 움직이는 붕어 떼와 같은 패턴으로 움직인다. 당신이 대중으로 상대로 사업을 할 것이면 붕어 떼를 상대한다고 생각하고 덤벼야 한다. 당신은 일부러라도 세련미를 멀리 해야 한다. 일부러라도 투박하게 살아야 한다. 세련되게 할 수 있는데 왜 안 하냐?! 안 하는 게 더 이득이기 때문이다. 세련되기 위해 마음을 쓰는 순간 한없이 불리해지기 때문이다. 경쟁자들에게 끝없이 뒤처지기 때문이다. 세련미는 대중의 마음을 사기보다 접근성을 낮출 가능성이 더 높다. 더 고급스럽고 더 고상할수록 대중에게 거부감을 산다는 사실은 당신의 상식이 되어야 한다. 세련돼 보이기는 곧 "거부감을 얻기 위해 리소스를 낭비하는" 부조리한 짓이다. 그러니 다시 말한다. 일부러라도 세련되지 않게, 일부러라도 투박하게 해야 한다. 당신의 사업이 망하는 까닭은 절대로, 어떤 경우에도, 세련되지 못했기 때문이 아니다. 당신의 사업이 망하는 까닭은 목표를 향해 달리지 못했기 때문이다. 최선을 다해 몸뚱이를 굴리지 못했기 때문이다.

2. 차별화는 경쟁력이 아닌 자위 행위

컨설팅 업체들이 항상 부르짖는 사업 성공의 열쇠 중 하나가 차별화다. 하지만 이는 사업 성공의 열쇠가 아니라 실패 요인에 더 가깝다. 차별화는 경쟁력을 높이는 지렛대가 아니라 자아 과시를 위한 꽃단장일 가능성이 더 높기 때문이다. 차별화 자체가 문제가 아니라 차별화하고 싶은 욕구가 문제인 것이다. 평판 자체가 문제가 아니라 평판을 높이고 싶은 마음이 문제인 것과 같다. 특별하고 싶은 욕심이, 남다르고 싶은 욕심이 평판과 차별화에 집착하게 만든다. "나는 특별하다, 남들과 다르다"는 생각은 당신의 사업을 비즈니스가 아닌 자위 행위로 만든다. 당신은 미드웨스트 항공의 파산을 잊어서는 안 된다. 사업보다 자아가 앞서는 사람은 절대로 사업을 해선 안 된다. 내가 남보다 특별해야만 직성이 풀리는 사람은 뭘 하든 이미 실패한 사람이다. 내가 남들과 차별되지 않으면 우울하고 불행하다면 사업이 아니라 연예인을 할 일이다. 중요한 건 문제를 해결하고 이윤을 보는 것이다. 차별화는 그러기 위한 수만 가지

많고 많은 방법 중 하나일 뿐이다. 차별화는 그렇게 해야만 하는 필연적 사연이 있을 때 하면 된다. 그 전에는 본질로 돌아가야 한다. "나는 특별하지 않다. 다른 놈들과 별 다를 게 없다"는 생각을 해야 한다. 그래야, 아이러니 하게도, 경쟁력이 생긴다. 그 순간부터 남들보다 더 빨리, 더 적극적으로 몸을 더럽힐 수 있기 때문이다. 차별화나 고객 만족 같은 허울 좋은 명분에 자원을 낭비하는 대신 내 몸을 목표 전진을 위해 사정없이 굴리고 불사르고 학대할 수 있기 때문이다. "나는 남다르지도 똑똑하지도 않으니 더 노력해야 한다"는 말과는 다르다. 그런 생각조차 없어야 한다. 재지 말고 덤비라는 말이다. 내가 너무 특별할수록 덤비는 것이 두려워진다는 말이다. 그래서 차별화에 매달린다는 것이다. 차별화의 실상이 그렇다. 쉽고 빠르고 고상하게 성공하려는 의도와 상당히 겹친다. 이런 차별화는 성공의 치명적 장애물로 작용한다. 차별화 같은 지름길은 없다고 단정해야 한다. 쉽고 빠르고 고상하게 가는 법은 존재하지 않는다는 사실을 머리 속에 단단히 박아 넣어야 한다. 세스 고딘의 "보라색 소*"는 존재하지 않는다. 당신은 보라색 소도 아니고, 그런 소를 갖고 있지도 않다. 당신에게 있는 것은 목표 전진을 위

---

* 마케팅 전문가 세스 고딘의 저서 『보라색 소가 온다(Purple Cow)』에서 제시된 마케팅 용어. 제품이나 서비스 자체가 독창적이고 주목할 만해야만 경쟁에서 살아남을 수 있다는 의미를 담고 있다.

해 굴리고 불사를 더러운 몸뚱이뿐이다. 이 몸뚱이가 당신의 유일한 경쟁력이고, 당신을 성공으로 이끌 유일한 수단이다.

3. 도덕은 당신을 무능력자로 만든다

 도덕은 평판의 가장 나쁜 형태다. 자기 검열의 끝판왕이다. 자기 자신만 꽃단장을 하는 것이 아니라 다른 이들까지 (강제) 꽃단장 하려 들기 때문이다. 반만년 한반도 역사가 그랬다. 도오오오덕을 부르짖은 통치자일수록 나라를 망쳤다. 먹고 사는 문제보다 도덕 명분이 더 중요했던 까닭에 현실을 저버리고 국민을 희생시킨 것이다. 이를 두고 일본 와세다 대학 후카가와 교수는 이렇게 말한다. "실존보다 이념을 추구하는 주자학적 성향 때문." 한국인들은 항상 말한다. "조상들이 만들어 놓은 더러운 유교 문화 때문에 우리가 지금 이 모양 이 꼴"이라고. 하지만 한국인들은 조상들이 만들어 놓은 유교 문화보다 한술 더 뜬 도덕주의에 열광한다. 별것도 아닌 일에 불매 운동을 벌이고 반기업 반시장적 반동 정책에 열화 같은 지지를 보낸다. 한국인의 집착적 도덕주의에 대해 후카가와 교수는 이렇게 지적한다.

 "어느 자본주의 국가나 1세대 기업 중 도덕적으로 깨끗하고 흠이 없는 기업은 그 사례를 찾아보기 어렵다. 일본도 미국도 독일도 마찬가지다. 여러 가지 스토리가 있다. 마이너스적인 요소보다 플러스적인 요소가 많으면 사회에서 이를 포용해 주는 태도도 필요하다고 생각한다. 지나치게 도덕적으로 완벽하게 흠이 없는 기업을 요구하는 것도 문제가 있다고 생각한다."
([일본 경제구루 인터뷰] 후카가와 유키코 "과도한 도덕주의가 한국 경제 망쳐", 조선일보, 2018. 10. 19)

정의가 구현돼야, 경제가 민주화가 돼야 세상이 나아진다는 주장은 현실성 전혀 없는 헛소리라는 얘기다. 현실은 도덕군자 엄숙주의자들의 관념과 다르다. 아무리 배고픈 소크라테스가 배부른 개돼지보다 낫다고 주장해도 배고픈 소크라테스의 삶을 선택하는 사람은 아무도 없다. 본질은 생존이다. 먹고 사는 문제다. 제품의 질이 어쩌고, 디자인이 어쩌고, 고객 만족이고 나발이고, 인간에 대한 예의고 나발이고, 그런 옳고 그름에 대한 강박 관념부터 버려야 비로소 경쟁력을 갖는다. 그래야 생각과 행동이 자유로워진다. 보다 적극적으로 몸을 내던질 수 있다. 다시 말한다. 내 한 몸이 너무나 고귀하기에 도덕 관념으로 꽃단장 하고 싶은 것이다. 평판을 추구하는 마음은 공익이나 양심 따위와는 관련 없는 것이다. 남에게 예쁘게 보이는 것이 무엇보다 중요할 뿐이다. 도덕은 남에게 예쁘게 보이고 싶은 욕심의 가장 저속한 형태다. 당신에게 필요한 도덕은 법과 사회 질서에 대한 지식뿐이다. 자의적인, 혹은 세상 이목에 따른 옳고 그름은 당신을 한없이 무능한 인간으로 만들고, 당신의 인생을 끝없이 불행하게 만든다.

다시 빌 게이츠로 돌아간다. 그는 평소 말했다. 대체 인간이 뭐 그렇게 특별한 게 있냐고. 인간의 지능에 대해 알면 알수록 붕어와 다를 게 없는데 뭘 그리 호들갑인지 모르겠다고. 도덕과 평판에 대한 집착은 결국 "인간은 다르다"는 미신에서 비롯된다. "유교 탈레반"이 만들어 놓은 인간에 대한 거짓된 환상이 당신의 사고와 행동을 구속한 것이다. 도덕과 평판이 당신의 삶의 빛이자 목표일 수도 있다. 당신은 계속 그렇게 구속 상태로 다른 이들의 지배하에 살 수도 있다. 각자 사는 방식은 각자가 정할 일이다. 하지만 당신이 성공하고 싶다면서, 인생을 개조하고 리셋하고 싶다면서 도덕과 평판에 집착하면 당신은 집 쌀통에 쌀도 채우지 못할 무능력자로 살 것이다.

4. 정직은 최악의 정책

우리는 가끔 생각한다. 어째서 정직한 사람들은 가난하게 살고, 부정직한 거짓말쟁이들이 잘 사는지. 어째서 나쁜 놈이 더 잘 풀리고, 착한 사람은 더 안 풀리는지. 결론부터 말하면 다음과 같은 이유 때문이다.

1) 정직하게 살수록 눈에 띄지 않을 확률이 높기 때문(자기 포장의 어려움.)
2) 정직하게 살수록 몸뚱이를 움직이는 데 제약이 따르기 때문.

우리는 정직한 사람에게 매력을 느낀다. 정직한 사람에게 떡 하나 더 주고 싶다. 개인 대 개인의 관계에서는 정직이 최선의 전략이다. 하지만 개인 대 사회의 관계에서는 대부분 반대의 결과를 초래한다. 우리는 학교에서 정직을 인간의 기본 덕목으로 배웠다. 하지만 학교에서 가르친 정직은 실제론 당신을 가난하게 만드는 원인으로 작용한다. 학교에선 "정직하게 살면 자다가도 떡이 굴러 떨어진다"고 하지만 정말로 그런 경우는 없다. 재능이 있어서 후원 받거나 돈벌이를 하는 사례는 있어도, 정직하게 살았다고 후원을 받거나 돈벌이에 성공하는 사례는 없다. 정직은 자기 만족의 수단일 뿐, 생존은 물론 생산성과도 관련이 없다. 돈을 벌려면 더 좋은 재화를 생산하거나 더 많은 재화를 팔아야 한다. 여기에 정직은 아무 도움도 주지 못한다. 괴테, 베토벤, 모차르트, 피카소 등 역사상 가장 유명했던 창작자들 대부분이 습관적인 거짓말쟁이에 위선자들이었다는 사실을 사람들은 알지 못한다.

당신이 학교에서 배우지 못한 건 정직이 환경 적응에 장애로 작용한다는 사실이다. 진실을 말하자면, 정직함은 환경 부적응의 문제로 이어진다. 사람은 죽고 태어나고 이주하고 사회를 발전/변화시킨다. 그때마다 환경은 바뀐다. 그리고 그때마다 개체는 바뀐 환경에 적응해야 한다. 정직함은 "원래 그대로의 나"에 머물게 한다. 자고 일어나면 바뀌는 환경에 즉각 즉각 몸과 두뇌를 스위칭 할 수 없는 것이다. 쉬운 예를 들어보자. 회사에 새로운 부장이 들어왔다고 가정하자. 이 새로 바뀐 부장이 몹시 마음에 들지 않는다고 가정해 보자. 우린 대부분 속마음을 감춘다. 가면을 쓴다. 억지로 부장 비위를 맞춰 준다. 그게 사회생활하는 법이니까. 하지만 "정직"에 최우선 가치를 두는 사람들은 그러지 않는다. 가면 쓰기를 거부한다. 왜냐하면 정직은 알량한 사회 생존보다 우선되어야 하니까. 그리고 사사건건 부장과 충돌한다. 사이가 틀어져 결국 아무 일도 못 맡고 조직에서 밀려 난다.

성공하지 못하는 천재들이 대부분 이렇다. 정말로 운이 없어서 망하는 경우도 있지만, 사실은 수없이 많은 기회를 얻고도 "자신의 본 모습"을 배신할 수 없다며 기회를 걷어차 버리는 경우가 더 많다. 세상이 불공평해서 그렇다, 사람들 안목이 없어서 그렇다는 말은 핑계다. 사실을 알고 보면 본인이 세상에 적응하길 거부한 것이다. 정직한 사람일수록 가난해지는 이유다. 달리 보자면, 정직한 사람이 매력적인 이유도 여기 있다. 그런 거 다 필요 없고 나는 원래 그대로의 나로 살아도 얼마든지 생존할 수 있다는 자신감처럼 비치기 때문이다. 두려움이 없어 보이는 것이다. 그래서 개인 관계에서는 정직한 사람이 인기가 높지만, 세상에서는, 안타깝게도, 도태 개체로 전락한다.

나쁜 놈이 성공한다는 건 착시 현상이다. 성공한 이들 중 못된 사람 몇 명만 보고 "성공하려면 못돼 먹어야 한다"는 착각에 빠지는 것이다. 실제 성공한 사람들을 모두 모아 놓고 한 명씩 뜯어보면 일반인들보다 특별히 더 못돼 먹은 사람 비율이 높다고 볼 수 없다. 일반인들과 마찬가지로, 못된 사람도 있고, 선량한 사람들도 있다. 눈에 띄는 것이 있다면 자신의 몸과 마음을 더럽히길 주저하지 않은 사람 비율이 더 높다는 것뿐. 학교에서 가르친 도덕과 정직의 허상에 구속되지 않았던 것뿐이다.

5. 나는 아메바다

전광용의 단편 소설 "꺼삐딴 리"는 일제강점기 시절 의사였던 이인국이라는 인물의 삶을 이야기한다. 이인국은 친일파였다. 친일을 하며 떵떵거리고 살던 중 일본이 패망하고 소련군이 세상을 지배하게 된다. 친일파로 처단 위기에 몰렸지만 이인국은 소련군 장교에 빌붙어 위기를 모면하고 공산당으로 변신, 가족들에게 러시아어를 배우게 하고 아들을 모스크바로 유학 보낸다. 그리곤 한국 전쟁 발발, 아들을 소련에 둔 채 남한으로 피신, 이번엔 미군 편에 붙는다. 딸을 미국인에게 시집보내 남한에서도 기득권으로 승승장구한다. 이인국은 소설의 마지막에 이렇게 말한다. "나보다 더한 놈들도 있는데 나쯤이야." 한국인들은 이 소설을 기회주의 친일파를 비판한 작품으로 읽는다. 실제로 그런 의도로 썼을 수 있다. 하지만 작가는 이인국의 삶에 가치 평가 하지 않는다. 그리고 마지막에 "이인국보다 더한 놈들도 많다"는 현실을 알려 준다. 애국주의 소설이 아니라 현실주의 소설이다. 이인국처럼 살면 생존한다는 것이다.

이인국의 일생은, 놀랍게도, 가장 존경받는 미국인, "첫 번째 미국인"이라고 불리는 벤자민 프랭클린(Benjamin Franklin, 1706-1790)의 일생과 무섭게 닮았다. 프랭클린은 원래 친영파였다가 친불파로 변절하더니 고국으로 들어와 독립운동가로 변신한, 이인국처럼 3번 변절한 케이스였다. "미국 건국의 아버지"로 유명하지만 그는 원래 미국 독립에 반대하던, 한국으로 말하자면 친일파에 해당되는 인물이었다. 그는 12년 동안 런던에 살면서 친영파가 되었고, 당시 한창이던 미국의 독립운동에 대해 매일 같이 부정적인/비난조의 기사를 쏟아 냈다. 1773년 보스턴 티 파티(Boston Tea Party) 사건이 발생하자 "미국인들의 부당한 폭력 행위"라며 맹비난했다. 그는 심지어 이 사건으로 피해를 본 영국 동인도 회사에 미국이 보상해 줘야 한다고 주장했다. 하지만 전황이 미국 혁명군 쪽에 유리하게 돌아가자 1년여 만에 귀국, 누구보다 적극적인 독립운동가로 변신한다. 그래서일까, 프랭클린의 전력을 잘 아는 이들은 오랫동안 그를 영국 왕이 보낸 첩자로 의심했다.

지능과 성공, 평판과 성공, 이 모든 내용을 한마디로 결론 지을 수 있다. "나 자신을 버려야 한다는 것"이다. 당신이 "원래의

나 자신"을 버리지 못하는 한, 성공할 일도, 인생이 바뀔 일도 없다는 것이다. 당신이 생존하고 싶다면, 정말 행복하고 싶다면, 바보들이 만들어 놓은 허황된 가식부터 버려야 한다. 진정한 나, 순수한 나, 정직한 나, 인성, 도덕, 평판, 명분, 인과응보… 모두 학교에서 가르친 거짓말이다. 이런 걸 가져야 성공한다고 학교에서 배웠다. 현실은 반대다. 학교에서 배운 것과 반대로 했던 이들이 성공했고, 학교에서 배운 걸 끝까지 믿은 이들 대부분이 불행해졌거나 다람쥐 쳇바퀴 인생에서 벗어나지 못했다.

현실을 직시하자. 당신이 생존하고 싶다면, 정말 행복해지고 싶다면, 당신은 아메바가 되어야 한다. 단세포 동물이 되어야 한다. 단세포 동물은 다른 생명체의 유전자를 흡수할 수 있다. 환경이 변하면 그 환경에 적응하기 위해 내 유전자를 죽이고 다른 유전자로 사는 것이다. 그래서 단세포 동물은 양분이 전혀 없는 곳에서도, 펄펄 끓는 물에서도, 영구적 영하의 추위에서도, 각종 극단적 환경에서 생존이 가능하다. 이들은 독극물, 농약, 오염 물질, 심지어 방사선에도 내성을 갖추고 살아남을 수 있다. 우리가 여기서 말하는 거짓말이란 환경 적응을 위한 변화다. 진정한 나 자신은 존재하지 않는다는 깨달음이다. 거짓말에 양심의 가책을 받지 않는 사람들을 두고 사람들은 철면피다 뻔뻔하다 인간이 돼먹지 못했다고 손가락질한다. 양심의 가책을 받지 않는 이유는 생존에 충실했기 때문이다. 자신을 아메바라고 생각하기 때문이다. 나 자신이 특별하지도, 고귀하지도 않다고 생각한 것이다. 그리고 생존을 위해 남보다 더 적극적으로 움직였던 것이다.

대자연의 어머니 관점으로 돌아가 보자. 대자연의 어머니는 누구를 손가락질하며 비웃을 것인지. 불행의 굴레에 허우적대며 스스로 특별하고 고귀한 존재라 여기는 이들일지, 아니면 열등감도 자의식도 없이 몸뚱이부터 움직인 이들일지. 마법의 주문을 외워 보자. "나는 아메바인걸." 세상에 더 겸손한 쪽은 비련의 징징이들이 아니라 무지성 아메바다. 스스로 고귀한 가치를 타고났다고 여기는, 머리에 헛바람 가득 찬 이들보다는, 아무것도 타고나지 않았다 여기는, 모든 건 無, 0, zero에서 시작한다는 생각으로 사는 이들이 실제 세상에, 인생에, 더 겸허하고 진지한 사람들이다.

6. 나는 연기자다

그래도 여전히 싫은 건 싫을 것이다. 실력도 없는 주제에 TV에 나와 전문가 행세를 하는 이들이나 거짓말로 막대한 부를 창출하는 인스타 팔이피플이 미운 건 매한가지일 것이다. 어쩔 수 없는 일이다. 지금 싫은 걸 좋으라고 이 이야기를 하는 건 아니다. 그렇게 따라 하라고 주문하는 것도 아니다. 당신은 이 글을 읽고 그들이 어떻게 성공했는지 이해하기만 해도 족하다. 당신이 세상 돌아가는 원리에 대해 알면, 저 사람이 왜 저렇게 됐는지 이유를 알면, 당신은 세상 사는 데 정신적 스트레스를 훨씬 덜 받게 된다. 스트레스가 덜 하지 않으면 이렇게 생각해 보는 것이 좋겠다. 나는 얼마나 고귀하시길래? 내가 너무 고귀하신 까닭에 "나는 아메바"라는 마법의 주문이 머리 속에 들어오지 않는다면 다른 주문을 외워 보자.

"나는 연기자다."

세상은 당신의 본질에 눈곱만큼도 관심 없다. 세상은 당신에게 바라는 것이 없으며 기대하는 것도 없다. 세상에게 당신은 무존재다. 그러니 당신은 세상의 눈에 띄기 위해 고군분투하거나 세상에 맞춰 살아야 한다. 당신이 어떤 주문을 외우든, 어떤 가치관을 갖든, 어떤 분노와 반감을 갖든, 당신은 언제나 하나의 진리를 기억해야 한다. "진정한 나 자신이란 존재하지 않는다"는 것. 당신이 아무리 발버둥쳐 봐야 세상은 당신이 진짜 어떤 사람인지 관심도 없고 알 수도 없다. 세상을 사는 데 "진정한 나 자신"은 생존을 저해하는 독소 조항이다. 당신은 연기자가 되어야 살아남을 수 있다. 그래야 누가 나를 칭찬해도, 비난해도, 음해해도 신경 쓰지 않을 수 있다. "그거 내가 아니라 나를 연기한 다른 놈이에요!"라고. 나 자신을 없애 버리는 최선의 방법이다. 당신은 아메바이자, 연기자이자, 변신의 대가(shapeshifter)다. 나 자신을 흔적도 없이 사라지게 하고 완전히 다른 사람으로 탈바꿈하는 것이다.

나 자신을 버리지 못하면 실패한 연기자가 되고, 나 자신을 버리면 성공한 연기자가 된다. 당신은 거짓말을 하는 것이 아니라, 환경에 적응하는 것이며, 세상에서 생존하는 것이다. 나는 아메바이자, 연기자이자, 변신의 대가라는 생각에 빠져들면 당신은 진정한 자유인이 된다. 신들린 듯한 연기력의 소유자가 된다. 당신은 거짓말을 하는 게 아니라 세상을 사는 것이다. 내가 아닌 남이 되어 연기하는 것이다. 직장에서 부장님 비위 맞춰 주는 것도 쉬운 일이고, 인스타 시녀들 가려운 데 긁어 주는 것도 쉬운 일이고, 유튜브에서 엉터리 주장으로 혹세무민 하는 것도 쉬운 일이다. 과학적 근거 없는 기적의 건강 관리법을 출판해서 신도들을 끌어 모으는 것도 쉬운 일이고, TV에 나와 점잖은 척 가면 쓰고 전문가 포커 페이스를 유지하는 것도 쉬운 일이다. 싫은 사람 앞에서 아무렇지 않은 척 헤헤거리는 것도 쉬운 일이고, 기득권 앞에서 눈에 띄는 여우 같은 사람이 되는 것도 쉬운 일이다. 그러다 욕을 먹어도 아무렇지 않은 것 역시 쉬운 일이다. 욕을 먹어도 타격 받지 않는 이들은 싸이코패스도 아니고 강심장도 아니고 정신병자도 아니다. 이들은 나 자신을 버린 것뿐이다. 나 자신이 존재하지 않는다는 걸 알기에, 이 세상은 가면 쓰고 연기하는 무대란 사실을 알기에, 창피하고 쪽팔릴 이유를 찾지 못하는 것이다.

다시 당신의 현재 인생으로 돌아오자. 내 주제를 알아야 하고, 내 주제에 맞게 살아야 하고, 송충이는 솔잎만 먹어야 하고, 거짓말은 대역죄이고, 가난보다 세간의 눈치가 더 무섭고, 나의 행복보다 도덕, 윤리, 삼강오륜이 우선인 인생. 내 자신이 너무나 특별하고 고귀하기에 티끌만큼의 오점도 존재할 수 없는 인생. 그래서 좀처럼 앞으로 나아가지 못하는 인생. 좁고 꽉 막힌 일직선 길을 따라 종종걸음 치다가 몇 발짝 떼 보지 못하고 주저앉는 인생. 당신의 인생은 동물원 우리에 갇힌 동물의 인생과 다를 게 없다. 닭장 속의 닭 같은 삶이라도 매나 여우에게 잡아 먹힐 걱정 없이 사는 게 더 행복할 수도 있다. 어떻게 사느냐는 각자 선택의 문제. 하지만 그럼에도 여전히 세상의 진실은 바뀌지 않는다. 당신이 아무리 세뇌 교육을 받아 닭장 속 인생을 살 숙명이더라도, 당신은 그럼에도 여전히 세상의 진실을 알아야 한다.

1) 당신은 스스로를 특별하다 생각하겠지만 세상의 관점에서 당신은 땅 위를 기어다니는 수십억 마리 개미 중 하나일 뿐이다.
2) 당신이 아무리 당신의 실력과 내공을 알리려 해 봐야 세상에게 당신은 여전히 작고 까만 점일 뿐이다.

3) 당신이 아무리 정직하고 올바르고 선량하게 살아 봐야 세상에게 당신은 여전히 작고 까만 점일 뿐이다.
4) 세상의 눈에 띄는 최선의 방법은 더 멀리 더 높이 더 공격적으로 움직이는 것뿐이다. 그러면 당신은 작고 까만 점에서 화려한 날갯짓을 하는 나비가 된다.
5) 정직은 당신이 나비로 변신할 수 없게 만드는 족쇄로 작용한다.

인생 리셋
6

사소한 데 목숨 걸지 않는다

나는 고래다.

피라미도, 기생충도, 상어 떼도,

하찮은 찰나의 자극이다.

사례 1

윌리엄 쇼클리(William Bradford Shockley, 1910-1989)를 아는 사람은 많지 않다. 하지만 트랜지스터를 모르는 사람은 없다. 트랜지스터를 발명한 사람이 쇼클리다. 그 공로로 노벨상까지 받았고, 오늘날 실리콘밸리의 탄생을 가져온 장본인이었지만, 현재 쇼클리의 이름은 굳이 찾아봐야 알 수 있을 정도로 자취를 감췄다. 그는 천재였다. 아직도 20세기 미국 최고의 천재는 쇼클리였다고 주장하는 사람이 있을 정도로, 그는 어릴 때부터 "성공을 보장받았던 천재"였다. 그는 다른 사람들이 도저히 생각하기 힘든 방식으로 답을 찾아내는 파격적인 지능의 소유자였으며, 성격으로도 파격적인 인물이었다. 그는 학창 시절부터 자의식이 강해 스스로를 "세상에서 가장 중요한 사람"으로 생각했다. 항상 남들 앞에 나서기를 좋아했고, 언젠가 헐리웃에 진출할 생각을 하기도 했다. 그는 스타 의식에 선민 사상까지 더해진 못 말리는 자의식 과잉 환자였다.

그는 MIT에서 물리학 박사 학위를 받은 뒤 1936년 벨 연구소(Bell Labs)에 입사, 이곳에서 1947년 팀 동료인 월터 브래테인(Walter Brattain), 존 바딘(John Bardeen)과 함께 세계 최초의 트랜지스터 발명 특허를 받는다. 원래 특허권자의 이름에 쇼클리는 제외돼 있었다. 처음부터 팀 플레이를 하지 못하고 저 혼자 따로 놀았던 데다 쇼클리의 이론은 트랜지스터 개발에 극히 적은 부분을 차지했기 때문이었다. 하지만 이 사실을 안 쇼클리는 가만있지 않았다. 온갖 로비와 난동과 강짜를 부린 끝에 막판에 공동 특허권자로 자신의 이름을 추가시켰다. (이 특허권으로 인해 세 사람은 1956년 노벨상을 수상한다.)

쇼클리는 우수한 생존력의 인간이었다. 그는 자신의 권리가 침해되면 목숨 걸고 그 권리를 되찾아 왔을 뿐 아니라, 자기 권리가 아닌 것까지 우격다짐으로 가져오는 사람이었다. 쇼클리는 벨 연구소에 불만이 많았다. 트랜지스터 발명자 그룹에서 자신을 은근슬쩍 빼놓은 것도 그랬고, 자기쯤 되는 천재를 회사에서 알아서 대접해 주지 않는다고 부글부글 끓고 있었다. 그는 특히 반도체 특허권 동료들과 사이가 좋지 않았다. 이 세 명은 반도체 기술의 상업화를 위해 서로 협력해야 하는 관계였는데, 쇼클리의 광기 어린 태도 탓에 나머지 2명의 특허권자들이 반도체 개발을 포기하고 회사를 나가 버렸다. 의도했던 바인지는 알 수 없지만, 어쨌든 쇼클리는 경쟁자를 모두 물리치고 반도체의 상업화 개발을 독차지하게 된다. 그리고 마침내 1955년 회사를 그만두고 자기 사업을 시작한다. 쇼클리는 애당초 다른 사람 밑에서 일할 수 없는 사람이었다. 자신의 천재성에 합당한 부와 명성을 얻기 위해선 자신이 직접 회사를 차리는 길 밖에 없다고 생각했다. 그래서 1956년 캘리포니아 팔로 알토(Palo Alto)에 자신의 반도체 회사, 쇼클리 반도체(Shockley Semiconductor Laboratory)를 설립하고 유능한 인재들을 끌어 모았다.

쇼클리는 인기 있는 사람은 아니었지만 인재를 뽑는 데는 탁월한 재능을 발휘했다. 천재는 천재를 알아보는 법이고, 쇼클리는 자아도취형 연기에 재능을 가진 사람이었다. 그는 평소 점 찍어둔 인재들을 하나씩 설득했다. 그의 신들린 설득력에 모두가 넘어갔다. 하지만 쇼클리는 그렇게 사람들을 뽑아 놓고 의심했다. 그는 직원들이 혹시 회사에서 무능한 짓을 하는 건 아닐까 월급 도둑질을 하는 건 아닐까 노심초사 잠을 이루지 못했다. 그는 직원들의 주급 내역이 적힌 리스트를 사내 벽에 커다랗게 붙여 공개했다. 이 정도 월급을 받으면 알아서 눈치껏 일하라는 경고였다. 이런 행위가 직원들의 사기 저하로 이어질 것이란 생각은 눈곱만큼도 하지 않았다. 그는 직원을 자신의 사무실로 불러 대화를 나눌 때면 사무실 구석에 자기 아내를 앉혀 놓고 오고 간 대화를 모두 적게 했다. 직원 평가에 반영하기 위함이었다고 하는데, 사실은 직원들을 통제하기 위한 또 다른 공갈 협박성 장치였다. 하루는 회사에 사소한 문제가 발생하자 쇼클리는 범인을 색출한다며 직원 모두에게 거짓말 탐지기 조사를 실시할 정도로 직원들을 쥐 잡듯 잡았다. 불필요하다, 무능하다 싶은 직원은 공개 석상에서 남들 다 보란 듯 해고했다.

쇼클리의 반도체 특허권은 그것 하나만으로도 천문학적인 부를 보장하는 당첨 복권이나 마찬가지였다. 쇼클리는 특허권만 보유했던 것이 아니라 상업화 가능한 기술과 노하우까지 갖추고 있었으니, 말 그대로 반도체 산업의 독점적 지위를 혼자 누리고 있던 셈이었다. 하지만 그는 실패했다. 그것도 아주 처절하게. 그는 뛰어난 과학자였지만 비즈니스 감각이 없었다. 당시 시장에 전혀 통하지 않을 엉뚱한 프로젝트를 하는 데 열을 올렸고, 그 바람에 정작 시장에 내다 팔아야 할 제품 생산은 끝없이 지연됐다. 편집증적 경영 스타일과 비상식적인 사업 감각은 회사에 근무하는 인재들을 좌절케 만들었고, 결국 밥 노이스(Bob Noyce)와 고든 무어(Gordon Moore)를 비롯한 8명의 직원은 1957년 쇼클리의 회사를 떠나 경쟁사인 페어차일드 반도체(Fairchild Semiconductor)를 설립한다. 쇼클리의 사업은 설립 1년 만에 추락한다. 쇼클리 반도체는 지속적인 적자에 시달리다가 1960년 다른 기업에 매각됐고, 1969년 완전히 사업을 접는다. 그리고 이후 20년간, 쇼클리 반도체 출신 직원들은 실리콘밸리에서 승승장구하며 IT 산업 역사에 크고 작게 이름을 남긴다. 쇼클리 반도체 출신 직원들에 의해 설립된 IT 기업의 수는 65개에 달했고, 역사 속으로 사라진 쇼클리 반도체는 오늘날 실리콘밸리와 미국 IT 산업의 모태이자 산파로 사람들 기억 속에(만) 남았다.

사업에 실패한 쇼클리의 커리어는 끝없는 암흑기에 들어선다. 쇼클리는 이때부터 인간 지능과 유전자 문제에 심취, 노골적인 우생학 전도사로 변신한다. 그는 국가의 사회 복지 정책이 "열성 인자"의 자연 도태를 막았고, 그 바람에 인간 종족의 "질적 저하"를 가져왔다고 주장했다. 그는 인류의 질적 향상을 위해선 IQ 검사를 통해 스코어가 100 이하인 사람들은 불임 수술로 아이를 낳지 못하게 해야 한다고 주장했다. 그는 자신의 신념을 실천하기 위해 거액을 들여 천재들을 위한 정자 은행을 만들어 운영하기도 했다. (물론 자신의 정자도 이곳에 보관해 놓았음.) 그는 인종 차별에 열을 올리기도 했는데, 인종별 평균 IQ 수치를 내세워 흑인이 유전자적 열성에 속한다고 주장했다. 쇼클리는 뛰어난 연설 재능으로 (스티브 잡스보다 뛰어난 연사였다고 전해진다) 대학에 초청 강연을 하는 일이 많았는데, 그때마다 학생들은 그를 조롱하는 배너를 펼쳐 들거나, KKK 단의 복장을 하고 강연에 들어왔다. 그는 지인들로부터 따돌림을 받았다. 말년에 전립선 암으로 병원에 입원했을 때 그를 찾는 이는 그의 충직한 두 번째 부인밖에 없었다. 트랜지스터의 발명가이자 반도체 사업의 초석을 놓았던 천재 과학자 쇼클리는 세상의 무관심 속에 1989년 쓸쓸한 죽음을 맞았다. (임종 당시 그의 자식들마저 그를 찾지 않았다.)

사례 2

밥 노이스(Bob Noyce, 1928-1990)를 아는 사람은 많다. 왜냐하면 인텔의 설립자이기 때문이다. 그는 노벨상을 타지도 못했고, 대단한 특허권도 없었고, 그리고 천재도 아니었다. 하지만 누구보다 성공한 인생을 살았다. 노이스는 촌놈이었다. 미국 아이오와 주 시골 목사의 아들이었다. 유년기와 청년기 전부를 시골 깡촌에서 보냈는데, 어린 시절부터 대담하고 당찬 성격이었다고 전해진다. 항상 사람들 앞에 나서기를 좋아했으며 자신감에 넘쳐 있었던 까닭에 농촌의 보수적인 분위기와 섞이기 어려운 기질이었다고. 그는 1948년 MIT로 진학해 박사 학위를 받았고, 벨 연구소에서 개발된 트랜지스터에 지대한 관심을 갖는다. 그는 트랜지스터야말로 세상을 바꿀 발명품이라는 사실을 알았다. MIT 졸업 후 그는 윌리엄 쇼클리가 설립한 쇼클리 반도체에 입사한다. 학창 시절 노이스에게 쇼클리는 영웅이었다. 하지만 입사 후 둘은 원수가 된다. 노이스와 쇼클리 둘 다 나서기 좋아하는 자기 과시형에 강한 주관 등 공통점이 많았다. 하지만 이런 공통점은 서로 섞일 수 없는 공통점이었다. 안 그래도 대인관계에 문제가 많았던 쇼클리는 노이스를 비롯한 연구진들과 사사건건 충돌했고, 결국 노이스와 핵심 연구원 7명은 회사를 떠나기로 결심한다.

쇼클리로부터 도망친 과학자들은 쇼클리 반도체의 경쟁사를 세우기로 결심하고 노이스를 리더로 추대했다. 그리고 1957년 노이스를 중심으로 캘리포니아 마운틴 뷰 지역에 페어차일드(Fairchild Semiconductor Corporation)를 설립한다. 노이스는 이때부터 과학자가 아닌 경영인이 된다. 그는 이전까지 볼 수 없었던 파격적인 인사 정책과 경영 시스템을 도입했다. 페어차일드에는 노이스 자신을 비롯한 고위직 임원의 주차 공간과 식당이 따로 존재하지 않았다. 회사에는 전통적인 직위나 계급 구조도 존재하지 않았다. 페어차일드에는 복장 제한도 없었다. 회사에 누구나 원하는 복장으로 올 수 있었다. 노이스는 같은 사무실에 있는 문을 모두 제거하고, 어깨 높이의 "파티션"을 설치해 모두가 공평한 크기의 공간에서 근무하도록 했다. 후에 페어차일드가 성공해 노이스를 백만장자로 만들어 줬을 때도 노이스는 파티션으로 나눠진 사무 공간을 직원들과 그대로 공유했다. 노이스는 직원들이 업무에 필요한 물건을 언제든 구입할 수 있도록 지원해 주었으며, 젊은 엔지니어들이 자신의 생각을 마음껏 표현할 수 있도록 권장했다. 그는 어떤 종류의 아이디어라도 들어볼 가치가 있다고 생각했다. 그는 위대한 발명은 항상 엉뚱한 아이디어에서 비롯된다는 신념을 갖고 있었다.

노이스가 고안한 가장 파격적인 인사 정책은 스톡 옵션이었다. 스톡 옵션은 회사 주식을 사장에서부터 경리까지 회사의 모든 구성원에게 나눠 주고 회사의 성공이 곧 직원들의 이익이 되도록 하는 제도였다. 노이스는 직원들에게 애사심이나 충성심을 강요하지 않았다. 제도적 장치를 통해 직원들이 회사의 이익을 위해 자발적으로 움직이게 만들었다. 자유로운 복장, 파티션으로 나눈 사무실, 스톡 옵션 등, 노이스의 관리 스타일은 오늘날 거의 모든 IT 사업체들이 답습한 회사 정책과 문화가 됐다. 말하자면, 노이스는 실리콘밸리에 기술적인 입지를 다졌을 뿐 아니라, 기업들 경영 방식의 근간까지 구축한 것이었다.

재미있는 사실은, 이렇게 정성 들여 회사를 세워 놓은 뒤, 회사가 어려워지자 노이스는 지체 없이 회사를 떠나 또 다른 경쟁사를 세웠다는 점이다. 인텔(Intel)이었다. 1968년 설립된 인텔은 1970년 최초의 반도체 메모리 칩인 RAM(Random Access Memory)을 생산했으며, 1971년엔 세계 최초의 마이크로프로세서(microprocessor)를 발명하면서 노이스와 그의 친구들을 실리콘밸리 최초의 억만장자로 만들어 준다. 놀랍게도, 노이스가 버리고 도망간 페어차일드 반도체는 한국에도 지사가 있었다. 현재는 온세미컨덕터에 인수되어 부천에서 영업 중이다.

사례 1의 윌리엄 쇼클리는 성공하는 인생의 모든 요건을 갖춘 인물이었다.

1) 선천적으로 눈에 띄는 인간이었는데 눈에 띄는 방법도 잘 알았음.
2) 자기가 제일 잘하는 걸 알았고, 앞으로 뭐가 큰돈이 될지도 알았음.
3) 꿈이나 이상보다 현실적 이익을 쫓았음.
4) 극도로 이기적인 성격이었으며, 자신의 권리를 목숨 걸고 지켰음.
5) 과감한 추진력을 가진 행동하는 천재였으며,
6) 한순간도 나태하지 않은 근면성실한 삶을 살았음.

하지만 그의 인생은 망했다. 특허권도 있었고, 노벨상도 받았으니 밥을 굶을 일은 없었다. 하지만 그가 원했던 것은 현재 빌 게이츠의 위치였다. 그의 원래 계획에 따르면 그는 망한 것이나 다름없었다. 아무리 어떻게 봐도 도저히 망할 수가 없는 사람이었음에도 그래도 여전히 망했다. 순진한 이들은 그의 돼먹지 못한 인간성을 들먹이며 "그러길래 착하게 살아야 하는 것"이라고 훈계하고 싶을 것이다. 하지만 성공했거나 인생이 잘 풀린 사람들 중엔 쇼클리보다 더 악랄하게 산 사람도 많았다. 혹자는 인간관계 핑계를 들고 싶을지 모르겠다. 하지만 쇼클리만큼 인간관계가 좋지 않았던 사람들 중에는 빌 게이츠라는 전설적인 인물도 있다. 빌 게이츠만큼 부자인 오라클 창업자 래리 앨리슨 역시 인간관계가 쇼클리만큼 좋지 못했다. 쇼클리는 오히려 자신에게 이익이 되는 사람들과는 잘 지냈다. 그래서 말년에 오갈 데 없을 때 대학 초청 강연도 열심히 나갔고, 스탠포드 명예 교수직을 얻기도 했다. 쇼클리가 망한 이유는 다른 게 아니라 편집증 때문이었다. 사소한 걸 물고 늘어지는 버릇 때문이었다. 쓸데없는 데 돈과 시간과 정력을 탕진한 바람에 망한 것이었다.

자기 권리를 찾아 먹을 줄 알아야 인생이 잘 풀리는 법이다. 하지만 이것이 과한 사람들이 있다. 굳이 찾아 먹을 필요 없는 권리에 미쳐 날뛰는 아귀 같은 사람들이다. 물론 권리를 찾는 태도가 좀 과하더라도 그게 반드시 해가 된다고 볼 수는 없다. 그런 태도가 계속 유지되어야 이익이 누적되고 세월이 갈수록 더 큰 권리를 획득할 수 있기 때문이다. 문제는 효율성이다. 1밖에 안 되는 권리를 찾아 먹기 위해 10이라는 노력을 들이는 것이 문제다. 쇼클리가 그랬다. 회사 직원들을 엄격하게 관리하는 것은 분명 회사 이익을 위해 필요한 일이다. 쇼클리도 분명 그런 계산하에 한 행동이었다. 하지만 그는 그걸 회사의 이익을 위해서 한 것이 아니라 자기 만족을 위해 했다. 그의 편집

증적 회사 정책은 직원들을 통제하기 위함이 아니었다. 자신의 불안한 마음을 다잡기 위함이었다. 사람의 불안한 마음이란 객관적인 이익과는 상관이 없는 법이다. 쇼클리가 망한 이유는 자기 이익을 스스로 망쳤기 때문이다. 그는 이익을 찾아 먹은 것이 아니라 "자위"를 한 것이었다. 어쩌면 그는 처음부터 돈을 벌기 위해 회사를 만든 것이 아니라 자신의 병적 자의식을 만족시키기 위해 만든 것이었을 수 있다. 그렇게 이기적이고 못돼 먹었던 쇼클리는 결국, 자기 이익은 전혀 챙기지 못한 채, 남 좋은 일만 시켜 주고 평생 죽을 때까지 욕만 먹었다.

사례 2의 밥 노이스는 반대였다. 그는 겉으론 꿈과 이상과 정의를 실현하기 위해 사업을 한 것처럼 보였다. 하지만 그는 쇼클리가 피눈물을 흘릴 정도로 이기적인 인간이었다. 쇼클리는 노이스와 사사건건 부딪치면서도 그를 아꼈다. 왜냐하면 그는 노이스가 자신과 비슷하다는 걸 알았기 때문이었다. 그는 노이스가 회사에 있어야 회사가 성공할 수 있다는 것도 알고 있었다. 노이스가 쇼클리 반도체를 그만둔 건 쇼클리가 싫었기 때문이 아니었다. 단지 쇼클리가 무능하다는 사실과 회사에 더 이상 미래가 없다는 사실을 알았기 때문이었다. 그는 쇼클리의 주장대로 배신자였고, 페어차일드 반도체를 설립한 뒤에, 쇼클리의 주장대로, 또 다시 회사를 배신한 인간이었다. 노이스는 쇼클리의 단점을 보완한 제2의 쇼클리였다. 그는 자의식이 없었다. 중요한 건 현실적 이익이지 자아실현이 아니라는 사실을 알았다. 그는 자신의 이익을 포기하는 것처럼 굴면서 실은 자신의 이익을 극대화했다. 그는, 쇼클리 반도체에서의 경험을 되살려, 직원들이 자신을 배신하지 못하도록 스톡 옵션을 챙겨준 뒤에, 자기가 직원들을 배신했다. 그는 더 큰 이익을 위해 작은 이익을 버릴 줄 아는 사람이었다.

노이스는 그렇게 살아서 돈도 벌고 명예도 얻었다. 그는 억만장자가 되었고 죽을 때까지 훌륭한 사람이라고 칭찬만 들었다. 그는 인텔의 창업주로 은퇴해 평생 꿈 같은 인생을 살았다. 그는 IT 업계 역사상 가장 인생이 잘 풀린 인간이었다.

가난한 이들은 별것 아닌 이익 때문에 아귀 다툼을 한다. 이들은 자신의 이권에 악착 같은데 언제나 가난하다. 세월이 갈수록 점점 더 가난해진다. 자기가 가진 자원(resource)를 효율적으로 쓰지 못하기 때문이다. 리소스를 효율적으로 써야 인생이 나아진다. 1밖에 안 되는 권리를 찾아 먹는 데 10이라는 노력을 들여야 한다면 그 권리는 버려야 한다. 휴대폰 5만 원 싸게 사겠다고 일주일 발품을 팔 것이면 그 일주일 동안 야근을 해서 10만 원을 더 버는 게 이익이다. 대부분의 가난뱅이들은 그런 생각을 하지 못한다. 왜냐하면 눈앞의 알량한 이익에 홀려 있으니까.

뭣이 더 중요한지 모르면 인생은 언제나 뒷걸음질이다. 더 중요한 것에 집중해야 한다. 중요하지 않은 것은 무시해 버려야 더 중요한 것에 더 오래 집중할 수 있다. 인생이 잘 풀리는 사람은 언제나 같은 태도를 보인다: 사소한 데 목숨 걸지 않는다.

1. 사소한 데 목숨 걸면 분풀이에도 목숨 건다

부부 관계에 불화가 생겼을 때 전문가들이 가장 흔하게 하는 조언이 "사소한 일에 목숨 걸지 말라"는 것이다. 사소한 것에 목숨 거는 행동만 중단해도 부부 관계는 오래 안정적으로 유지된다. 그런 일 정도는 대범하게 참고 넘어갈 만한데 반드시 자기 속이 풀릴 때까지 물고 늘어지며 상대방이 굴욕을 겪거나 피해 보는 꼴을 보고 싶어하는 사람들이 있다. 이런 사람들이 결혼을 오래 유지하는 경우는 없다. 이런 사람들 중 인생이 잘 풀리는 경우도 없다. 왜냐하면 이런 행동 패턴은 반복되기 때문이다. 감정적 분풀이에 눈이 뒤집혀 제 이익을 짓밟는 행동 패턴이 평생 반복되기 때문이다. 인생이 풀리지 않는, 뭘 해도 망하는 사람들의 변치 않는 공통점이다. 감정적으로 행동한다는 것. 문제 해결이 아닌 분풀이를 한다는 것.

쇼클리가 그랬다. 그는 항상 자신의 감정이 우선이었다. 그래서 돈과 시간과 노력을 분풀이하는 데 썼다. 쇼클리의 이런 꼴을 보고 노이스의 마음이 떠난 것이다. 이런 사람 밑에선 아무것도 잘될 수 없다는 사실을 깨달은 것이다. 분풀이를 하기 전에 생각해 봐야 한다. 분풀이하는 것이 나의 현실적 이익과 관련이 있는지. 아주 가끔은 분풀이를 하는 것이 장래의 이익에 도움되는 경우도 있다. 그런 경우엔 감정적으로 행동해도 된다. 하지만 아주 가끔일 뿐이다. 그렇지 않은 경우가 절대적으로 더 많다. 자제해야 한다. 감정적 분풀이 때문에 내 이익이 침해될 수 있다는 생각을 먼저 해야 한다.

2. 사소한 데 목숨 걸면 아귀다툼에도 목숨 건다

가난뱅이들의 돈 아끼는 습관은 실제 돈을 아끼는 것과 아무 관련 없는 경우가 대부분이다. 대부분 돈을 아끼는 것이 아니라 불안한 마음을 진정시키거나 자기 만족을 위한 것이다. 다른 사람이 나보다 만 원 더 싸게 샀을까 봐 불안한 마음, 이런 마음으로는 인생이 개선될 수 없다. 눈앞의 알량한 이익에 불안한 마음부터 진정시키는 것이 우선이다. 가난뱅이들의 알량한 이득에 한눈팔지 않는 것이 우선이다. 당신이 지금 채우려는 것이 실제 이득인지, 아니면 알량한 자기 위안인지부터 냉정하게 판단해야 한다.

모두가 몰려들어 아귀다툼하는 할인 세일을 생각해 보자. 지금 아귀다툼해서 이걸 사는 것보다 지금 이걸 아예 사지 않는 것이 더 이익일 수 있다는 생각을 해야 한다. 부자일수록 할인 세일에 관심이 없다. 부자일수록 남이 나보다 몇만 원 더 싸게 사는지 관심이 없다. 왜냐하면 그렇게 사소한 것에 목숨 걸어 봐야 내게 돌아오는 것은 피폐한 인생, 결국 손해 보는 인생이기 때문이다. 살 필요 없는, 사지 말아야 할 물건을, 단지 "지금 안 사면 손해일 것 같은" 느낌적 느낌 때문에 대량 구매하고 "땡잡았다" 뿌듯해하는 인생은 어떻게 봐도 손해 본 인생이다. 전쟁처럼 목숨이 왔다 갔다 하는 절박한 상황이 아니면 아귀다툼하며 살 이유가 없다. 아귀다툼 현장에 적극적으로 끼어드는 사람일수록 가난한 사람들, 인생 꼬이는 사람들이라는 현실을 직시하자. 앞서 설명한 대로다. 매번 사소한 데 목숨을 걸기 때문에 중요한 걸 놓치는 것이다. 아귀다툼이 일어나면 "나도 끼어 들어야 이익이지 않을까" 생각하지 말고 한발 뒤로 물러서서 무엇이 내게 더 이익인지, 다른 더 편한 방법으로 이익을 얻을 수 없을지 궁리해야 한다.

모든 권리를 다 찾아 먹어야 인생이 개선되는 건 아니다. 인생 리셋의 목적은 악착 같은 자린고비 인생으로 떼돈 벌자는 게 아니다. 적당히 권리를 포기하고 매력을 얻는 것이 장기적으로 유리할 수도 있는 법이다. 인생 리셋 첫 번째 원칙이었던 "눈에 띈다"의 연장선이다. 알량한 권리 따위 쿨하게 포기하는 사람이 매력을 얻고 기득권의 눈에 띄기 때문이다. 물론 매번 바보처럼 넋 놓고 손해만 보는 인간은 매력 없다. 중요한 것에만 집중하는 것이다. 별것 아닌 건 무시해 버리는 것이다. 사소한 것에 목숨 걸지 않으면 된다. 이런 태도가 궁극적으로 나의 이익을 보호하고 사람들의 관심과 매력을 얻는다.

3. 치와와가 되지 말고 헐크가 되어야

쇼클리가 배신을 당하고 왕따가 된 이유는, 사소한 데 목숨 걸었던 데다, 말이 너무 많았기 때문이었다. 노이스는 자기가 다른 사람을 배신했지 다른 사람에게 배신당한 적은 없었다. 사람들은 노이스가 실제 어떤 사람인지 상관없이 무작정 그를 따랐다. 노이스는 말보다 행동을 했기 때문이다. 사소한 데 대범한만큼 말과 행동도 그러했기 때문이다. 사람은 말이 많을수록 만만해 보인다. 말이 많을수록, 쓸데없이 함부로 입을 놀릴수록 사람은 서열이 낮아지고 신뢰를 잃는다. 그리고 무엇보다, 편들어 주는 사람이 줄어든다. 지금 말해야, 지금 항의해야, 지금 세게 나와야 내가 무시당하지 않겠지. 이런 생각이 당신을 하찮은 존재로 만든다. 당신이 그런 생각을 하는 까닭은 두렵기 때문이다. 내가 무시당할까 봐, 상대가 나를 우습게 볼까 봐, 그런 것에 대한 두려움 때문에 치와와가 되는 것이다. 짖는 개는 물지 않는다(짖는 개는 아무도 무서워하지 않는다, 짖지 않고 무는 개가 무서운 법이다). 짖지 말고 물어야 한다. 이 논리에 충실해야 한다. 욱하고 입을 놀리고 싶을 때마다 "짖는 개" 논리를 떠올려야 한다.

분노할수록 입을 닫는 버릇을 들인다. 내가 분노했을 때도,

상대가 분노했을 때도, 똑같이 입 닫고 가만있는다. 입으로 말하지 말고 시선으로 말한다. 분노를 쌓는다. 아무 말도 하지 말고 "어떻게 죽일까" 생각만 한다. 아무것도 하지 말고 일단 생각만 한다. 아무것도 하지 말고 머리 속으로 반격과 복수의 기회를 도모한다. 그렇게 참으면 당신의 분노 게이지는 상승한다. 분노의 강도도 강해진다. 감정이 끝까지 차올라야 생각지 못한 초인적 능력이 발현된다. 자의식이 사라지기 때문이다.

마블 코믹스의 "헐크"는 이에 관한 훌륭한 메타포(은유)다. 헐크는 분노에 의해 초능력자가 되는 슈퍼 히어로다. "어그로"가 쌓여야 변신할 수 있는 괴물이다. 평소에는 신사다. 지적이고 교양 넘치는 박사님이다. 하지만 어그로가 충분히 쌓이면 통제 불능의 파괴의 신이 된다. 당신은 헐크가 되어야 한다. 아무리 당신이 전투력 최하 등급 겁쟁이라도 헐크가 될 수 있다. 입을 닫으면 된다. 분노를 쌓으면 된다. 항의나 불만, 화를 자제하고 어그로를 쌓으면 된다. 복종하고 순응하는 게 아니라, 반격과 복수의 칼을 가는 것이다. 스트레스를 받을수록, 두려움이 커질수록, 공격성을 키워야 한다. "어떻게 도망가지, 어떻게 피하지" 이런 생각을 할수록 스트레스와 두려움은 커진다. 방어가 아닌, 공격을 생각해야 한다. "저 새끼 어떻게 죽이지" 반격/역공의 계획을 세워야 한다. 그래야 두려움 대신 공격성이 커진다.

쇼클리는 치와와였고, 노이스는 헐크였다. 실제 어떤 인간으로 태어났든 상관없다. 그 사람의 행동 패턴이 그 사람의 운명을 결정짓는다. 치와와가 되지 않고 헐크가 되는 방법 다시 한 번 숙지하자.

1) 입을 다문다.
2) 시선으로 말한다.
3) 웬만하면 참는다. 안으로 쌓는다.
4) 회피하지 않는다. 방어하지도 않는다.
5) 반격할 생각을 한다. 복수할 생각을 한다.
6) 하지만 하지 않는다. 안으로 쌓으며 복수의 칼을 간다.
7) '복수 어떻게 해요, 언제 해요' 이런 생각이 사라질 때까지 쌓는다. 안으로 분노를 쌓는 데 쾌감을 느낀다.
8) 그러다 터지면 문제가 해결된다. 아니면 상대가 그 전에 눈치채고 알아서 조심하게 된다.

4. 노력해도 망하는 이유: 디테일에 집착하기 때문

쇼클리는 죽을 때까지 피해의식에 시달렸다. 자기는 남보다 열심히 살았을 뿐이라며 누구보다 열심히 산 자신을 세상이 박해하는 것이라고 주장했다. 노이스는 반대였다. 그는 쇼클리처럼 열심히 살지 않았다. 대체로 여유롭게 살았다. 그가 만든 개방적이고 여유로운 실리콘밸리 기업 문화는 그의 평소 인생 사는 방식을 반영한 것이었다. 쇼클리와 노이스의 아이러니는 자주 반복되는 패턴이다. 나는 분명 쟤보다 훨씬 열심히 살았는데 쟤만 잘되고 나는 안되는 패턴. 이 패턴에는 원인이 있다. 사소한 데 집착하기 때문이다. 디테일에 과몰입해서 전체를 보지 못하기 때문이다.

사소한 데 집착하면 성과가 나지 않는다. 사소한 건 무시하고 전체를 봐야 성과가 난다. 쇼클리처럼 악전고투 힘들게 살다 인생이 망하고, 노이스처럼 유유자적 여유롭게 살다 인생이 흥하는 이유다. 쇼클리는 직원들의 일거수일투족 사생활까지 물어뜯으며 집착했고, 노이스는 그런 것에 관심 끊고 시장 전망과 회사의 미래에 집중했다. 한 사람은 디테일에 목숨 건 인생을 살았고, 다른 한 사람은 전체를 보는 인생을 산 것이다. 열심히 살고 말고는 각자의 선택이다. 각자의 삶의 방식이다. 인생을 결정짓는 것은 노력의 결과이지 과정은 아닌 것이다.

"1만 시간 법칙"이란 게 있다. "1만 시간의 법칙(10,000-Hour Rule)"은 1만 시간, 그러니까 약 10년 동안 꾸준히 연습하면 아무리 바보라도 경지에 도달한다는 이론이다. 하지만 이 주장은 많은 학자들에 의해 반박되었고 이제 아무도 믿지 않는 폐기 처분 이론이 돼 버렸다. 1만 시간의 법칙이 허위인 이유, 아무리 꾸준히 노력해도 안 되는 이유는 한 가지다. 재능이 없기 때문이 아니라, 디테일에 집착하기 때문이다. 전체를 보지 못하고 부분에 매달리니 발전이 없는 것이다. 기량이 늘지 않고, 업적도 이루지 못한 채, 그저 시간만 가는 것이다. 몸만 축나는 것이다. 전체를 보지 못한 상태에서는 아무리 강도 높은 훈련을 반복해도 디테일에 집착하는 버릇만 생긴다.

"초한지"의 항우. 항우는 날 때부터 풍채가 좋고 근력이 발달된 장군감이었다. 집에선 그를 군인으로 키우기 위해 검술을 가르쳤다. 하지만 항우는 검술을 몇 달 좀 배우더니 금세 때려치웠다. 검술 교사가 너 왜 하다가 그만두냐 물어보니 "이깟 칼질 배워 봐야 기껏 서너 명 제압하는 게 전부 아닙니까? 천하를 얻으려는 데 이런 사소한 칼질이 무슨 소용입니까?" 그래서 집에서는 검술을 그만 배우게 하고 군술(군대 운영법)을 가르쳤다. 여기서 핵심은 항우가 군술을 배운 뒤로 그의 검술은 더 일취월장했다는 사실이다. 그는 검술은 배우지 않겠다고 했지만 군술을 배운 뒤로 오히려 더 검술에 더 큰 재능을 발휘했다.

"축구의 신" 리오넬 메시가 2022년 카타르 월드컵에서 조국 아르헨티나를 우승으로 이끌 당시 이런 뉴스 기사가 있었다. 모든 경기에서 가장 많은 공격 포인트를 올리는, 게임을 지배하는 선수이지만, 실제 경기에서 뛰는, 움직이는 거리는 가장 적다고. "메시는 안 뛴다. 상황을 읽는다… 5~10분만 지나면 메시 머릿속엔 경기장 전체 모습이 파노라마처럼 펼쳐지고 자신이 어디로 가야 공간이 생길지 안다." (많이 뛰어야 수훈선수? 메시는 슬슬 걷다 넣는다, 동아일보, 2022.12.9) 메시는 아무리 중요한 경기라도 설렁설렁 걸어 다닌다. 그러다 가장 필요한 순간 번개처럼 나타나 경기를 뒤집는다. 전체를 관조할 수 있는 심리적 여유. 디테일에 집착하지 않는 마음의 여백. 이런 심리가 메시를 인류 역사상 가장 위대한 축구 선수로 만들었다.

 메시의 축구를 보며 우리는 효율성의 본질을 이해한다. 처음엔 아무 의도도 계획도 없이 무작정 눈앞의 축구공을 차기 마련이다. 메시도 처음엔 그랬을 것이다. 그러다 언젠가부터 고개를 들어 전체를 보기 시작했을 것이다. 축구의 목적은 공을 더 잘 차는 것도 아니고, 내가 골을 많이 넣는 것도 아니란 사실을, 축구의 목적은 경기에서 이기는 것이란 사실을 깨달은 것이다. 고개를 들어 전체를 보기 시작한 후부터, 축구공이 아닌 축구장을 보기 시작한 후부터, 그의 심신은 자유를 얻었다. 디테일을 버리고 불필요한 동작이 사라졌다. 경기에서 이기기 위한, 반드시 필요한 움직임을, 가장 간결하고 정확한 방식으로 취했다.

 사소한 데 목숨 걸수록, 디테일에 집착할수록, 인생은 어려워진다. 아무리 노력해도 앞으로 나아가지 못한다. 사람만 추해지는 게 아니다. 인간관계만 망치는 게 아니다. 업무 능력도 같이 망친다. 당신의 뇌는 디테일에 파묻힐수록 효율성이 급락한다. 불필요한 것에 시간과 정력을 낭비하며 사람들과 반목한다. 아집에 찌든 소인배 마인드로 쪼그라드는 것이다. 일단 쉬면서 생각해 봐야 한다. 천천히, 마음의 여유를 갖고, 탐색을 하면서, 전체적인 그림을 이해해야 한다.

지금 당장 읽어야 할 (공부해야 할) 책이 있으면 무작정 처음부터 읽지 말고, 먼저 책의 목차를 보고 목차 중에 흥미 있는 부분을 먼저 읽어 본다. 그리고 책이 전체적으로 어떤 내용인지 그려 본다. 그리고 나서 책을 읽으면 훨씬 빨리 읽게 된다. 더 많은 걸 이해하고 기억하게 된다. 전체의 흐름을 보았기 때문이다. 흐름에 따른 리듬을 타기 때문이다. 업무를 받으면 여기 하나에 꽂혀 있지 말고, 여기 관련된 일은 무엇이 있는지, 이 일을 해야 하는 목적은 무엇인지, 이 일의 기원은 무엇이고 무슨 이유로 여기까지 왔는지, 그리고 최종 종착지는 무엇인지, 천천히, 마음의 여유를 갖고 "큰 그림"을 본다.

당신이 그동안 아무리 노력해도 안 풀렸던 이유를 깨닫는다. 전체를 보지 못하고 부분에 매달렸기 때문이다. 한 번도 고개 들어 풍경을 살피지 못하고 눈 앞의 쓸데없는 우주 먼지에 집착했기 때문이다. 당신의 노력은 지금껏 어느 쪽에 가까웠는지 생각해 본다. 항우, 메시 같은 지휘관이었는가, 아니면 삽질만 반복하는 막노동꾼이었는가. 당신은 지금껏 성격 탓을 했겠지만, 사실은 사고 패턴이 문제였다. 당신은 어디서 무얼 하든 일단 고개를 들어 전체를 보는 습관을 들여야 한다. 눈앞의 먼지에서 시선을 거두고, 마음을 드론에 태워 하늘 높이 띄워야 한다. 숲을 봐야 길을 찾는다. 숲을 봐야 더 많은 나무가 보인다. 나무만 보고 있으면 평생 길을 찾지 못한다. 다시 말한다. 전체를 보는 습관을 들여야 한다. 고개를 들어 전체를 보는 패턴이 당신의 워밍업이 되어야 한다. 그래야 흐름이 생기고 리듬을 탄다. 생각과 움직임이 효율적으로 바뀐다. 생산성이 증가한다. 그 흐름에 따라 인생이 앞으로 나아간다. 그리고 무엇보다, 지금 하는 일을 즐기게 된다. 안 풀릴 때마다, 힘들 때마다, 도움이 필요할 때마다, 고개를 들어 전체를 보는 습관을 들인다. 눈앞의 먼지에 코 처박고 있으면 아무것도 보이지 않는다. 아무리 노력해도 앞으로 나아가지 못한다.

사례 3

「왕좌의 게임」에 "난쟁이" 티리온 라니스터는 "명예 결투"라는 걸 한다. 명예 결투란 죄 지은 놈이 자신의 무고함을 입증하기 위해 "대리 기사(proxy knight)"를 고용해 고소한 놈과 결투를 벌이는 것. 그래서 자신의 대리 기사가 이기면 무죄 방면, 지면 사형. 티리온의 명예 결투에 고용된 기사는 브론인데, 이놈은 원래 기사가 아닌 양아치 건달 범죄자로, 티리온이 부자라는 사실에 혹해 명예 결투에 응한 것. 브론은 완전 무장한 정예 기사와 대결하면서 방패를 받지 않는다. 방패도 갑옷도 없이 칼만 갖고 싸우는 데, 싸움장의 모든 공간을 구석구석 다 활용한다. 심지어 주변 기물과 구경꾼까지 이용하며 각종 황당무계 반칙 술수를 쓴다. 정석 싸움만 능했던 정예 기사는 브론에게 철저히 놀아나다 결투에 지고 죽임당한다. 기사를 고용한 여왕이 분노해 브론에게 말한다.

"당신은! 명예롭게 싸우지 않았어!"

그러자 브론이 어깨를 으쓱하며 말한다.

"난 명예롭게 싸우지 않았죠. 저 죽은 양반이 명예롭게 싸웠죠."

사례 4

손정의가 미국 대학교를 나왔다는 사실은 다들 알고 있지만, 그가 미국 검정고시를 보고 고등학교 졸업장을 땄다는 사실은 잘 알려져 있지 않다. 그는 1973년 미국 세라몬트 고등학교에 1학년으로 입학했는데 교과 과정이 너무 쉽다는 이유로 일주일 만에 학업을 중단하고 검정고시를 보기로 한다. 하지만 그는 영어를 이제 처음 접한 외국인이었고 미국 검정고시를 정상적으로 볼 능력이 없었다. 시험장에서 시험 문항/지문조차 이해할 수 없었던 손정의는 감독관에게 서툰 영어로 말한다. 검정고시의 목적이 무엇입니까? 외국인을 떨어뜨리기 위함입니까? 아니면 학업 능력 우수자를 가리기 위함입니까? 손정의는 이 논리로 1) 영어 사전을 보면서 시험 볼 수 있게 할 것과, 2) 시험 응시 시간을 연장해 달라는 요구를 관철시켰다.

사례 5

문화 대혁명으로 초토화된 70년대 중국. 1979년 미국을 방문하고 돌아온 등소평은 이렇게 말한다. "검은 고양이든 흰 고양이든 쥐만 잘 잡으면 된다(黑猫白猫 抓老鼠 就是好猫)" 이게 등소평의 미국 방문 소감이었다. 건국 100여 년 만에 세계 최강국이 된 미국의 비결을 한마디로 요약한 거였다. 그리고 동시에 모택동이 실패한 이유에 대한 한 줄 평이기도 했다. 등소평은 말했다. "부자가 될 능력이 있는 자들이 먼저 부자가 되어라, 그 후에 낙오된 자들을 돕겠다." 지금까지 중국의 공산주의자들이 추구했던 모든 이념과의 결별이었다. 그리고 현대 중국을 이룩한 결정적 사고의 전환이었다.

사례 6

빌 게이츠가 마이크로소프트를 설립할 당시, 세상은 천재 소프트웨어 개발자들의 각축장이었다. 개발자들은 더 우수한 소프트웨어를 개발해 자신의 천재성을 과시하는데 혈안이 돼 있었다. "천재적인 소프트웨어 = 성공"이라고 생각했다. 하지만 빌 게이츠의 생각은 달랐다. 소프트웨어의 생존은 코딩의 우수성에 있는 게 아니라 상업성에 있다고 생각했다. 그는 코딩에 관심을 거두고 시장을 보았다. 그리고 천재 개발자들이 자신을 위해 일하게 만들었다. 마이크로소프트가 성공한 건 윈도우 때문이 아니었다. 개발자들을 위한 개발 툴 "비주얼 베이직" 때문이었다. 빌 게이츠는, 사용자를 위한 최적의 환경이 아닌, 개발자를 위한 최적의 환경을 조성했다. 세상 모든 개발자들이 빌 게이츠를 증오했지만 빌 게이츠가 제공한 윈도우 개발 툴에 세상 모든 개발자들이 모여 들었다. 그 결과 마이크로소프트 윈도우는 다른 어떤 운영체계보다 더 많은 애플리케이션을 갖게 되었고, 윈도우는 30년 넘게 컴퓨터 시장을 독재했다.

사례 7

스티브 잡스는 프로그래밍도 못 했고, 납땜질도 못 했고, 디자인도 못 했다. 그가 할 줄 아는 건 사람들을 구워삶아 물건을 파는 것뿐이었다. 그는 생각했다. 사람들은 필요에 의해 물건을 사지 않는다고, 사람들은 감성에 따라 물건을 산다고, 싯누런 초록색 화면 도트 그래픽만 뜨던 80년대 PC에 스티브 잡스는 감성을 담았다. 그는 PC를 "인간 정신의 자전거(bicycle of human mind)"라고 불렀다. 걸어 가면 힘들지만 자전거를 타면 편히 더 멀리 갈 수 있다고, PC는 그래서 개발된 거라고. 그는 기계에 시적 감수성을 부여했다. 그는 기계를 사랑했던 인간이었다. 자기가 사랑하지 않는 걸 파는 건 사기라고 생각했다. 그는 직원들을 독려했다. "making a dent in the universe". 우주에 자국을 남기라고. 아무 기계나 만들지 말라고. 우주에 흔적을, 역사를 남길 수 있는 기계를 만들라고, 그렇지 않은 기계는 팔지 않겠다고. 매킨토시와 아이폰은 그렇게 탄생했다.

사례 8

워런 버핏은 고학력 백수였다. 대학원 졸업 후 지원했던 회사 다 떨어지고 강사 자리를 전전하며 주식 투자를 했는데 투자하는 족족 손해를 보았다. 이때 그의 은사였던 컬럼비아 대학원 벤 그레이엄 교수로부터 조언을 얻는다. "주가를 보지 말고 회사의 시장 가치를 보라"고. 근시안적 모범생이었던 워런 버핏은 이 조언에 목숨을 건다. 이후 그는 어떤 경우에도 주가를 보지 않았다. 회사의 시장 가치만 보았다. 이 원칙은 철통같이 지켜졌다. 그리고 "오마하의 현인"의 전설이 시작됐다. 90년대 닷컴 열풍으로 모든 투자자들이 인터넷 기업주에 돈을 쏟아 붓는 동안 버핏은 (지나치게 저평가된 주식 외엔) 한 푼도 투자하지 않았다. (1999년 닷컴 붕괴 당시 버핏이 투자한 주식만 오르는 기현상 발생.) 2000년대 IT 기업 주식이 폭등하는 상황에 버핏은 가진 돈을 몽땅 털어 (2008년 당시 리먼 브러더스 사태로 폭락 중이던) 철도주에 50조 원을 "몰빵"한다. 그는 말했다. "미국 경제가 살아나면 철도주가 가장 먼저 살아난다. 나는 주식에 투자한 게 아니라 미국이라는 나라에 투자한 것이다." 10년 뒤 그의 철도주는 3배 급등한다.

인생 리셋

7

제때 포기한다

나는 새다.

어디에도 집착하지 않는다.

날개가 있기에

움직일 수 있기에

어디든 날아가 버린다.

통계 1

남자는 왜 그만두는가, 여자는 왜 그만두지 않는가(Why Men Quit and Women Don't, The New York Times, 2018. 4. 20)

마라톤 대회 중도 포기하는 남자와 여자 성별 차이에 관한 기사다. 거의 모든 대회에서, 거의 모든 연령층에서, 남자가 여자보다 30-40% 더 많이 중도 포기를 한다는 내용이다. 한 대회에서만 그런 것이 아니라, 여러 대회 수십만 명의 샘플에서도 동일한 현상이 나타났으며, 서로 다른 기후 악조건에서도 역시 동일한 현상이 나타났다. 폭우가 쏟아져도 남자만 주로 그만두고, 폭염에 살이 타들어 가도 역시 남자만 주로 그만두었다.

통계 2

여성의 대학 진학률은 증가하는데, 남성은 뒤처지고 있다 (Women's college enrollment gains leave men behind, pewresearch.org, 2014. 3. 6)

여자의 고등학교 성적이 남자를 앞서고 있으며, 대학 진학률도 여자가 남자를 압도하고 있다는 내용이다. 미국의 경우 여학생의 대학 진학률이 90년대 이미 남학생을 앞지르고 있었으며, 2010년 들어 그 격차는 더욱 벌어지고 있다. 당연히 고등학교 중퇴율 역시 남학생이 여학생보다 더 높은데, 수치를 보면 70년대 이후 일관되게 남학생이 여학생보다 1-2% 이상 더 많이 학교를 그만두는 걸 알 수 있다. 예상보다 고교 중퇴율 차이가 크지 않은 것은 임신 때문이다. 여학생의 고교 중퇴의 가장 주된 사유는 임신이다.

통계 3

1년차 이하 신입사원 퇴사율 가장 높다… 퇴사 이유 1위는?, 동아닷컴, 2018. 3. 6

직장 퇴사자의 비율 역시 남자가 압도하고 있다. 한국 기업들이 밝힌 지난 1년 동안 퇴사자 중 남성의 비율은 50.3%, 여성의 비율은 26.4%였다. 즉, 남자가 여자보다 2배 정도 더 많이 그만두었다. 다른 통계를 보면 여자의 직장 만족도는 남자보다 더 낮은 것으로 나타난다. (직장에 불만족인 여성 비율은 57.8%, 남자는

42.2%.) 고액 연봉을 받는 고급 일자리 역시 마찬가지였다. 하버드 경영 대학원을 졸업한 남녀 직장인들을 대상으로 직장 만족도를 조사해 보면 남자의 직장 만족도가 50-60%로 나오는 것으로 비해, 여자의 직장 만족도는 40-50%에 그쳤다. 요약하자면, 여자는 남자보다 직장 만족도가 더 낮은데도 회사를 그만둘 가능성은 남자보다 낮다는 것이다.

결론은 그렇다. 남자가 여자보다 더 빨리, 더 쉽게, 더 적극적으로 포기한다는 것이다. 남성 호르몬 테스토스테론에는, 사냥을 하는 기능과 함께, 도망가는 기능도 같이 제공된다. 사냥감을 얻는 과정에서 목숨을 잃지 않도록 안전 장치를 걸어 둔 것이다. 36계 줄행랑이다. 남자는 사냥감이 뒤돌아서 저항할 경우 혼비백산 도망가도록 설계돼 있다. 즉, 남자는 사냥감을 향해 돌진하기도 잘하지만, 재빨리 포기하고 도망가기도 잘하는 동물이라는 것이다. 여자들은 깨달아야 한다. 통계 1에 나온 마라톤 완주율이 사실은 여자라는 종족에게 그다지 긍정적인 통계가 아니라는 사실을.

쉽게 포기하고 도망가는 건, 비록 모양새는 추할지 몰라도, 개체의 생존율을 높여 줄 뿐 아니라, 개체의 건강을 최적으로 유지해 주는, "생명 유지 프로토콜"이다. 통계 2를 보면 평균적인 학업 성적은 여자가 남자보다 우수하며, 대학 진학률도 여자가 남자보다 높은데, 명문대 학생 비율은 남자와 여자가 거의 동일하다. (The Demographics of the Ivy League, collegevine.com, 2023. 7. 9) 그리고 석·박사 학위 소지자들의 인용되는 논문 수를 보면 여전히 남자가 여자를 압도하며, 노벨상 등 주요 학술 분야 수상 실적 역시 남자가 여자를 압도한다. (Sex differences in academia, economist.com, 2015. 1. 15)

통계 3을 보면 여자가 남자보다 더 오래 열심히 일하는데 불구하고, 기업 고위직에 오르는 쪽은 언제나 남자들이다. 하버드 경영 대학원에서 제공한 통계에서도 나타나지만, 고학력 고소득 여성들은 임신 육아 때문에 회사를 그만두지도 않으며, 회사 일을 게을리하지도 않는다. 그럼에도 불구하고 이들은 좀처럼 조직 내에서 상위 직급에 오르지 못한다. 세상은 이를 가리켜 "유리 천장"이라고 부른다. 과연 그럴까? 노벨상 위원회나 기업 회장님들은 여자를 싫어하는 걸까? 그 자리에만 앉으면 누구나 성차별주의자가 되는 걸까? 여자가 더 능력 있는데도 불구하고 일부러 남자만 골라 뽑아 주는 게 현실인가? 처음부터 남자 여자 따로 나눠 놓고 논문도 따로 보고 성과도 따로 보는 걸까?

현실은 우리의 고정 관념과 다르다. 여자가 남자보다 지능도 높고 성실한 데다 쉽게 포기하지도 않는데, 현실 세상에선 어디서나 남자에게 압도당한다. 유리 천장이 문제가 아니라, 여자가 남자보다 성과를 내지 못하는 게 문제다. 억울한 현실이다. 대체 어째서 더 쉽게 그만두고 더 쉽게 도망가 버리는 남자들이 거의 모든 분야에서 여자를 압도한다는 말인가. 스포츠나 예술 같은 테스토스테론의 영역을 제외하고, 인문학 같은 테스토스테론과 별 상관없는 영역에서도 그렇다. 여자가 남자보다 더 자주 인용되는 학술 분야는 미술사와 심리학뿐이다. 경제 철학 사회학 언어학 모두 남자가 여자를 압도한다. 이것도 테스토스테론 때문일까? 테스토스테론은 정녕 인간의 모든 능력을 향상시켜 주는 만능 호르몬인 것일까?

인생을 공격적으로 살게 해 준다는 점에서 테스토스테론은 인생을 개선시키는 만능의 호르몬일 수 있다. 하지만 그렇다고 원래 무능력 저능아를 천재로 만들어 주진 않는다. 테스토스테론은 지능을 향상시켜 주지 못한다. 남자가 아무리 테스토스테론 수치가 높아도 원래 수재인 여중생과 지능 대결을 하면 처참히 짓밟힌다. 다시 말하지만, 남자가 아무리 공격적이고 적극적이어도 여자가 가진 원래 능력을 뛰어넘는 경우는 없다. 원래 능력은 원래 유전자에 새겨진 대로 유지된다. 하지만 남자들은 꽤 많은 경우, 원래 타고난 능력보다 더 뛰어난 성과를 거둔다. 왜? 쉽게 그만두는 성향 때문에.

쉽게 포기하고 쉽게 그만두는 성향이 강할수록 취업도 어렵고, 직장에서 버티지도 못하는 법이다. 앞서 통계에서 보듯 직장 메뚜기를 뛰다 커리어를 말아먹는 이들은 대부분 남자들이다. 쉽게 그만두는 이들이 좋은 직장에 취업하는 경우는 분명 드물다. 대기업은커녕 다른 어떤 직장에서도 적응하기 어렵다. "절대로 그만두지 않을 것 같은 인상을 주는" 사람이 언제나 취업 시장에서 제일 잘 팔리는 "갑"이다. 그런데 지금 그런 현실과 정반대의 이야기를 하고 있다. 쉽게 그만둬야 유능하다니?

우리는 포기하는 "마음가짐"을 이해해야 한다. 금방 포기하고 인생 말아먹기 위한 "포기하는 법"이 아니다. 이미 시중에 "마음 내려놓기" 같은 제목의 힐링 서적 많이 구경했을 것이다. 그들이 말하는 "마음 내려놓기"가 사실은 뇌의 효율성을 극대화하는 방법이다. 남자가 여자보다 게으르고 불성실한데 (게다가 머리도 나쁜데) 여자보다 잘나가는 이유는 언제든 마음을 내려놓을 준비가 돼 있기 때문이다. 조금만 힘들만 바로 손 떼고 그만둘 궁리를 하기 때문이다. 여자들이 얼굴에 흙 먼지 오물 묻혀 가며 온갖 더러운 꼴 다 보는 동안 남자들은 뒤에서 여차 하면 튈 생각 하며 관조하기 때문이다. 이런 버릇이 뇌에 순기능을 한다는 것이다.

뇌가 트인다. 너무 애쓰지 않는 순간, 마음을 내려놓는 순간, 이제 포기해야겠다 싶은 순간, 잠자던 뇌 기능이 활성화되고, 막혔던 혈이 뚫리고, 봉인됐던 능력이 해방된다.

지나친 몰입은 뇌 기능을 심각하게 저하시킨다. 반복된 패턴에 빠진다. 영어로 "stuck in a rut"이라는 표현을 쓴다. 진흙탕에 수레바퀴가 빠진 것이다. 애를 쓸수록, 포기하지 못하고 집착할수록, 당신의 뇌는 진흙탕 속에 박힌 수레바퀴처럼 수렁 깊숙이 빠지는 것이다. 뇌는 원래 반복된 자극에 쉽게 중독된다. TV 광고에 반복되는 싸구려 멜로디를 싫은데도 자꾸 따라 하게 되는 건 당신의 취향이 싸구려이기 때문이 아니다. 인간 뇌가 원래 그렇게 만들어졌기 때문이다. 당신이 인터넷 클릭질에 중독되는 것이나, 게임에 중독되는 것이나, 도박에 중독되는 것도 알고 보면 뇌가 반복된 자극에 쉽게 중독되기 때문이다. 인간의 뇌는 새로운 것이 아닌 익숙한 것에 빠진다. 흥행에 성공한 소설이나 영화나 음악이 언제나 어디서 많이 보던 내용이라는 사실은 인간 뇌의 본성을 말해 준다. 당신이 쉽게 내려놓지 못하는 건 이 때문이다. 뇌가 집착하기 때문이다. 반복되는 루틴에 중독되기 때문이다. 코앞의 문제에 몰입하다 보면 숲을 보지 못하고 똑같은 나무만 베어 넘기게 된다. 바다를 보지 못하고 파도 거품만 세게 된다. 이러고 있으니 일을 잘 할 턱이 없다. 능률이고 나발이고 기본적인 문제 해결조차 제대로 할 리가 없다.

성별 대결에서 벗어나 남자 대 남자 에피소드를 보자. 윌리엄 쇼클리와 밥 노이스의 인생이 그랬다. 쇼클리는 집착하는 뇌를 가졌고, 노이스는 관조하는 뇌를 가졌다. 쇼클리는 인생 잘 풀리기 위한, 성공하기 위한 모든 조건을 다 갖추고 있었다. 지능도 노이스보다 더 높았고, 부지런하기도 노이스보다 훨씬 더 부지런했다. 그는 노벨상 수상 경력에 반도체 제조 특허권까지 갖고 있었다. 그는 가만히만 있었어도 60-70년대 빌 게이츠가 될 수 있었다. 하지만 그의 집착하는 뇌가 모든 걸 말아먹었다. 사소한 것에 목숨 걸고 집착하다가 비즈니스가 망하고 직원들이 도망갔다. 아무것도 포기하지 못하는 병적인 아집이 그를 최악의 사업가, 세계에서 가장 무능한 노벨상 수상자로 만들었다. 노이스는 반대였다. 그는 쇼클리를 인생의 롤모델로 삼았고, 그의 신뢰를 독차지했지만, 금방 그를 배신했다. 쇼클리가 무능하다는 사실을 눈치채는 순간 곧바로 그를 배신하고 능력 있는 직원들을 데리고 나가 경쟁사를 차렸다. 그는 새로 차린 회사도 배신하고 또 도망 나가서 인텔을 설립했다. 그리고 실리콘밸리 역사상 가장 존경받는, 그리고 가장 행복한 인물이 되었다. 제때 그만두는 것도 중요한 성공 비법이다. 하지만 제때 그만두는 건 눈치력보다는 운이 더 많이 작용한다. 제때 그만두는 "방법"은 존재하지 않는다. 제때 그만두기 위한 마음의 준비를 하는 것이 핵심이다. 이게 노이스의 성공 비결이었다. 그는 쇼클리보다 머리도 나빴고, 집안 배경, 학벌, 기타 각종 능력치에서 한참 뒤졌지만, 단지 남보다 쉽게 포기하고 마음을 내려놓는 "마음가짐" 때문에 누구보다 크게 성공했다. 왜냐하면 이런 "마음가짐"이 사람을 더 유능하게, 더 매력적으로 만들어 주기 때문이다.

당신의 과거를 되짚어 보자. 쉼 없이 악착같이 공부만 하는 친구들이 있었다. 창문 한번 내다보지 않고, 정신 한번 딴 데 팔지 않고, 한순간도 멍 때리지 않고, 화장실 가는 시간조차 아까워했던, 죽어라 성실한 공부 벌레들이 있었다. 이들의 성적은 어땠는가? 서울대를 갔는가? 유능했는가? 똑똑했는가? 문제 해결 능력이 탁월했는가? 당신의 본능은 이미 알고 있다. 당신이 초등학교에 입학했을 때부터 알던 사실이다: 한눈팔지 않고 악착같이 책 속에 파묻혀 사는 공부벌레는 똑똑하지도 유능하지도 않다. 억척스러운, 아귀다툼하는, 앞뒤 재지 못하고 얼굴에 흙 묻혀 가며 "지나치게" 열심히 사는 사람들에게 당신이 왜 거부감을 느끼는지 알아야 한다. 똑똑하지도, 유능하지도 않기 때문이다. 매력이 떨어지고, 지능이 떨어지고, 생존율이 떨어지기 때문이다. 당신은 놀면서도 성적이 잘 나오는, 놀면서도 일 잘하는 사람들에게 매력을 느낀다. 얄밉고 재수 없어도 부러운 마음은 어쩌지 못한다. 당신이 겉멋 들었기 때문이 아니다. 사고 방식이 중2병이기 때문이 아니다. 놀면서 잘하는 것이 "더 바람직"하기 때문이다. 그게 더 건강하고, 더 매력적이고, 더 생존율이 높기 때문이다. 급할 때일수록 한발 뒤로 물러나서, 잠깐 쉬었다가, 관조하며 지켜보다, 그리고 나서 우회하는 것이 지적 능력을 극대화하고 최적의 성과를 내는 최선의 방법이기 때문이다.

대부분의 사람들은 "급할수록 돌아가라" 같은 격언을 주둥이로만 외우고 산다. 이게 실제 무슨 말인지 전혀 궁금해하지 않는다. 항상 듣는 말이지만 실제로 그렇게 하는 사람은 아.무.도. 없다. 급할수록 돌아가야 한다. 돌아가지 않으면 망하고, 돌아가면 흥한다. 급해서 조급한 마음이 일을 망치기 때문이다. 급할수록 돌아가야 안 풀리던 일이 풀리기 때문이다. 운의 작용이 아니다. 급할수록 돌아가라는 건 운빨을 받기 위한 제례 의식 같은 게 아니다. 뇌 기능을 "물리적으로" 향상시키는 최선의 방법이기 때문이다.

조급한 마음, 집착하는 마음, 우격다짐 피로한 마음은 뇌를 좀비 상태에 머물게 만든다. 앞서 등장했던 고시 낭인들의 인생을 떠올려 보자. 어릴 때부터 수재 천재 인생을 살아온 이들이 왜 20년 넘게 고시에 실패했던가? 조급한 마음, 집착하는 마음, 우격다짐 피로한 마음 때문 아니었는가? 남들보다 빨리 고시 합격을 하고 싶다는 열망에, 동기들보다 뒤처질 수 없다는 불안감에, 고시 낭인이 돼 버리는 게 아닌가 하는 두려움에, 마음을 내려놓고 돌아갈 생각을 하지 못하고, 이미 좀비가 돼 버린 머리를 더욱 더 미친 듯이 다그친 결과 아니었는가? 급할수록 돌아가지 못하는 마음은 사람의 머리를 작동 불능 상태로 만들어 버린다. 똑같은 루틴에서 벗어나지 못하고 계속 같은 자리를 맴도는, 계속 같은 벽에 직진 박치기를 하는, 고장 난 기계로 만들어 버린다. 당신이 조급하고 집착하고 아무것도 풀리지 않는다면 이는 당신의 뇌가 고장 났기 때문이다. 운이 없기 때문이 아니다. 고시 낭인들의 운명이 여기서 갈렸다. 실패가 반복됐을 때, "머리가 고장 난 것 같다, 다른 해결책을 알아보자"고 했다면 새로운 커리어를 찾았거나 고시에 합격했을 것이다. 하지만 고시 낭인들은 운이 없었을 뿐이라고 생각했다. 노력이 조금 부족했다고 생각했다. 그리곤 더 집착했다. 뇌의 작동 불능 상태에서 벗어나지 못했던 것이다.

지금 이야기는 앞서 말한 인생 리셋 원칙과 정반대의 이야기를 하는 것 같다. 인생을 공격적으로 살아야 한다고, 온몸에 오물을 뒤집어쓰며 닥치고 달려들어야 한다고 했는데, 이제 와서 그러지 말라고 하고 있으니까. 그러지 말라고는 안 했다. 그러다 꽉 막힐 때가 있다는 것이다. 뭘 해도 안 풀릴 때가 있다는 것이다. 아무리 몸뚱이로 육탄돌격 하고 (손정의처럼) 몸에 기름 붓고 주둥이로 불을 뿜어도 아무것도 진전되지 않을 때가 있다는 것이다. 원인은 운이 나쁘기 때문이 아니라는 것이다. 당신 뇌의 문제 해결 능력이 저하됐다는 것이다. 해결책은 하나라는 것이다. 포기하기. 내려놓기. 돌아가기.

이는 단지 안 풀리는 문제를 해결하기 위함이 아니다. 성공으로 가는 장애물을 제거하기 위함도 아니다. 물론 그럴 때 써

먹으면 좋긴 하다. 하지만 지금 이 책은 「위기 탈출 넘버원*」 강의가 아니다. 당신의 인생살이를 수월하게 해 주기 위함이다. 인생에는 분명 효율성이라는 것이 존재한다. 아무리 많은 노력과 돈과 시간을 투자해도 안 풀리고 불행한 인생이 있는 반면, 약간의 시간 투자만으로 남보다 훨씬 잘 풀리는, 행복한 인생이 있다. 뇌 기능 향상이란 수학 퍼즐 문제를 남보다 더 잘 풀기 위함이 아니다. 현대 문명에서 뇌의 기능이란 결국 한 가지에 집중되기 마련이다. 효율성. 당신은 똑똑하지 않아도, 돈이 없어도, 배운 게 없어도 괜찮다. 그런 게 없어도, 처음부터 꽉 막힌 인생이라도, 세상엔 항상 솟아날 구멍이 얼마든지 있기 마련이다. 왜냐하면 세상은 넓고 할 일은 많기 때문이다. 당신의 뇌는 그 역할을 해야 한다.

인생은 몸뚱이가 사는 것이다. 밥 먹고 움직이고 즐기고 번식하고 배설하고, 인생의 모든 작용은 뇌가 아닌 몸뚱이가 한다. 성공도, 업적도, 뇌가 아닌 몸뚱이가 하는 것이라고 지금껏 설명했다. 그럼 머리는 무얼 하느냐에 대한 답변이다. 당신의 머리는 몸뚱이가 움직이는 길이 막히면 돌아가기 위해 만들어진 것이다. 막힌 부분을 해결하고 우회해서 인생을 수월하게, 안락하게, 행복하게 만들기 위한 것이다. 인생이 게임 중독/도

---

* 일상의 각종 위험과 대처법을 예능 형식으로 다루어 국민적인 인기를 얻었던 KBS의 안전 정보 프로그램(2005~2016).

박 중독/연애 중독/일 중독 같은 수렁에 빠지지 않기 위해, 내 인생은 왜 백날 이 모양일까 울며불며 좌절하지 않기 위해, 과로로 요절하지 않기 위해, 그런 위험천만한 상태에서 구하기 위해 뇌가 존재하는 것이다.

1. 얼굴에 흙부터 묻혀야

몸뚱이는 안 움직이고 머리만 깔짝대면서 가성비 인생 살면 되지 않나? 그런 생각이 문제라고 계속 강조한다. 기름을 넣지 않고 돌아가는 기계는 없다. 밥 안 먹고 사는 동물은 없다. 비가 내리지 않는데 흐르는 강물은 없다. 뇌도 마찬가지다. 경험이 있어야, 아는 게 있어야 작동하는 것이 뇌다. 뇌 기능을 향상하려면 먼저 뇌에 정보를 입력해야 한다. 뇌에 근육을 붙여야 한다. 당신은 뇌 기능을 향상하기 위해, 막힌 인생을 빵 뚫기 위해, 일단은 먼저 뇌를 단련시킨다고 생각해야 한다. 뇌를 담금질한다고 생각해야 한다. 일단은 몸뚱이를 먼저 움직이라는 것이다. 일단은 벽에 부딪칠 때까지 몸뚱이를 먼저 굴리라는 것이다. 벽에 부딪치면 그때 바로 그만두지 말고 문제를 해결하기 위해 더도 덜도 말고 딱 열 번까지만 문제를 해결하기 위해 1천억 개의 뇌세포를 동원해 보는 것이다. 다시 말한다. 일단은 당신의 몸뚱이가 현장에 가 있어야 한다. 거기서 뇌가 경험치를 쌓게 해야 한다. 현장에 없으면 경험치도 없다. 굳이 몸뚱이를 병 날 때까지 굴릴 필요는 없다. 당신은 지금 손정의가 되려고 이 책을 읽는 것이 아니다. 당신이 고용자가 아닌 고용인으로 성공하고 싶다면 몸뚱이보다 머리를 더 많이 굴려도 상관없다. 효율성은 인생 리셋의 핵심이다. 성과를 높이는 최선의 전략이다. 어떤 식으로 뇌 경험을 쌓을 것인지는 각자의 재량에 달린 문제다. 다시 말하지만, 뇌에 되도록 많은 정보를 우겨 넣어야 한다. 절.대.로. 대충 적당히 넣고 빠지면 안 된다. 그러면 기능 향상을 기대할 수 없다. 뇌가 태엽 장치처럼 완전히 끝까지 빡빡하게 돌아가야 한다. 그리고 나서 풀어 주는 것이다.

2. 포기하면 편해, 하지만 뇌는 그때부터 작동을 시작하지

끝까지 해 보고 나서 포기하는 거다. 마음을 내려놓는 거다. 꼭 이걸 해야 하나? 이것 때문에 목숨 걸 필요가 있는가? 근본적 회의를 느껴야 한다. "그까짓 것 없어도 괜찮아"라는 생각은 좀비 상태가 돼 버린 당신의 뇌를 되살아나게 하는 마법의 주문이다. 당신에게 아직 집착이 남아 있으면 당신의 뇌는 아직 다시 깨어날 준비가 되지 않은 것이다. 지금 이 글을 읽는 독자들 대다수는 이미 끝까지 해 본 상태일 것이다. 공무원 시험, 입사 시험, 면접, 창작, 창업, 연애, 게임, 도박 그 외 뭐라 언급하기 힘든 막노동 삽질이든, 당신은 이미 한 번쯤 "갈 데까지 가 본" 상태일 것이다. 젊음이란 원래 갈 데까지 가 보는 것이다.

그게 젊음의 본능이다. 하지만 이 본능에 쉽게 결여되는 것이 있다. 관조하는 자세다. 젊음의 본능은 언제나 얼굴에 똥오줌 묻히며 무모한 도전을 일삼는다. 포기를 모르는 불굴의 정신이라고 한다. 다시 말하지만, 그런 정신 제2의 손정의한테나 팔아먹을 일이다. 불굴의 정신으로 일관하다 인생 말아먹는 거 아무도 책임져 주지 않는다. 포기할 때는 포기하고, 빠져야 할 때 빠지는 것이 생존 전략이다. 사냥에 성공하는 것보다 중요한 건 사냥하다 도망가는 것이다. 이번 사냥에 실패하면 다음 사냥에 나가면 되지만, 이번 사냥에서 목숨을 잃으면 다음 사냥은 없다. 도망을 갈 것이면 확실히 도망가라는 것이다. 빠질 것이면 확실히 빠지라는 것이다. 당신이 빠져야 할 때 확실히 빠지지 못하면 당신의 뇌는 좀비 상태에서 헤어나지 못한다. 나 그만둘래! 그만뒀어! 이제 끝났어! 아무리 입으로 떠들어 봐야 당신 마음 속의 집착을 버리지 못하면 당신은 계속 좀비 인생을 살게 된다. 여기서 당신은 그만둬야 할 시점에 대한 감을 잡을 수 있다. 당신이 지금 하는 일에 쾌감을 느끼고 있으면 아직 더 해 볼 만한 것이고, 당신이 지금 하는 일에 집착을 느끼고 있다면 당신은 지금 당장 그만둬야 한다. 지금 당신의 머리가 "진흙탕에 빠진 수레바퀴 같은 기분"이라면 당신의 뇌는 집착의 상태에 접어든 것이다. "그만두고 싶은데 그만두지 못하는 기분"이라면 당신의 뇌는 집착의 상태에 빠져든 것이다. "조금만 더 하면 조금만 더 버티면 광명이 펼쳐질 것 같은 기분"이면 당신의 뇌는 과로사의 단계에 들어선 것이다.

이런 상황을 잘 묘사한 영화가 있다. 「인디애나 존스와 최후의 성전」에 나오는 "Indiana… Let it go" 장면이다. 영화의 마지막에 인디애나 존스는 갈라진 절벽 아래 떨어진 성배에 손을 뻗는다. 그는 아버지가 붙잡은 손에 힘이 빠지고 있다는 사실도 모른 채 조금만 손을 뻗으면 성배가 내 것이라는 광적인 집착에 빠진다. 손을 놓치고 절벽 아래로 떨어질 것 같은 순간, 아버지가 말한다. "인디애나. 이제 됐어. 포기해."

이럴 때 그만둬야 한다. 마지막 젖 먹던 힘을 다해 손을 뻗으면 닿을 것 같은 그 억척스럽고 광적인 집착 상태에 몰려 있을 때 그만둬야 한다. 이때가 내 목숨을 잃기 직전의 상황이라는 사실을 깨달아야 한다. 정신 차리고, 그동안 소외된 내 소중한 생명을 챙겨야 한다는 사실을 깨달아야 한다. 그리고 물러나야 한다. 마음을 내려 놓고 홀홀 털어야 한다. "그까짓 것 없어도 괜찮아"라고 주문을 외운다. 그 순간 당신의 뇌는 "깨달음의 순간(zen moment)"에 도달하게 된다. 바로 이때가 당신의 뇌가 작동을 시작하는 순간이다. 진흙탕 속 수레바퀴 신세였던 뇌가 단단한 땅을 디디고 굴러가기 시작하는 시점이다.

3. 남의 일이라고 생각하면 더 편해

 장기는 옆에서 훈수 두는 사람이 더 잘 두는 법이다. 장기 두는 당사자는 죽어도 보지 못하는 수를 보기 때문이다. 훈수 두는 사람을 영어로 "뒷좌석 운전수(backseat driver)"라고 한다. 부정적인 단어다. "참견쟁이", "재수 없는 놈"이라는 뜻에 더 가깝다. 세계 어디나 옆에서 훈수 두는 사람을 좋게 보는 법이 없다. 재미있는 건 옆에서 훈수 두는 사람의 말이 대부분 맞다는 거다. 하지만 사람들은 그 말이 맞는지 틀린지 관심 없다. 그저 자기 기분 나쁜 것만 중요하다. 어째서 훈수 두는 사람의 말이 그렇게 매번 기막히게 맞아 떨어지는 것인지 생각해 보질 않는다. 집착하지 않기 때문이다. 관조하기 때문이다. 내 일이라고 생각하지 않기 때문이다. 뇌가 속박에서 해방됐기 때문이다. 포기하면 편해지는 이유는 집착에서 해방되기 때문이다. 의무감에서 벗어나 부담감이 사라지고 자유를 느끼기 때문이다. "네가 없어도 괜찮아"라고 생각하는 순간 긴장이 풀리며 근육이 이완되고 뇌세포가 활성화되는 것이다. 이게 바로 포기하기의 효능이다. 훈수 두는 사람이 더 유능한 이유다. 나는 운전대에서 손 뗀다고 생각해야 한다. 더 이상 내 일이 아니라고 생각한다. 왜냐하면 당신은 이미 포기했기 때문이다. 운전석에서 벗어나 뒷좌석에 앉아 본다. 운전대가 어떻게 움직이는지 관조한다. 내가 할 일이 아니라 당신의 친구나 지인이 할 일이라고 생각한다. 당신과 아주 그렇게 친한 사람도 아니고 당신이 아주 그렇게 싫어하는 사람도 아니어야 한다. 당신이 평소 호감을 갖고 있던 사람이면 더 좋다. 당신이 한 수 가르쳐 주고 싶은 귀엽고 잘생긴 후배나 동기면 딱 좋다. 그런 사람 없으면 평소 동경하던 연예인이라도 괜찮다. 이제 그 친구가 당신 대신 운전대를 잡은 것이고 당신은 옆에서 훈수를 두는 것이다. 당신은 훈수 둘 자격이 있다. 왜냐하면 지금껏 운전대 잡고 충분히 굴러 봤으니까. 훈수 두기 사고 방식은 어디나 적용이 가능하다. 운전 면허 시험은 물론, 공무원 시험, 입사 시험, 면접, 창작, 창업, 연애, 게임, 도박에도 훈수 두기가 가능하다. 후배에게 조언한다고 생각한다. 당신 자신은 하던 거 다 때려 치우고 후배가 대신한다고 생각한다. 그러면 안 보이던 것이 보일 것이다. 못 보던 수가 생각날 것이다. 왜냐하면 당신의 뇌는 해방된 상태기 때문이다.

4. 다른 일을 동시에

도저히 하던 일을 포기할 수 없는 상황인 사람들이 있다. 집착하는 마음에서 좀처럼 벗어날 수 없는 경우가 있다. 원래 중독에서 벗어나기란 쉬운 일이 아니다. 특히, 중독과 집착에 쾌감을 느끼는 사람이라면 포기는 생각하기 어려운 옵션이다. 이런 경우 다른 종류의 일을 같이 펼쳐 놓고 번갈아 하는 방법이 있다. 다른 종류의 일이어야 한다. 공무원 시험 준비를 한다면 블로그에 영화 리뷰 쓰기를 같이 하는 식이다. 시험 공부를 하다가 머리가 지치면 노트북을 켜고 블로그에 글을 쓰는 것이다. 반대로 영화 리뷰로 돈을 버는 사람이라면 별자리 점을 치는 법을 공부하는 것이다. 뇌는 우회할수록 성능이 좋아진다고 했다. 직진할수록 멍청해진다고 했다. 어디서 뭘 하든 우회하는 것이 버릇이 되어야 한다. 일을 하다 힘들거나 안 풀리면 돌아가는 것이다. 다른 일을 하는 것이다. 아니 사람이 과로사 하기 직전인데 일을 하나 더 하라니? 오늘 자정에 죽을 거 밤 9시에 죽으란 말이냐?! 당신이 몰라서 하는 말이다. 뇌는 근육과 다를 게 없다. 항상 기억해야 한다. 뇌는 당신의 근육과 하.나.도. 다르지 않다는 사실을. 계속 같은 동작만 죽어라 반복하면 근육은 오래지 않아 끊어져 버린다. 그래서 중간에 쉬어 주거나 다른 동작으로 풀어 줘야 한다. 우리는 근육에 피로가 몰리면 굳이 의식하지 않아도 본능적으로 다른 동작으로 해당 근육을 풀어 준다. 하지만 놀랍게도 뇌에 대해선 그러지 않는다. 뇌가 12시간째 계속 같은 동작(기능)을 반복하고 있는데 이걸 알아서 풀어 주는 사람은 많지 않다. 뇌가 끊어지는 것이다. 근육이 끊어지듯 뇌도 끊어지는 것이다. 근육이 끊어지면 장애인이 되는 정도지만 뇌가 끊어지면 죽는다. 그래서 서로 다른 종류의 일을 번갈아 하라는 것이다. 뇌의 서로 다른 근육을 번갈아 쓰면 뇌가 끊어지지 않는다. 과로사 하지 않는 것이다. "서로 다른 종류의 일"이란 연이어 했을 때 뇌가 피로하지 않은 일을 말한다. 서로 다른 종류인 것처럼 보이는데 여전히 뇌가 피로하다면 이건 같은 종류의 일인 것이다. 절대로 연이어 해선 안 된다. 다른 일을 골라야 한다. 이미 당신이 해야 할 일 중에도 찾아보면 서로 다른 성격의 일이 있을 수 있다. 없으면 억지로라도 만들어야 한다. 그게 뇌의 기능을 향상시키는 동시에 당신 목숨을 구하는 법이다.

5. 샤워하라, 산책하라, 휴식하라

폴 사이먼의 최대 히트곡 "Bridge Over Troubled Water"가 폴 사이먼이 집에서 샤워하는 중에 만들어졌다는 이야기는 유명하다. 일반인들은 이런 에피소드를 신기해한다. 창작을 하지 않기 때문이다. 대부분의 전설의 창작물들이 샤워하는 중에, 똥 싸는 중에, 밥 먹는 중에, 세탁하는 중에, 침대에 자려고 누워 있는 중에 탄생한다는 사실을 일반인들은 이해하지 못한다. 담뱃불 허벅지에 지져 가며, 등을 회초리로 후려쳐 가며, 변비 환자 피똥 싸듯 인고의 고통을 통해 탄생하는 것이 위대한 창작물이라고 생각한다. 이런 바보들에게 해 줄 말이 있다. 그러니까 당신이 과로사 하는 거라고. 극소수 또라이 천재 창작자를 제외하곤 거의 모든 창작자들은 고민하지 않을 때, 힘들지 않을 때, 에라 모르겠다 퍼질러져 있을 때 위대한 창작을 했다. 지금까지 한 이야기를 다시 하는 중이다. 직진만 하면 담벼락에 머리 깨진다는 것이다. 일만 죽어라 시키면 사람을 멍청이로 만든다는 것이다. 뇌는 우회해야 원래 능력을 발휘한다는 것이다. 쉬지 않고 직진만 하는 뇌는 좀비화된다. 집중을 하다 쉬어야 그때, 그 쉬는 시점에 뇌가 정상 작동한다. 여유가 없는 사람은 동시에 다른 일(딴 짓)을 해야겠지만, 여유가 있는 사람은 잠시 때려치우고 느긋하게 여유 부리는 쪽을 선택해야 한다. 딴짓하는데 버릇을 들이는 것처럼, 딴청을 피우는 것 역시 버릇 들여야 한다. 서두르지 않는 버릇을 들여야 한다. 일부러, 억지로라도 돌아돌아돌아 가는 버릇을 들여야 한다. 일이 안 풀리면 자리에서 일어나서 제자리뛰기를 하거나 산책을 한다. 아니면 건물 옥상에 올라가서 소리를 지른다. 아니면 게임을 눈 빠질 때까지 한다. (여기까진 많은 사람들이 이미 하는 것들이다.) 급하면 급할수록 몸을 뒤로 젖히고 "그래요?" 느긋한 자세를 취하는 버릇을 들여야 한다. 화나고 열받고 급할수록 숨 한번 천천히 들이쉬고 "흐음" 하고 두뇌의 논리 이성 회로를 가동시키는 버릇을 들여야 한다. 누군가 곤란한 질문을 하거나 기분 나쁜 말을 걸어오면 바로 반응하지 말고 상대를 빤히 바라보며 천천히, 최대한 느긋하게 대응한다. 관조하는 버릇을 들이라고 했다. 아마추어일수록 급하면 머리부터 들이미는 모습을 보인다. 베테랑일수록 급하면 여유 부리는 모습을 보인다. 베테랑들은 급할수록 멀리 돌아가는 태도를 보인다. 그래야 나무가 아닌 숲을 보기 때문이다. 파도 거품이 아닌 바다를 조망하기 때문이다. 조급하게 머리 먼저 들이밀면 머리부터 깨진다는 사실을 누구보다 잘 알기 때문이다. 급할수록 돌아가는 건 내공의 발현이다. 경험치가 만렙에 달했다는 증거다. 당신의 경험치가 초저렙이라고 해도 상관없다. 중요한 건 버릇이다. 머리부터 들이밀지 않는 버릇을 들이는 것이 중요하다. 그럴수록 보기 추하다는 사실을 인지해야 한다. 일단은 샤워를 한다. 산책을 한다. 숨을 천천히 들이 쉬며 관망한다. 코앞의 문제에 다짜고짜 육탄돌격 하는 대신, 밖에 핀 개나리꽃을 감상하는 것이다. 창가에 앉은 비둘기를 바라보는 것이다. 상대방의 옷이나 안경에 코멘트를 하는 것이다. "zen moment." 뇌가 해방되는 순간을 경험할 것이다. 일부러, 억지로라도, 멀리 돌아가는 순간, 숲이 보이고 바다가 펼쳐질 것이다. 폴 사이먼의 "Bridge Over Troubled Water"가 당신 머리 속에 울려퍼질 것이다. 그러면 당신의 뇌는 촌철살인의 답을 내놓을 것이다. 상황에 대한 최적의 대응을 할 것이다.

6. 1년 쉬기

연애 상담에서 흔히 하는 조언이다: "연애가 안 되면 1년 동안 연애를 하지 말라"고. 연애가 안 되는, 하는 연애마다 불행을 겪는 여자들은 언제나 머리부터 들이민다. 그러다 머리 깨지고 운다. 그리고 다음에 또 머리부터 들이민다. 버릇이 무섭다. 포기하고 관조하는 버릇을 들이지 못하면 제일 심각하게 피를 보는 종목이 연애다. 연애야말로 "딴짓하기, 딴청 피우기"를 가장 목숨 걸고 적용해야 하는 분야다. 일은 그만두기 어렵지만 연애는 그만두기 쉽다. 딱 1년 그만두고 포기하면 "zen moment"를 경험하게 된다. 당신의 머리가 여러 번 심하게 깨졌을수록, 남보다 더 불행하고 고통스러웠을수록, 1년 쉬는 동안 더 확실한 "zen moment"를 경험할 수 있다. 포기하면 그때 알게 된다. 자기가 얼마나 추했는지. 자기가 그동안 어떻게 자신의 존엄을 짓밟았는지. "딴짓하기, 딴청 피우기"는 자신의 존엄을 지키는 법이기도 하다. 일을 더 효율적으로 하기 위함이라고 포장했지만, 사실은 스스로의 존엄과 생존을 보장받는 법이기도 하다.

「혐오스런 마츠코의 일생」이라는 영화가 있다. 불행한 여자의 모든 특징을 총망라한 불행한 여자 심리 백화점 같은 영화다. 영화의 주인공 마츠코는 학교 교사였는데 학생의 절도 행각에 쓸데없이 개입하다 죄를 뒤집어쓰고 교사직에서 잘린다. 그리고 가난뱅이 예술가를 만나 불 같은 사랑을 하다 가정 폭력에 희생되고 유흥가 업소녀로 취업했다 살인을 저지르고 다시 또 야쿠자 출신 폭력범과 불 같은 사랑에 빠져 두들겨 맞고 살다 폐인이 돼 죽는다.

마츠코가 어떻게 행동했기에 매번 최악의 결과를 얻게 된 것인지 "기능적인 측면", 즉 작용과 반작용의 인과관계를 살펴야 한다. 마츠코는 머리부터 들이밀었기 때문에 인생이 망한 거였다. 문제가 생겨도 머리를 먼저 들이밀었고, 좋아하는 것이 생겨도 머리를 먼저 들이밀었다. 꿈이 생겨도 머리를 먼저 들이밀었고, 길거리 불량 학생을 보고도 머리를 먼저 들이밀었다. (그리고 진짜로 머리가 깨져서 죽었다.) 마츠코의 인생은 불나방의 인생이었다. 그래서 그렇게 된 거였다. 우회하지 못해서, 포기하지 못해서, 남의 일이라고 생각하지 못해서, 다른 일에 관심을 돌리지 못해서, 숨 고르며 관망하지 못해서, 집착에서 벗어나지 못해서 그렇게 된 거였다. 우리는 마츠코의 인생을 반면교사로 삼아야 한다. 마츠코가 영화 속에만 존재하는 캐릭터인가? 앞서 나왔던 고시 낭인들, 마츠코와 뭐가 다른가? 당신들 주변에 불나방 인생을 살았던 이들, 마츠코와 얼마나 다른가? 매력 없는 것이 문제가 아니다. 생존이 문제다. 안 되면 그만두고 한참을 쉬어야 풀리는 법이다. 이걸 못하기 때문에 존엄이 짓밟히고 생존이 위협받는 것이다. "조금만 더 조금만 더" 집착에서 벗어나지 못하는 바람에 인생을 망친 것이다. 고시 낭인들, 1년 쉬면서 다른 일을 찾아봤다면 어땠을까? 혹시 고시가 아닌 다른 인생의 목표를 찾지 않았을까? 어쩌면 1년 쉬고 난 다음 해에 고시에 합격하지 않았을까? 이들의 실패 원인은 결국, 1년을 쉬지 못했기 때문이 아닐까? 그 알량한 1년이 급해서, 겨우 1년을 포기하지 못해서 나락으로 굴러 떨어진 것 아닌가? 집착이 강할수록 더 목숨 걸고 그만둬야 한다고 했다. 그만두는 것이 어려우면 1년만이라도 쉬어야 한다. 다시 말한다. 당신이 실패를 반복하는 까닭은 운 때문도 아니고 실력 때문도 아니다. 당신이 실패를 반복하는 까닭은 당신의 뇌가 제 기능을 못하기 때문이다. 당신의 뇌가 제 기능을 하게 하려면 우회해야 한다. 포기하고 물러나야 한다. 남의 일이라고 생각하고 관망해야 한다. 숨을 고르며 다른 일에 관심을 가져야 한다. 당신의 뇌가 더러운 집착에서 벗어날 수 있도록 도와줘야 한다. 그게 스스로의 존엄을 지키고 생존하는 방법이다.

인생 리셋

8

세상에 첫 단추를
잘못 끼우는 일은 없다

나는 외로운 늑대다.

나는 세상에 빚진 게 없으며

세상도 내게 빚진 게 없다.

나는 어디에도 충성하지 않으며

어느 자리에도 연연하지 않는다.

사례 1

A는 장래 희망이 기자였다. 그는 언론고시에 도전했다. 지금은 의미가 많이 퇴색했지만 언론고시는 90년대까지만 해도 3대 고시(사법 시험, 행정 고등 고시, 외무 고등 고시) 못지 않게 치열한 시험이었다. 조중동(조선일보, 중앙일보, 동아일보) 및 공중파3사 합격을 목표로 전국 팔도의 날고 뛰는 수재들이 다 도전했다. 엉덩이가 무겁고 세상 사는 지혜가 부족한 수재들은 3대 고시에 도전했고, 엉덩이가 가볍고 세상 사는 지혜에 밝다고 자부한 수재들은 언론 고시에 도전했다. A는 언론 고시에 도전하던 중 보험 삼아 대기업 입사 시험을 봤는데 얼떨결에 합격한다. 그리고 연이어 조중동 신문사에도 합격. 그는 잠시의 고민도 없이 대기업을 그만두고 조중동에 입사했다. 선배들이 A에게 그랬다. 언

론사는 전망이 밝지 않은데 그냥 대기업에 있지 그랬냐고. A는 당당하게 말했다. 자기는 기자가 평생의 꿈이었다고. 여기 뼈를 묻을 거라고. A의 당당함은 수습 기자 생활을 하면서 바뀌었다. 재기 발랄 매력쟁이 농담 천재였던 A는 과묵한 남자가 되었다. 엄마 배 속에 있을 때부터 기자를 꿈꿨다는 A는 기자들이 어떤 수습 기간을 거치는지 잘 몰랐던 것 같았다. 편집국장이 되어 XX일보의 대들보로 은퇴하겠다던 A는 고작 6개월의 수습 기간도 견디기 힘들어 했고, 수습 기간이 끝나고 부서 배치를 받았을 때, 미련 없이 회사를 그만두었다. 이유는 단순했다. 사회부에 배치됐다는 이유였다. 수습 기간 동안 이미 사회부 기자의 처절함을 다 경험했는데 앞으로 이걸 1년 더 할 수는 없다고 했다. 선배와 그의 동기들이 A를 말렸다. 앞으로 1년만 더 하고 다른 부서로 옮길 건데 왜 그렇게 심각하게 받아들이느냐고. 지금 와서 그만두면 지금까지 고생한 건 다 뭐가 되냐고. A는 말했다. 자기는 문화부나 외교부 같은 곳에 배치될 줄 알았다고. 원래 그런 곳에서 일하고 싶었다고. 그리고 무엇보다, 자기는 이제 누구를 취재하는 사람이 아니라 취재를 당하는 사람이 되고 싶다고 했다. 그는 신문사를 그만둔 뒤 재취업했다. 이번엔 대기업도 아니고 대기업 계열사였는데 여기도 오래 다니지 못했다. 그 뒤로 어딘지 이름도 모르는 회사를 전전하다 이제는 친구들과 연락도 되지 않는 잊힌 사람이 되었다. A의 퇴사를 뜯어말렸던 입사 동기들은 그로부터 몇 년 뒤 해당 언론사가 설립한 방송사로 옮겨 더 높은 연봉과 더 세련된 자리를 보장받았다. 그중 한 명은 방송사의 메인 앵커가 돼 언론계 셀럽이 되었다. 그때 그만뒀던 A가 TV에서 자기 입사 동기가 출세한 걸 보면 무슨 생각할까, 지금 와서 다시 기자를 한다면 이번엔 버틸 수 있을까, A의 지인들은 가끔 그런 궁금증을 느낀다.

사례 2

B는 장래 희망이 없었다. 그는 서울대를 나왔지만 둔했다. 착하고 성실했지만 재미가 없어서 친구들에게 무시당하는 편이었다. 그는 별다른 재능도 없었다. 그가 잘하는 건 농구와 오래 달리기뿐이었다. 그가 유일하게 소속감을 느낀 곳은 군대였다. 그는 아무 생각 없이 카투사를 지원했지만 영어를 못 해서 최악의 전방 부대에 배치됐다. 모두가 가기 싫어하는 부대에 최악의 보직이었지만, 그는 군대가 체질에 맞는다고 생각했다. 체질에 잘 맞을 리 없었다. 단지 그렇게 생각하는 것뿐이었다. 일종의 자기 세뇌였다. 그는 군대 밖에서 그런 말을 했다. 자기는 인생이 잘 안 풀리는 인간이라고, 자기 인생이 빛 볼 날은 없을 것 같다고. 그는 바보 병신처럼 군대 생활하다 바보 병신처럼 제대하고 바보 병신처럼 언론사 시험을 보았다. 기자가 되고 싶은 생각은 원래 없었다. 자기와 같은 과 선배와 동기들이 다들 언론사 시험

을 보길래 자기도 따라 본 거였다. 그는 글을 쓰는 것보다 다른 사람 글 읽는 걸 더 즐기는 편이었다. 그는 독서광이었지만 글쓰기를 좋아하는 인간은 아니었다. 그는 처음부터 "제 주제를 알고" 조중동이나 방송3사는 쳐다보지도 않았다. 그보다 들어가기 쉬운 언론사에 지원해 합격하고 여기서 3년을 일했다. 그는 3년 내내 사회부 기자로 일했는데 그것도 사회부의 꽃이라는 강남 경찰서 소속이었다. 강남 경찰서보다 더 많은 범죄 사건이 몰려드는 곳은 없었다. 여기 배치된 사회부 기자는 그냥 죽었다고 생각할 일이었다. B는 친구들에게 말했다. 군대로 돌아가고 싶다고, 군대가 2배 더 편했다고. 하지만 그는 그만두지 않았다. 그는 인생이 원래 이런 거라 믿었다. 다른 사람들 인생은 어떤지 몰라도 자기 인생은 원래 이런 것이라 믿었다. 강남 경찰서에서 3년을 썩은 그는 조중동으로 스카우트됐다. 스트레이트 기사를 잘 쓰는 사회부 기자로 소문이 난 거였다. 하도 강력 사건 기사만 쓰다 보니 문장이 강력 범죄 수준으로 짧고 굵어진 거였다. "강남 경찰서 전문"이라는 점도 언론사 데스크에는 상당한 매력이었다. 그는 조중동에서 사회부 전문 기자로 일할 줄 알았지만 이상하게도 문화부로 발령이 났다. 강남 경찰서 바닥에서 붙어먹던 기자가 연예계 마당발이 되었다. 그는 한국에서 제일 유명한 연예인을 다 만나고 다녔다. 유명 아나운서들과 메신저를 주고받는 사이가 되었다. 조용필과 노래방에 같이 갔던 것도, 아이유 기사를 잘 써 줬다고 아이유에게 감사 인사받은 것도 자랑했다. 그는 10년 뒤 정치부로 자리를 옮겼다. 연예계 마당발이었던 그는 정치계 마당발이 되었다. 이제는 유명 정치인들과 메신저를 주고받는 사이가 되었다. 그는 기자가 체질에 맞는다고 생각했다. 이제 와서 군대에 대한 생각은 바뀌지 않았다. 해당 언론사가 설립한 방송국으로 자리를 옮겨 더 높은 연봉과 더 세련된 자리를 보장받았다. 그는 이제 언론계 유명 인사다.

사례 3

C는 지방에서 수재 소리를 듣고 자랐지만 평범한 사람이었다. 명문대를 나오긴 했지만 특별한 건 없었다. 독실한 기독교 신자에, 남들보다 성실하고 예의 바르다는 것 정도가 전부였다. 그는 스스로를 대기업에 잘 맞는 체질이라고 생각했다. 그래서 대기업에 취직했다. 수백 대 일 경쟁을 뚫고 들어왔지만 6개월 만에 그만두었다. 자기가 원하던 일이 아니라고 했다. 하지만 애초에 C가 원했던 건 없었다. 그저 아무 생각 없이 대기업에 취업해 놓고 힘드니까 그만둔 거였다. 그러고는 핑계를 만들었다. 비인간적인 직장 문화, 상명하복 조직 문화, 개인 의견이 묵살되는 강압적 환경, 비효율적 업무 행태, 꿈과 비전의 부재 등등. 그는 회사를 그만두면서 철학자가 되었다. 직장이란 "온전한 자아"를 성장시킬 수 있는 곳이어야 한다고 했다. 자기가 그만둔 곳은

"온전한 자아"를 성장시킬 수 있는 곳이 아니라고 했다. 실적과 승진에 목숨 거는 야생의 정글이었고 아무도 행복하지 않았다고 했다. 그는 위로와 공감을 줄 수 있는 사람이 되고 싶다고 했다. 그는 "온전한 자아"의 실현을 원했다. 행복한 직장, 인간다운 조직을 부르짖었다. C의 선배와 동기들이 말렸다. 네가 생각하는 그런 곳은 아무 데도 없으며, 여길 그만두면 더 크게 좌절할 거라고. 실제로 그랬다. 그는 다음 직장에선 10개월 근무하고 잘렸다. 비정규직으로 들어갔다 정규직이 되지 못한 거였다. 그는 회사의 농간이라고 했다. 자기가 종교를 믿어서 정규직이 되지 못한 거라며 엉뚱한 순교자 코스프레를 했다. 어디에서도 1년을 채우지 못한 그는 직장 경력이 없는 것이나 마찬가지였다. 왜 그만두었는지, 왜 잘렸는지 물어볼까 봐 그는 이력서에 아무것도 쓰지 못했다. 그는 서른 살이 됐고, 취업이 되는 곳은 없었다. 그는 진정한 자아실현을 위해 유튜브를 하기로 했다. "온전한 자아"를 위해선 자신이 직접 일을 만들어 하는 수밖에 없었다. 그래서 그는 공감과 위로의 채널을 만들었다. 그리고 매일 공감과 위로의 방송을 올렸다. 생계를 유지해야 했기에 알바도 뛰었다. 명절 때마다 고향으로 돌아갈 차비가 없어 친구들에게 돈을 빌려야 했지만 그는 내색하지 않았다. 언제나 행복하게 웃는 낯으로 위로와 사랑의 동영상을 찍었다. (모르는 사람이 보면 세상에서 제일 행복한 남자 같았다.) 그는 여전히 그때 회사를 그만둔 걸 인생에서 가장 잘한 일이라고 주장했다. 구독자 수 2천 명 정도인 그의 유튜브는 몇 년 동안 동영상이 올라오지 않은 채 방치되었다. 사실상 접은 셈이다. (그가 접은 유튜브는 이번이 2번째다.)

초등학교 시절 학예회에서 연극을 하면 지원자를 받았다. 지원자가 없으면 교사가 강제로 아무나 뽑았다. 이때 끝까지 하는 아이가 있고, 중도에 그만두는 아이가 있다. 자원해서 들어온 아이가 끝까지 할 확률이 높겠다 싶겠지만 그렇지 않다. 억지로 뽑다 시켰는데 자원한 아이보다 더 잘 버티는 경우도 많다. 사실을 말하자면 끝까지 버티는 능력은 개인의 선택이나 가치관, 소명 의식과 관련이 없다. 심지어, 적성과도 관련이 없다. 버티는 능력은, 다 필요 없고, 타고난 기질에 의한 것이다. 잘 버티는 사람과 그렇지 못한 사람의 차이는 초등학교 때 나타난다. 학예회뿐 아니라 다른 모든 곳에서 나타난다. 단체 기합이 대표적이다. 초등학교 때 오리 걸음 같은 단체 기합을 시키면 도중에 나자빠지거나 하기 싫다고 드러눕는 아이가 있는 반면, 싫은 티 안 내고 묵묵히 끝까지 완주하는 아이들이 있다. 대부분, 여기서 나타난 차이가 평생 간다. 학교에서도 그랬듯, 학원에서도 그렇고, 군대에서도 그렇고, 사회에서도 그렇다.

기업 입장에서 고용할 인력의 본질은 내구성이다. 미래의 먹거리를 창조하고 기업을 신세계로 이끌 슈퍼 히어로 같은 인력이 중요해 보이긴 하지만 그것도 사실은 포장이다. 사실을 말하자면 "아무리 두들겨 맞아도 툭툭 털고 일어날 것 같은 묵직한 기질"을 가진 사람이 세상 모든 조직의 이상형이다. "복지도 안 되고 연봉도 안 되는 열악한 중소기업에 한정된 이야기 아니냐"고 착각하는 바보들이 많아서 강조할 수밖에 없다. 이런 경향은 김앤장 같은 고액 연봉 고급 일자리일수록 더 두드러진다. 김앤장이 가장 선호하는 인력은 군대 갓 제대한 법무관 출신 남자다. 왜냐하면 내구성 합격이니까. 군대를 무사히 제대했다는 사실 하나만으로 오래 버틸 가능성이 조금은 입증된 거니까. 법원에서 판사를 뽑을 때도 마찬가지다. 김앤장이랑 똑같은 스펙의 법무관 출신 남자를 최우선 순위로 뽑는다(법원 신입 판사들 중에 김앤장 경력자가 많은 건 절대 우연도 농간도 아니다). 복지도 안 되고 연봉도 안 되는 중소기업일수록 이와 반대로 사람을 뽑는 경향이 강하다. 내구성은 안중에 없고 지원자가 얼마나 입을 잘 터는지 얼마나 포장을 잘하는지에 집중하는 경향을 보인다.

기질 차이가 사람의 운명을 결정 는다. 문명 세상에서 환경 적응이란 도피가 아니라 인내라는 사실은 더 이상 설명할 필요가 없다. 욕구를 인내하는 사람이 성공하는 게 아니라, 역경에 인내하는 사람이 성공하는 것이다. 성공이라는 말이 이상하다면, 행복한 인생, 세월이 갈수록 안락한 인생이라고 하는 편이 낫겠다. 인내는 역경에 대처하는 법 중 하나다. 무조건 인내하라는 게 아니라 인내해야 할 상황에서 인내하라는 것이다. 쉽게 무너지는 사람이 아닌 오래 버티는 사람이 되는 것이다. 그래야 기회가 생기기 때문이다. 조금 힘들다고 도망 가 버리는 사람에겐 기다리고 있던 기회도 날아가 버리기 때문이다. 사례 1의 A는 겨우 1년을 참지 못해서 인생 탄탄대로의 기회를 차 버렸다. 그의 동기들은 모두 인생이 잘 풀렸다. 뉴스 앵커가 된 동기만 잘 풀린 게 아니라, 몇 년 더 일하다가 그만둔 동기들도 잘 풀려서 사회 상위 계층으로 이동했다. 오래 버틴 결과 더 많은 기회가 생겼기 때문이다. 오래 버틴 만큼 다른 곳에서도 인정해 줬기 때문이다. 사례 2의 B가 그런 경우였다.

많은 젊은이들이 자기가 뭘 좋아하는지도 모르면서, 난 이 일 안 좋아하니까, 적성이 맞지 않으니까, 어처구니없는 핑계를 대며 중간에 때려치우고 만다. 그러면서 내가 좋아하는 일을 해야지 나한테 맞는 일을 해야지 온전한 자아를 찾아야지 헛소리를 한다. "이 일은 나랑 안 맞으니까 안 할래." 20대니까 부릴 수 있는 객기라고 생각하기 쉽지만 이는 사실 이른 나이에 인생 망하는 지름길이다. 20대의 적성 타령은 "인생 쉽게 살기", "욜로(YOLO: You Only Live Once) 밑밥 깔기" 그 이상 그 이하도 아니다.

C는 어느 한 군데도 정착하지 못하다 마침내 유튜브에서 자신의 적성을 찾았다고 했다. 자기 원래 꿈이 아나운서라고 했

다. 유튜브로 따뜻한 위로와 공감을 할 수 있다고 했다. 온전한 자아실현이 가능하다고 했다. 유튜브에서 아나운서의 꿈을 이루고 영상 편집 전문가도 될 것이라고 했다. 그때 대기업에 남은 동기들보다 자기가 더 행복한 사람이라고 했다. 자기는 그때의 선택을 절대로 후회하지 않는다고 했다. 그리곤 2년 만에 또 그만두었다.

첫 단추를 잘못 채웠다고 생각하기 쉽다. 하지만 C의 사례는 첫 단추를 잘못 채운 게 아니었다. 자기가 원래 그런 기질을 타고났다는 사실을 새까맣게 몰랐거나 무시했던 게 문제였다. "첫 단추를 잘못 끼웠다", "첫 직장을 잘못 잡았다", "적성에 맞지 않는 선택을 했다" 이런 근거 없는 망상을 믿었던 게 문제였다. C 같은 젊은이들의 진짜 문제는 따로 있다. 파랑새 증후군. 어딘가에 행복의 파랑새가 있을 거라고 굳게 믿는 것이다. 그 때문에 아무 데도 정착하지 못하는 것이다. 행복의 파랑새는 존재하지 않으며 적성에 대한 광신은 당신의 인생을 파멸의 골짜기로 인도하는 환상이다.

당신의 적성에 맞는 직장은 어디에도 없다. 적성에 맞는 직장을 찾고 싶은 이유는 인생 쉽게 살고 싶기 때문이다. 한 번 사는 인생 폼 나게 살고 싶기 때문이다. 고생하지 않고 인생 한 방에 잘나가고 싶기 때문이다. 욜로 본능에 거부감 가질 이유는 없다. 손에 물 한 방울 안 묻히고 인생 쉽게 살고 싶은 거 누구나 다 마찬가지다. 고난의 과정 없이 인생 한 방에 아름다워지고 싶은 거 누구나 다 그렇다. 하지만 세상은 너에게 빚진 게 없다. 어떤 세상도 너의 인생을 한 방에 순간 이동시켜 주지 않는다.

지금 하는 이야기는 현실에 관한 이야기다. 현실은, 당신의 적성이나 직업관이나 소명 의식과 관계없이, 주사위의 운에 의해 사회 경험을 하게 된다는 것이다. 내가 내 적성을 알든 말든, 소명 의식이 있든 없든, 세상은 그런 거 상관없이, 봄 가을 텍사스 대륙에 비 뿌리듯, 무심하게 랜덤하게 기회를 흩뿌리고 가 버린다. 그래서, 대부분의 사회 초년생들은 자기가 원하는 게 뭔지도 모르고 그냥 얼떨결에 굴러 들어온 주사위의 운에 의해 첫 직장을 다니게 된다. 자기가 원하는 게 뭔지 확실히 알고 원하는 직장을 선택한 경우도 크게 다르지 않다. 원래의 예상과 다르기 때문이다. 본인이 알고 있던 적성은 환상이거나 거짓말이었기 때문이다. 뭘 좀 아는 줄 알고 호기롭게 사회에 첫발을 내디뎠지만 사실은 아무것도 모른 채 세상에 굴러 떨어지기 때문이다.

지금 할 이야기는 당신에게 100% 선택권이 있을 때 이야기다. 이 선택을 당신에게 최대한 유리하게 사용하는 법에 관한 것이다. 지금 들어간 직장에 간 쓸개 다 뺏기고 뼈를 묻는 방법이 아니라, 지금 들어간 직장에서 "다음 기회를 잡는 법"에 관한 이야기다. 더 나은 기회를 잡을 가능성을 극대화하는 법이다.

아무 경험 없는 당신을 주사위 운으로 함부로 내동댕이 친 세상에 보기 좋게 살아 돌아와 복수하는 법이다. 세상이 정해 준 대로 흩날리며 떠다니는 낙엽 같은 인생에서 벗어나, 비로소 제 운명을 제 손으로 개척하는 법에 대한 이야기다.

당신이 인생 딱 40까지만 살고 죽을 것이면 지금 이 이야기는 더 이상 들을 필요 없다. 당신은 인생 30까지 하고 싶은 것만 하다가 그때부터 죽을 준비하면 된다. (물론 그때가 되면 더 오래 살고 싶어서 몸부림을 치겠지만 그런 생각을 미리 하면 비참하니까 하지 말자.) 지금 이 이야기는 마흔 살 즈음에 행복해지는 인생에 관한 이야기다. 마흔 살 즈음 원하는 인생에 도달해서 이후 늙어갈수록 행복해지는 인생에 관한 이야기다.

1. 세상에 첫 단추를 잘못 끼우는 일은 없다

한국의 학교와 가정에서 제일 많이 듣는 말 중 하나다. 첫 단추를 잘 끼워야 한다는 거. 첫 단추를 잘못 끼우면 처음부터 다시 해야 하기 때문에 인생 망하는 거라고. 그러니까 무조건 첫 단추를 잘 끼워야 한다고. 이 말에 알 수 없는 거부감을 느낀 사람들 많을 것이다. 이유는 알 수 없지만 왠지 그런 말 부적절하다는 생각 많이 했을 것이다. 인생을 티셔츠 입는 거랑 비교할 수 있나요? 티셔츠는 8초면 다 입잖아요? 인생은 80년인데?

이런 엉터리 헛소리를 진실로 믿는 바보들이 많은 게 문제다. 이들이 한 마음 한 뜻으로 "첫 단추가 중요하다"면서 사회 초년생들에게 거짓 환상을 심어 주는 게 문제다. "첫 단추론"을 지껄이는 바보들의 가장 심각한 패악질이 첫 직장 타령이다. 첫 직장을 잘 들어가야 사회 커리어가 결정되고 인생이 달라진다고 한다. 첫 직장이 중요하다는 바보들에게 물어보자. 그럼 첫 직장 잘못 들어가면 남은 80년 인생 싹 망하나요? 인생 완전 운칠기삼이네요? 첫 직장 목숨 걸고 골라야겠네? 첫 직장 잘 잡아야 인생 안 망하니까 5수 7수 9수는 기본이겠네?

첫 단추를 잘못 채우는 일 따윈 없다. 첫 단추는 그냥 첫 단추일 뿐이다. 그 후의 일은 전부 당신 재량에 달린 일이다. 세상은 네가 첫 단추 고를 여유 따위 주지 않는다. 세상이 너에게 주는 기회는 텍사스 대륙에 흩뿌려지는 빗방울과 다르지 않다고 줄기차게 강조한다. 그래서 다시 말한다. 첫 단추는 첫 단추일 뿐이라고. 그 뒤에 어떻게 하느냐에 따라 네 인생이 결정되는 것이지, 첫 단추를 어느 구멍에 끼웠는지에 따라 결정되는 인생은 없다.

우리는 인생 한 방에 풀리고 싶은 무능력자들의 인생 한 방론을 논하는 중이다. 왜 이들이 자꾸 현실과 동떨어진 헛소리를 지껄이냐면 무섭기 때문이다. 처음부터 어려운 직장에 들어가면 거기서 살아올 자신이 없기 때문이다. 한마디로 무능한 거다. 세상 사는 능력이 한심하게 뒤처진 것이다. 세상에 어떻게든 적응해 볼 능력도 의지도 없기에 첫 단추에 집착하는 것이다. 역경 한 방에 훅하고 가라앉아 버릴 종이배 같은 인생이기에 세상 첫 발 한번 자신 있게 내디뎌 보지 못하는 것이다.

   세상 첫 발 그냥 한번 내디뎌 보는 수밖에 없다. 어떤 식으로든 첫 단추가 끼워졌으면 그냥 그걸로 시작하는 수밖에 없다. 티셔츠는 8초면 다 입지만 인생은 80년이다. 이렇게도 해 보고 저렇게도 해 보면서 배우는 게 인생이라고 대자연의 어머니가 인간에게 80년이나 되는 수명을 내려줬다. 그런데 첫 단추를 잘 끼워야 한다니. 사회 초년생이 가장 먼저 해야 할 일은 "첫 단추론"을 지껄이는 사기꾼들과 관계를 끊는 것이다. 첫 직장이 중요한 법이라며 아무것도 못 해 보게 막아서는 무능력자들을 인생에서 지워 버리는 것이다. 당신의 부모가 그런 자들일 수도 있다. 당신의 부모가 "첫 단추론자"라면 당신의 부모는 당신 인생을 망치는 부모다. 부모가 자식에게 가르쳐야 할 것은 문제를 해결하는 법과 역경을 이겨 내는 법이다. 첫 직장 운운하는 부모는 자식이 역경에 빠졌을 때 더 좌절의 구렁텅이로 몰아넣는다. "그러게 첫 직장을 잘못 들어가서 그 모양이냐"고 과거의 물귀신 놀이를 할 이들이다.

   "첫 단추론"의 무서운 점이다. 역경에 맞서고 문제를 해결하게 하는 게 아니라 요리조리 피하고 도망다니다 결국 별것도 아닌 것에 좌절하고 포기하게 만드는 것이다. 당신은 당신의 부모를 선택할 순 없지만 당신의 인생은 선택할 수 있다. 당신의 인생을 종이배로 만드는 부모와는 절연해야 한다. 부모가 하는 조언은 무시하고 "일단은 구르면서 배운다"는 생각을 해야 한다. 실제로 그렇게 하든 안 하든 일단은 그렇게 생각하는 것이 중요하다. "첫 단추론"에 빠져 움직이는 것과 "하면서 배운다"는 생각으로 움직이는 것은 완전히 다른 "기질의 차이"를 낳는다.

2. 세상을 계획대로 사는 사람은 범죄자뿐이다

"생각대로 살지 않으면 사는 대로 생각하게 된다"는 말, 이 역시 아마도 당신이 사회생활을 하면서 제일 많이 들은 격언일 것이다. 다들 이걸 명언이랍시고 페이스북이나 트위터에 혹은 책상 위에 달아 놓고 산다. 근데 이게 대체 무슨 말인지 아는 사람은 아무도 없다. 이게 무슨 뜻이냐고 물어보면 그냥 말 그대로 뜻이라고 한다. 아니, 그래서, 그게 무슨 말이냐고, 그래서 어떻게 살라는 거냐고. 아무도 대답하지 못한다. 왜냐하면 처음부터 아무 의미 없는 말이었기 때문이다. 현실과 다른, 그저 뭐 있어 보이려고 만든 말이기 때문이다. 세상에 정말로 생각대로 사는 사람은 없다. 지금까지 수없이 강조했다. 손정의의 삶은 미신이라고, 비현실이라고, 절대로 당신이 따라 할 수 없는, 따라 해서도 안 되는 극단적으로 몰지각한 삶이라고.

세상은 그렇다. 세상을 생각대로 살려다간 망하게 돼 있다. 범죄를 저지르거나, 과로사 하게 돼 있다. 손정의는 범죄(사기)에 가까운 짓을 저지르곤, 다른 이들은 과로로 죽었을 정도로, 자신의 몸뚱이를 극한의 지경까지 몰고 갔다. 지독하게 무리를 해서 범죄 성립이 되지 않았던 것뿐이다. 지독히 무리를 했음에도 다행히 운 좋게 죽지 않고 살아남아 현재의 영광을 누리고 있는 것뿐이다. 학교에서 자꾸 손정의 같은 케이스를 잘못 이해하고 아무것도 모르는 어린 아이들에게 강요하는 게 문제다. 학교에서 아이들을 상대로 범죄를 조장하는 셈이다.

손정의 입장을 가장 잘 이해할 사람 중 하나는 셀트리온 창업자 서정진일 것이다. 서정진의 비즈니스 철학은 단순하다: 사업과 사기는 종이 한 장 차이라는 거. 서정진은 지금껏 이 철학에 누구보다 충실히 살아왔다. 손정의가 봐도 경악을 금치 못할 정도로. 그가 제약사를 설립한 이유는 제약업이 그 어떤 종목보다 "작전"이 잘 통하기 때문이었다. 그는 계획대로 살기 위해 제약업을 택한 거였다. 서정진은 물론 그의 동료들도 제약업에 일말의 지식이나 연관성이 없었다. 하지만 그들의 "작전"은 통했다. 그들은 "생각대로" 사업을 전개했고, 비즈니스는 "생각대로" 풀렸다. 어떻게? 무리수를 둬서. 다른 사람이었다면 희대의 사기꾼으로 역사에 남아 최소 20년을 쇠고랑 찼을 무리수였지만 서정진은 성공했다. 왜? 사업과 사기는 종이 한 장 차이니까. (셀트

리온, 다시 의심의 대상이 되다, 재무제표를 읽는 사람들, 2019. 5. 17)

  웅진 그룹 창업자 윤석금의 사례는 생각대로 살기 위한 무리수가 구체적으로 어떤 것인지 보여 준다. 그의 첫 직업은 브리태니커 백과사전 외판원이었다. 브리태니커 백과사전은 지금 돈으로 백만 원이 훨씬 넘는 초고가 상품이었다. 다른 외판원들이 중산층 이상의 집을 찾아다니며 백과사전을 팔았던 것과 반대로, 윤석금은 달동네에 가서 팔았다. 거기 연탄 가게 연탄 장사에게 백과사전을 팔았다. 자식에게도 연탄팔이를 시키겠느냐, 공부를 시켜서 더 버젓한 일을 시켜야 하지 않겠느냐는 논리로, 윤석금은 자신의 상품을 더 적합한 사람에게 팔지 않았다. 자신의 "작전"이 통할 가능성이 더 높은 사람에게 팔았다. 그래서 그는 그의 고객이 사실상 불필요한 상품을 억지로 구매해 12개월 동안 허리띠를 졸라 매도록 했다. 이게 윤석금의 비즈니스 방식이었다. 세상을 생각대로 살았던 이유였다. 무리수를 두고 그로 인해 누군가 고통을 감내하는 것. 이게 "생각대로 사는 인생"의 실체다. "종이 한 장 차이로" 누구는 손정의, 서정진, 윤석금이 되었고, 누구는 감방 안의 중죄인이 되었다. 손정의, 서정진, 윤석금은 10만 명 중 3명 꼴이고, 감방 안의 중죄인은 10만 명 중 9만 9997명 꼴이다.

  학교에서는 "세상은 절대로 계획대로 움직이지 않으며, 너의 인생도 너의 생각대로 살 수 없다"는 현실을 가르쳐야 한다.

인생은 결국 "사는 대로 생각할 수밖에 없는 것"이란 현실을 알려 줬어야 했다. 다시 말한다. 생각대로 사는 사람은 어떤 식으로든 "작전"을 짜고 "무리수"를 두게 돼 있다. 그런 삶은 정상적일 수 없다. 정상적인 사람이 정상적인 삶을 산다면 어쩔 수 없이 사는 대로 생각하게 돼 있다. 사람이든 동물이든 그렇게 살게 돼 있다. 먼저 부딪치고 몸뚱이를 굴려야 방법이 생기고 요령을 터득한다. 그리고 생각하게 된다. 이렇게 해야 생존하겠구나. 그게 대자연의 생태다. 그게 환경 적응이다. 대자연의 어머니가 만들어 놓은 세상에서 인간만 예외일 수 없다. 세상은 원래 사는 대로 생각하는 것이다. 살면서 적응하는 게 세상이다. 미리 정해 놓고 사는 건 적응이 아니라 야바위(사기)다. 생각대로 살면 어째서 범죄를 저지를 수밖에 없는지, 그건 지금 감옥에 있는 수감자들이 생생하게 증명해 준다. 사회가 정해 놓은 룰에 따라 살기를 거부하고 자기 생각대로 살기로 했던 것이다. 적응을 거부하고 "꿈★은 이뤄진다"를 실현했던 것이다.

이제 "생각대로 살지 않으면 사는 대로 생각하게 된다" 미신의 본질을 알 수 있다. 자기 중심적 "운명론"이다. 자기가 해야 할 일은 정해져 있다는 것이다. 인간은 생각하는 대로 살아야 하기에 적성을 만들고 소명/천직을 만들어 세상을 자기 입맛에 맞게 살려는 것이다. 그렇게 입맛대로 사는 인생은 없다. 그런 인생은 결국 둘 중 하나가 될 뿐이다. 사회부적응자 아니면 범죄자.

이제 사회 초년생들이 왜 그렇게 쉽게 첫 직장을 그만두는지 진짜 이유를 알 수 있다. "생각대로 살아야 한다"는 착각 때문이다. 이건 내 적성에 맞지 않으니까, 나는 이렇게 살면 안 되는 사람이니까, 이런 멍청한 착각 때문에 아무것도 아닌 이유에 금방 포기하는 것이다. 이들이 회사를 그만두는 건 어찌 보면 단순 회피가 아니라 소명 의식일지도 모르겠다. 그만두는 데에 신념을 갖고 그만두는 것이다. 사례 3의 C가 그랬듯 "자아실현" 같은 거창한 명분을 걸고 당위성을 부여하는 것이다.

사회 초년생의 가장 큰 문제는 모르면서 안다고 생각한다는 거다. 세상에 한 번도 나가 본 적 없으면서 세상을 안다고 생각한다. 세상에서 뭐 하나 제대로 해 본 적 없는 무경험자가 자기가 뭘 잘하는지 완벽하게 잘 안다고 생각한다. 아무리 아는 척 잘난 척 온갖 근거와 확신과 자신감에 가득 차 있어도 절대로 부인할 수 없는 진실은 1) 당신은 세상 경험을 해본 적이 없고, 2) 실전 경험도 없고, 3) 어디서 인정받은 적도 없다는 것이다. 아직 아무것도 모르는 것이다. 사회 초년생이 제일 까맣게 모르는 건 세상이 아니라 자기 자신이다. 왜냐하면 아직 현실 세상에 몸뚱이를 굴려 본 적이 없기 때문이다. 아직 그 어떤 실전 결과도 받아 본 적이 없기 때문이다. 세상에 관해선 검색으로 간접 정보라도 찾을 수 있다. 하지만 나 자신에 대해선 직접 경험을 해 보기 전엔 아무것도 알 수 없다. 이걸 깨닫지 못하기에 미신에서 헤어나지 못한다. 내 꿈 속 직장/직업을 찾아, 존재하지 않는 파랑새를 찾아 헤매는 좀비가 된다. 생각대로 살아야 한다면서 사실은 아무 생각도 경험도 현실도 존재하지 않는 리얼 좀비로 살다 죽는다.

정리하자.

1) 계획을 세우고, 제 갈 길을 정하고 세상에 뛰어드는 게 아니라
2) 경험치를 쌓기 위해 세상에 뛰어드는 것이다.

세상에서 나를 발견하는 것이다. 세상에 나를 맞추는 것이다. 그전에 당신에겐 계획도 적성도 존재하지 않는다. 그런 건 없다고 생각해야 한다. 당신이 취업을 하는 이유는 계획을 실현하고 자아실현을 위한 게 아니다. 계획이나 자아실현에 대한 환상만 버려도 중도 포기할 확률이 절반 이하로 줄어든다. 그런 건 세상 살면서 발견하고 키우고 개발하는 것이란 생각만 가져도 첫 직장에서 버틸 확률은 2배 이상 높아진다. 일단 한번 몸뚱이를 굴려 본다고 생각한다. 내가 뭘 잘하는지, 세상은 내게 어떻게 반응하고, 나는 세상에 어떻게 반응하는지, 관찰해 본다고 생각한다. 단순히 경험을 쌓는다고 생각하는 것보다 "나는 나에 대해 모르니 여기서 한번 알아보겠다"는 탐구자가 되는 것이 오래 버티는 데 유리하다. 그래야 도중에 그만두더

라도, 아무것도 모르고 아무것도 못 해 본 백수로 돌아가는 게 아니라, 나에 대해, 세상에 대해 1cm라도 더 알게 된 사회 유경험자로 돌아간다.

3. 그만두는 기준은 무슨 일을 하느냐에 있다

"첫 단추 잘못 끼우는 법은 없다"는 말은 첫 직장을 선택할 때도 적용되지만, 첫 직장을 그만둘 때도 적용되는 조언이다. 아무리 버젓한 직장에 들어갔더라도 그만두어야 할 때는 그만둬야 한다. 그만두는 첫 번째 기준은 뭐니뭐니 해도 일이다. 이건 절대로 내 인생에서 용납할 수 없는 일이다, 앞으로 절대로 다시는 할 수 없는 일이다, 이런 판단이 들면 적성 발견이고 자아실현이고 나발이고 즉시 그만둬야 한다.

1) 하는 일이 입사 당시 설명했던 것과 다른 경우: 예를 들면, 사무직인 줄 알고 들어왔는데 영업을 시키는 경우. 이것도 해 보고 저것도 해 본다고 생각할 수 있겠지만, 대부분은 이도 저도 못해 보고 이용만 당하다 버려지게 된다.
2) "이 일은 내가 앞으로 평생 다시 하지 않을 것"이란 판단이 든 경우: 영업도 호기심에서 해 볼 수 있다. 왜냐하면 모든 비즈니스의 근간은 영업이니까. 어딜 가도 영업직이 제일 많고 구하기 쉬우니까. 일단 해 보고 판단해도 늦지 않다.

하지만 해 봤다, 해 봤더니 이거 앞으로 죽어도 다시는 하지 않을 일 같다, 그러면 미련 없이 그만둬야 한다.

3) 반사회적, 위법적 일과 관련된 경우: 거짓 후기를 올리는 것이나, 경쟁사에 악플을 남기는 일은 엄연히 불법이며(드물긴 하지만) 법적 처벌을 받을 수도 있다. 솔직히 생각을 해 보자. 세상에 떳떳하지 못한 일을 해서 내 적성 개발에 무슨 도움이 될지. 말한 대로 "룰에 따라 세상에 적응하기 위해" 취업을 하고 일을 하는 것이다. 룰에서 벗어난 "편법적" 일을 하는 건 남의 불법적 생각에 따라 사는 셈이다. 최악의 사회 경험인 것이다.

4) 부당한 비상식적인 일만 시키는 경우: 이미 했던 일을 반복해서 시키거나, 다른 직원이 하고 있는 업무를 다시 하게 하거나, 다른 직원을 감시하게 하거나, 사장님 개인사(집안일)를 도와주거나, 아무리 생각해도 할 필요가 전혀 없는, 내가 하면 안 되는 일을 해야 하는 경우, 한두 번이 아니라 자주 해야 하는 경우, 이 역시 이도 저도 못해 보고 이용만 당하다 버려지는 케이스일 가능성이 높다.

앞서 사례 2의 "존버" 사례는, 하는 일 자체엔 불만이 없었기 때문에 가능한 경우였다. 일단은 하는 일 자체에 문제가 없다는 전제가 있어야 오래 버티는 게 가능하다. 하는 일 자체에 결격 사유가 있다, 이러면 오래 버티는 게 아무 의미 없다.

　일에 대한 불만이나 결격 사유가 아니라, 다른 이유로 그만두는 게 문제다. 일이 힘들다든가, 출퇴근이 어렵다든가, 미래에 대한 비전이 없다거나, 조직이 비효율적이라든가, 부당하고 비합리적인 부조리로 가득하다든가, 같이 일하는 사람(들)이 마음에 들지 않는다든가, 다 핑계다. 너의 문제이지 조직의 문제도 아니고 세상의 문제도 아니다. 일이 마음에 들지 않아서 그만두면 다른 일을 찾으면 된다. 그러면 다음 번엔 적응할 수 있다. 하지만 일이 아닌 "그 밖의 이유로" 그만둘 경우 당신은 십중팔구 다음 번에도 적응하지 못하고 그만두게 된다.

　그만둔다 그만두지 않는다의 기준은 무조건 일차적으로 "하는 일"에 두어야 한다. 하는 일은 괜찮다, 그러면 당신은 버틸 수 있을 때까지 버텨야 한다. 하는 일이 정말 아니다, 다시는 이와 같은 일을 할 수 없을 것 같다, 그러면 아무리 좋은 직장이라도 더 이상 시간 낭비하지 말고 그만둬야 한다. 일에 기준을 둔다는 건 일을 위해 다른 모든 건 희생할 수도 있다는 의미이기도 하다. 직장을 4번이나 연속으로 그만두며 사회 부적응자 취급을 받았던 어느 청년의 사례가 있다. 그는 직장을 5번이나 메뚜기 뛰며 경험을 쌓은 뒤 창업을 해서 큰 성공을 거두었다. 그는 처음부터 자기가 하고 싶은 일을 배우기 위해 직장을 이용한 거였다. 하는 일에 집중하면 모든 게 가능하다. 직장을 과감하게 그만두고 내가 하고 싶은 일을 할 수도 있지만, 반대로 아무리 힘든 직장이라도 오래 버틸 수 있게 해 준다.

4. 내가 회사를 위해 존재하는 게 아니라 회사가 나를 위해 존재한다

다시 말하지만, 일은 마음에 드는데 다른 조건이 마음에 들지 않아서 그만둔다면 당신은 지금 실수하고 있을 가능성이 높다.

1) 몸이 힘들다?

병가를 내거나 적당히 미루면 된다. 죄송하다고 넉살 좋게 내 몸부터 챙기는 거다. 대부분 이걸 못한다. 최대한 버티면서 최대한 내 이익 챙겨 먹는 게 직장인의 기본 요령인 것인데, 이런 생각 자체를 못하는 이들이 너무 많다. 틈만 나면 아파서 병가 내고 퍼질러 눕는데도 직장 생활 멀쩡히 잘하는 이들이 있다. 어떤 이들이냐면 안 아플 때 일 잘하는 이들이다. 조직 심리가 그렇다. 안 아플 때 일을 잘하면 아프고 그런 거 큰 문제되지 않는다. 오히려 아프다고 할 때마다 걱정해 준다. 빨리 나으라고 홍삼차 같은 걸 갖다 해 준다. 극단적 예를 들자면, MLB 최고 홈런 타자 중 하나인 지안카를로 스탠튼이 있다. 그는 계약 기간 절반을 부상으로 몸져누웠지만, MLB 사상 최악의 유리 몸이라는 별명을 얻었지만, 그럼에도 MLB 최고액 계약을 맺었다. 왜냐하면 안 아플 때 미친 듯이 잘하니까. 알고 보면 류현진도 마찬가지였다. 그 역시 계약 기간 절반을 앓아 누웠다. 그래서 재계약에 비관적인 전망도 있었지만 역시나 평소 잘했다는 이유로 8천만 달러짜리 장기 계약을 맺었다. 평소에 잘하면 된다. 안 아플 때 열심히 하면 된다. 안 아플 때 열심히 하다 무리해서 부러진 것처럼 연기하면 된다. 마치 회사를 위해 뼈를 갈아 넣는 바람에 그렇게 된 것처럼. 대부분 반대로 한다. 평소 찌질찌질 일을 하는 둥 마는 둥 하다가 며칠 몸져누우면 그것 때문에 또 눈치 보면서 일을 더 못한다. 이러니 미운 털 박히고 그만둘 수밖에 없는 상황에 몰린다. 몸 좋을 때 잘하면 되지. 이 생각으로 평소에 화끈하게 눈에 띄게 일 잘해 주면 툭하면 병가로 자리에서 사라지는 최악의 유리 몸이라도 회사에서 대접받는다. 중요한 건 눈치 보지 않는 것이다. 회사를 위해 당신이 존재하는 게 아니라, 당신을 위해 회사가 존재하는 거다. 그렇게 생각하는 게 중요하다. 노동법은 당신 같은 근로자에게 유리하게 돼 있다. 과중한 업무로 아파서 배째라고 누우면 법은 당신의 편을 들어준다. 앞으로는 "평소 일 잘한다"는 조직의 긍정적 평가가 있고, 뒤로는 노동법이 보호해 주고 있으니 걱정할 게 없다. 다시 말한다. 당신은 회사를 위해 존재하는 게 아니다. 회사가 당신을 위해 존재한다. 당신은 당신을 위해 일하는 거다. 회사 눈치 보며 끌려 다니다 몸 축나고 정신 짓밟히는

가축이 아니다. 자꾸만 회사를 위해 일을 한다고 생각하기 때문에 평소 일도 더럽게 못하고 힘들어 죽겠는데 병가 내는 것도 눈치 보이는 것이다. "나를 위해 일을 한다"고 생각해야 모두가 이익이다. 회사 일을 내 일이라고 여기는 순간 회사는 너를 필수 인력으로 구분한다. 왜냐하면 업무 처리의 질이 달라지기 때문이다. 회사를 위해 사는 인간이라는 인상을 주기 때문이다. (사실은 아닌데.) 이런 인상을 주면 회사는 당신이 무슨 돌발 행동을 해도 다 이해해 준다. 조직 심리가 그렇다. 인간 심리란 게 원래 그렇다.

2) 비전이 없다?

적성 타령과 다를 것 없는 헛소리다. 이제 사회 경험 처음 시작한 사람이 미래 비전 찾고 있으니 코미디가 따로 없다. 자꾸만 자신을 회사에 종속된 존재로 여기기에 이런 웃기는 코미디 쇼를 연출하는 것이다. 당신의 미래는 당신이 정하는 것이다. 아무도 당신의 미래를 대신 정해 주지 못한다. 당신의 미래는 당신이 정하고 당신이 책임지는 것이다. 그런데 어떤 멍청한 사회 초년생들은 자기 미래를 회사가 정해 줘야 한다고 징징댄다. 그러면서 회사에 비전이 없어요, 장래가 불투명해요 이러면서 그만둔다. 당연히 다음 직장에서 똑같이 징징대다 그만둔다. 다시 말한다. 너는 회사를 위해 존재하는 인간도 아니고 회사와 운명 공동체도 아니다. 당신은 회사로부터 독립된 개체이며 회사의 운명과 별개의 운명을 갖는다. 당신이 회사를 위해 존재하는 게 아니라 회사가 당신을 위해 존재하는 것이다. 당신의 비전은 당신이 정하고 당신의 회사는 당신의 비전을 위한 도구일 뿐이다. 도구를 자꾸 주체 취급하니까 사회생활이 꼬이는 것이다. 도구를 자꾸 운명으로 여기니까 아무것도 얻지 못하고 징징대다 그만두는 것이다.

3) 조직이 비합리적으로 운영된다?

그건 회사 사장 문제지 당신 문제가 아니다. 회사와 비전을 공유하고 회사를 운명 공동체로 받아들이는 거 그거 전부 사적으로 받아들이는 몹쓸 버릇의 일부다. 다시 말한다. 회사는 회사일 뿐이며, 당신 인생의 도구일 뿐이다. 도구가 잘못 만들어졌다고, 제대로 작동하지 않는다고 불평할 수는 있다. 이걸 자기 일처럼 받아들이니까 문제다. 쓰다 버리면 될 일이다. 쓰다 쓰다 도저히 못 쓰겠다 싶으면 다른 도구로 갈아타면 될 일이다. 근데 이걸 자꾸 사적으로 받아들인다. 자기는 회사에 아무 감정 없다면서, 미련도 없고 유대감도 없다면서 누구보다 사적으로 받아들인다. 이게 조직의 비합리성 운운하며 그만두는 멍청이들의 현실이다. 세상 어느 조직이나 3명 이상 인간이 모이면 불합리와 비효율이 발생하게 돼 있다. 구글이나 애플 가면 이런 부조리가 없겠지! 사회 초년생들이 하는 가장 멍청한 착각이다. 사람 3명 이상 모이면 그때부터 비합리와 비효율과 부조리가 발생한다. 정도의 차이만 있을 뿐 어디나 마찬가지다. 그게 그렇게 꼴 보기 싫으면 너 혼자 일하는 수밖에 없다. 그전에 반드시 알아야 할 건, 네가 그만둔 그 회사, 원래는 그런 비합리와 부조리를 반복하지 않기 위해 다른 누군가가 세운 회사라는 것이다. 네가 밖에 나가 회사를 차려도 결국 똑같은 문제를 네 스스로 만들게 된다는 것이다. 아무리 발버둥 쳐도 어쩔 수 없다. 조직이라는 게 원래 그런 거니까. 인간이란 게 원래 그런 법이니까.

4) 같이 일하는 사람이 마음에 들지 않는다?

대부분 이게 가장 어려운 문제다. 하지만 지금껏 직장 "존버"로 성공한 사람들 중에 같이 일하는 사람이 마음에 들지 않는다고 퇴사한 경우는 없었다는 사실을 알아야 한다. 같이 일하는 사람이 마음에 들지 않아서 퇴사한 경우, 다른 조직에 가서도 같은 스트레스를 받고 또 그만둘 가능성이 높다.

5. "이대로 그만두면 나만 손해"라는 피해의식을 가져야

기본 마인드는 그렇다. 이대로 그만두면 나만 손해라는 것이다. 이대로 그만두면 나 혼자 루저된다는 것이다. 다음에도 또 손해 보고 그만두는 루저 패턴이 반복된다는 것이다. 회사가 나를 필요하지 않는 것 같다거나, 사람들이 날 미워한다거나, 인간관계가 힘들다거나, 일하는 게 너무 힘들다거나, 그러면서 그만둔다. 다른 데 가면 안 이럴 거라고. 다시 말한다. 다른 데 가도 그렇다. 정도의 차이가 있을 뿐 인간과 조직의 생리는 세상 어딜 가나 마찬가지다. 그래서 다른 데 가도 또 같은 패턴 반복되게 돼 있다.

사회 초년생들의 가장 멍청한 착각이 있다. 그만두는 사람이 위너라는 거. 개 같은 회사 엿 먹이고 그만두는 게 승리라는 달콤한 착각. 대부분의 사회 초년생들이 화풀이하듯 일을 그만둔다. 회사가 내게 피해를 주니까 나도 회사에 피해를 준다는 생각으로 그만둔다. 회사는 당신 같은 부적응자 한 명 그만둔다고 크게 피해 볼 일 없다. 다음엔 당신 같은 놈 다신 뽑지 않는다는 인사 정보 하나 더 얻을 뿐이다. 진짜 피해를 보는 쪽은 언제나 당신이다. 분풀이로 그만둔 당신은 아무것도 얻지 못하고 내쳐진 것이다. 스스로 그만뒀다는 알량한 승리감에 도취됐을지 몰라도 사실은 당신은 세상과의 "기싸움"에서 진 것이다. 당신이 내쳐진 것이지 당신이 회사를 내친 게 아니다. 어떤 식으로 봐도 중도에 그만둔 당신이 루저지 회사가 루저일 수 없다. 회사는 당신 같은 골칫거리 하나 덜었으니 오히려 다행이지 당신은 아무것도 얻지 못한 채 시간만 축내고 손해만 본 셈이다.

그만두더라도 회사에서 뭐 하나라도 얻고 그만둬야 위너다. 한 번 조직에 발을 디뎠으면, 하는 일에 문제가 있지 않는 한, 경력이든 지식이든 인맥이든 뭐든 얻고 간다고 생각해야 한다. 회사에 어떻게든 버티면서 내 몫을 찾아 먹는다고 생각하면, 회사를 위해 내가 존재하는 게 아니라 나를 위해 회사가 존재한다고 생각하고 일하면, 회사 때문에 일을 하는 게 아니라, 나 때문에 일한다고 생각하면 당신은 절대로 루저일 수 없다. 절대로 손해 볼 짓을 하지 않게 된다.

하는 일에 문제가 있어도 눈에 불을 켜고 내 몫 찾아 먹는다고 생각하면 쉽게 그만둘 이유가 없다. 왜냐하면 조직에 오래 몸담을수록 더 깊고 넓은 인맥이 생기기 때문이다. 지금껏 회사에서 오래 버텨서 성공한 사람들은 예외 없이 인맥의 덕을 보았다. 회사를 다니는 이유는 일 때문도 아니고, 자아실현 때문도 아니고, 돈 때문도 아닌, 인맥 때문에 다니는 것이라는 사람들도 많다. 극단적인 것 같지만 일리 있는 관점이다. 앞서 이야기한 바와 같이 호형호제하는 사적 인간관계는 아무 짝에 쓸모없는 신기루 같은 것이다. 하지만 회사에서 맺어진 비즈니스적 인간관계는 인생에 실제로 도움이 된다.

"회사를 다녀서 내가 피해 본다"는 피해의식이 문제다. 이런 곳에선 뭐 하나 얻어 갈 게 없다고 단정짓고 죽상 하는 게 문제다. 단지 돈 주니까, 달리 갈 데가 없으니까, 싫은데 억지로 다닌다는 생각이 문제다. "내가 회사를 위해 존재한다"는 생각이 문제다. 단 한 번도 회사가 나를 위해 존재한다는 생각을 하지 못하는 게 문제다. 그렇게 평생 패배주의 피해의식에 젖어 사니 자기 몫은 챙기지 못하고 좀비처럼 비참한 인생 살다 간다.

"하고 싶은 일만 하며 살 순 없다"는 진부한 클리셰도 문제다. 이런 수동적인 생각이 문제다. 당신은 누가 억지로 떠밀어서 여기 있는 것도 아니고 노예 계약을 맺어서 여기 있는 것도 아니다. 당신은 당신을 위해 여기 있는 것이다. 당신의 선택에 의해 지금 이 회사에서 이 일을 하고 있는 것이다. 근거 없는 피해의식에 시달리며 회사를 다니니 일을 잘할 리가 없다. 윗사람 눈에 띌 일도 없고 누군가의 마음에 들 일도 없다. 회사를 다닐수록 점점 더 불행해지는 것 같고 점점 더 무기력해지는 것 같고 인생은 자꾸만 뒷걸음질하는 것 같다.

엉뚱한 데 피해의식을 발동시키는 게 문제다. 일하는 데에 피해의식 발동시키지 말고, 아무것도 못 얻고 그만두는 데에 피해의식을 발동시켜야 한다. "이대로 그만두면 억울하다"는 피해의식을 가져야 한다. 그만둘 때 그만두더라도 뭔가 해 보고, 뭔가 배워 먹고, 누군가의 눈에 들고 나간다는 생각을 해야 한다. 안 그러면 억울해서 못 그만둔다는 생각을 해야 한다. 내가 회사를 위해 존재하는 게 아니라 회사가 나를 위해 존재한다는 생각으로 피해의식을 발동시켜야 한다. 그래야 당신 몸뚱이가 능동적으로 움직인다. 그래야 일에 집중하고 세상을 배우고 사람 눈에 띌 수 있다.

대부분 반대로 한다. 일이 힘들수록, 사람 관계가 힘들수록, 이거 회사 때문에 하는 일이라고 피해의식을 느낀다. 일에 집중하지 못하고 불안한 눈 희번덕대며 어떻게든 도망가기 위해 눈치를 본다. 일에 치이고 사람에 치이고 누구에게도 도움 받지 못하는 막다른 처지에 몰린다. 결국 자의에 의해 그만두는 게 아니라 떠밀리듯 어쩔 수 없이 그만두게 된다. 이 패턴은 다음 직장에서도 반복된다. 피해의식을 느끼는 포인트가 매번 동일하기 때문이다.

6. 위너일 때 그만둔다

어려울수록 일에 집중하는 사람들은 대부분 이직도 좋은 타이밍에 한다. 대부분 회사가 자길 필요로 할 때 그만둔다. 회사가 자길 필요 없어 할 때까지 기다리지 않는다. 내가 이 회사에서 더 이상 얻어 갈 게 없다고 생각되는 시점이 그만두는 시점이다. 회사가 나를 필요로 하건 말건 그건 당신의 관심사가 아니다. 회사 입장은 깡그리 무시하는 게 최선이다. 왜냐하면 내가 회사를 위해 존재하는 게 아니라 회사가 나를 위해 존재하니까.

조직은 "조직에 충성하는 사람"을 원하지 않는다. 조직은 "일 잘하는 사람"을 원한다. 조직에게 인력이란 언제나 영원히 소모성 존재다. 평생 데리고 먹여 살리면서 운명을 함께할 사람을 뽑는 조직은 없다. (있다면 망할 조직이다.) 조직은 조직의 이익을 위해 인력을 뽑는다. 조직에 충성할 놈을 뽑는다고 해 놓고 나중에 뒤통수 치고 정리해 버린다. 왜냐하면 그게 이익이기 때문이다. 그게 조직의 생리기 때문이다. 아무리 겉으로 안 그런 척을 하고 감언이설 늘어 놓아 봐야 결국 그렇게 될 수밖에 없다. 왜냐하면 생존해야 하니까. "미안하지만 생존해야 하니까" 그렇게 할 수밖에 없다. 당신은 조직의 생리에 적응해야 한다. 조직에 충성하지 말고 내 이익에 충성해야 한다. 조직의 이익이 우선이 아니라 내 이익이 우선이다. "이거 조직을 위해 하는 일이 아니라 나를 위해 하는 일"이라고 생각하라고 했다. 그래서 일에 집중하는 사람들이 이직 타이밍도 잘 잡는다. 이거 날 위해 하는 일인데 나한테 도움이 안 된다는 판단이 들면 바로 다른 곳으로 떠나기 때문이다.

"이기적인 놈일수록 이직을 잘하더라" 이 생각 안 해 본 직장인들 없을 것이다. 조직은 분명 조직에 충성하는 고분고분 말 잘 듣는 놈들을 선호할 텐데 어째서 이기적인 놈들이 더 좋은 곳으로 이직하는 것인가 궁금한 사람들 많을 것이다. 조직은 충성하는 사람을 원하지 않는다고 했다. 일 잘하는 사람을 원한다고 했다. 일 잘하는 사람이 일 잘하는 이유는 자기 자신을 위해 일하기 때문이라고 수없이 강조한다. 설사 진짜로 일을 잘하지 못하더라도, 결과가 그렇게 나타나지 않더라도, 그런 인상을 심어 주는 것이 중요하다. 회사 일을 자기 일처럼 하면 그런 인상을 심어 주게 돼 있다. 동료든 후임이든 임원이든 사장이든 회사 일을 자기 일처럼 생각하면 누구나 "이 친구 일 잘하는 사람이네! 조직에 꼭 필요한 사람이네!" 이런 착각에 빠진다. 이 착각이 이직에 영향을 미친다. 이후의 커리어에 지속적인 "선한 영향력"을 발휘한다.

기본 심리를 잊어서는 안 된다. 내가 회사를 위해 존재하는 게 아니라 회사가 나를 존재한다는 사실을 잊어서는 안 된다. 내게 회사는 단물 빠지면 버리는 껌 같은 존재이며, 내가 회사에서 더 이상 얻어갈 게 없으면 가차 없이 버리고 떠나야 한다는 사실을 잊어서는 안 된다. 회사는 되려 이런 인재를 선호한다는 사실, 그렇기에 이런 생각을 하는 사람일수록 이직도 쉽다는 사실을 잊어서는 안 된다.

7. 과몰입 상태가 되면 바로, 즉시, 반드시, 그만둬야

과로사는 사회 문제다. 과로사 기사가 보도되면 다들 그런 생각을 한다. 조직이 얼마나 사람을 부당하게 부려 먹었으면 이런 일이 발생하느냐고. 냉정한 팩트 체크를 하자면, 과로사로 죽은 사람들은 조직이 부당하게 몰아치고 채찍질해서 죽은 게 아니다. 사실을 말하자면, 자기 일에 과몰입해서 죽은 거였다. 과로사한 사람들과 동일한 자리에서 동일한 양의 업무를 보는 다른 이들은, 여자든 남자든, 죽지 않고 일 잘해 왔고 지금도 잘하고 있다.

과로사를 하거나 과로로 인해 자살하는 사람들 중에 물론 회사가 부당하게 몰아친 경우도 있을 것이다. 하지만 중요한 건 그렇더라도 과몰입하지 않으면 죽지 않는다는 사실이다. 직장 과로사는 과몰입의 결과이지 사회 부조리의 결과라고 보기 어렵다. 사회적 문제로 접근하고 싶겠지만 그래 봐야 과로사는 사라지지 않는다. 개인의 심리적 문제로 접근하지 않으면 과로사의 문제는 절대로 해결되지 않는다.

과몰입이 왜 발생하느냐 하면, 1) 조직과 자신을 운명 공동체로 보거나, 2) 일에 너무 감정 이입하기 때문이다. 즉, 회사 일을 과도하게 사적으로 받아들인 것이다. 그렇다. 회사 일을 너무 자기 일처럼 여길 경우 발생하는 부작용에 대해 이야기를 하는 것이다. 뉴스에 난 과로사 직원들 대부분 잘나가던 사람들이었다. 그것도 너무 지나치게 잘나가던 사람들이었다. 성적과 평판이 곧 자신의 인생이었던 사람들이었다. 이번에 써야 할 업무 문서 대충 써도 아무도 뭐라고 하지 않는다. 나중에 좋지 않은 평가가 있을 순 있지만 그렇다고 잘리는 것도 아니고 연봉이 깎이는 것도 아니다. 혹시나 나중에 승진에 지장이 있을까 봐 그런 것이다. 지금 쓰는 문서 하나하나가 자신의 운명을 결정짓는다는 강박 관념에 과몰입했던 것이다. 어쩌면 승진하고 싶고 말고 그런 생각은 없었을 수도 있다. 단지 평소 하던 버릇대로 그렇게 하다 보니 죽음을 맞은 걸 수도 있다. 평소에도 그렇게 미친 듯이 과몰입 하는 버릇 때문에, 그 덕에 이 자리까지 오긴 했지만, 결국엔 목숨을 앗아가는 원인이 된 것이다.

회사 일을 내 일로 여기는 버릇, 그거 좋은 거라고 얘기했다. 하지만 그런 버릇이 있는 사람일수록 저렇게 인생이 "중도 탈락"하는 경우가 많다는 사실도 알아야 한다. 무슨 일이든 맡으면 죽어라 자기 일처럼 목숨 걸고 하는 사람들은, 다른 건 필요 없고, 과몰입을 피하는 방법을 익혀야 한다. 앞서 영화 「인디애나 존스와 최후의 성전」에피소드를 기억한다. 절벽 밑에 떨어진 성배를 줍겠다고 조금만 더 조금만 더 손을 뻗다가 떨어져 죽은 이들을 기억하자.

8. "이 바닥 좁다"는 헛소리

과몰입은 과로사 같은 극단적 상황만 부르지 않는다. 성실하고 유능한 사람이 이직 타이밍을 놓치는 주요한 이유 역시 과몰입이다. 과몰입으로 인해 이직 타이밍을 놓치는 경우는 대부분 남자에게서 나타난다. 남자가 더 목적 지향적이기 때문이다. 남자는 환경을 선택하지 않고 문제를 해결하는 데 최적화돼 있기 때문이다. 그래서, 착하고 성실한 남자일수록, 직장이 이거 영 아니다 싶어도, 다른 자리를 찾아보기보다 당장 코앞의 문제를 해결하는 데 몰두한다. 이게 10년 넘도록 계속된다. 문제의 핵심은 그렇다. 회의감을 갖지 못하는 것이다. 문제를 해결하는 그때 그때의 희열에 파묻혀 더 미래지향적 환경을 선택하지 못하는 것이다. 일에 대한 열의가 지나칠수록, 일에 대한 애착이 강해질수록, 의무감이나 사명감 등이 깊어질수록 회의감을 느껴야 한다. 이게 내 인생인가? 나는 이런 일을 하기 위해 태어났는가? 이게 내 생명보다 소중한가? 인생이란 무엇인가? 생명이란 무엇인가? 진화는 나를 어떤 존재로 만들었는가? 나는 무엇을 위해 여기까지 진화한 것인가? 나는 누구인가? 여긴 어디?

과몰입이 아니라 유대감 때문일 수 있다. 동료에 대한 정, 전우애, 소속감, 내가 아니면 안 된다는 사명감, 책임감, 사장님 부장님에 대한 아련한 동정심, 미안함, 두려움, 배신과 이기주의에 대한 터부, 인간에 대한 예의, 박애주의적 의무감. 이런 게 한국인들이 이직 기회를 놓치는 중요한 요인이다. 한국인들은 정의 민족이니까. "이 바닥에서 한번 찍히면 끝장"이라는 말이 무서우니까.

"이 바닥 좁으니까 찍히면 끝장"이라는 말은 "첫 단추를 잘못 끼우면 망한다"는 말 못지않은 헛소리다. 사실을 말하자면 좁은 바닥에서 겁나게 찍히고 다닌 사람들이 더 잘나간다. 사실을 말하자면 좁은 바닥에서 인정 넘치는 선량한 행실로 모든 이의 귀감이 되었던 사람들이 제일 못 나간다. 왜. 기회를 놓치기 때문이다. 더 좋은 자리를 찾아가지 못하기 때문이다. 다시 말한다. 직장인 성공 패턴은 단순하다. 지금 당장 눈앞의 일을 자기 일처럼 몸 바치고 혼 불태워서 악착같이 다른 기회를 찾아가는 것이다. 여기서 몸 바치고 뼈를 묻을 것처럼, 그런 자세로 일하다가 전광석화같이 배신하고 다른 자리로 옮기는 게 핵심이다.

아까는 버티라면서? 버티는 게 핵심이라며? 다시 말한다. 원리는 처음에 말한 그대로다. 욕구를 인내하는 사람이 아니라, 역경에 인내하는 사람이 성공한다. 그런데 반대로 한다. 욕망을 인내하고 역경을 회피한다. 그래서 찍힌다. 업계에서 찍힌다는 의미는 "역경을 회피하는 무력한 인간"으로 인식되는 걸 의미한다. 직원들에게 악독하게 굴고 조직을 배신해야 찍힌다고 생각한다. 그 반대다. 직접 피해를 입은 소수의 사람들에게는 찍힐 수는 있다. 루저들은 이걸 과장 해석한다. 소수에게 찍혔다고 업계에서 퇴출되는 일은 없다. 오히려 소수에게 찍혀서 더 잘나가는 일만 있다. 왜냐하면 욕망을 분출하고 역경을 인내했기 때문이다. 회사 일을 자기 일처럼 생각해서 몰아붙인 결과다. 사람들 반대에 아랑곳하지 않고 열의와 성심으로 본래의 신념을 불태웠기 때문이다. 그래서 사람들에게 찍힌 거다.

이게 세상의 눈에 띄는 법이다. (소수의 루저가 아닌) 세상에 유능한 인간으로 인식되는 법이다. 루저들은 당연히 이걸 반대로 해석한다. 왜냐하면 자기들과 반대니까. 자기들은 절대로 그렇게 할 수 없으니까.

유명 글로벌 기업 지사장을 역임한 사람들이 대표적 사례들이다. 예외가 없다. 하나같이 역경을 기꺼이 받아들이고 욕망을 주저 없이 드러낸 사람들이다. 현 직장에서, 전 직장에서 "저 사람 일만 벌리고 수습을 못하는 무능한 인간"이라고 아무리 손가락질 받아도 여지없이 더 좋은 직장으로 이직한다. 개중엔 심지어 도저히 용납하기 어려운 부정을 저지르고도 더 좋은 자리로 승승장구한 이들도 있다. 일을 벌이고, 직원들을 못 살게 굴고, 부정을 저지른 것조차 세상은 "욕구를 분출하고 역경을 정면 돌파한 패턴"으로 인식한다. 전 직장에서 실적을 올리는 데 실패했더라도 "이번 직장에선 성공할 것 (전 직장은 조건이 안 좋아서 그랬을 것)"이란 인상을 주는 것이다. "이기적인 놈일수록 이직을 잘하더라" 이 말이 어째서 현실인지 이제는 그 원리를 깨달아야 한다. 어째서 저렇게 이기적인 사람이 더 높은 자리에 더 쉽게 오르는 건지, 루저의 편견을 버리고 바라봐야 한다. 당신은 세상을 승자의 입장에서 바라봐야 한다. "대체 언제까지 그러고 살 것인가?" 라는 외침은 당신이 루저의 시각에서 벗어날 때까지 사라질 수 없다.

반대 사례를 보자. 당신들이 지금껏 "옳다"고 생각했던 사례. 이렇게 살아야, 이렇게 사회생활해야 성공하거나 보상받는다고 생각했던 사례. 바로 평범한 우리 대부분의 사례다.

사례 4

직장인 P는 성실함을 타고난 사람이었다. 그는 의심하지 않는 직원이었다. 위에서 지시가 내려오면 토 달지 않았다. 아무리 어려운 업무도, 아무리 부당한 지시도, 군말 없이, 성실히, 열과 성을 다해 완수했다. 업무1을 시키면 관련 업무2까지 당연하다는 듯 하는 인간이었다. 상사A의 업무를 받으면 상사 B의 업무까지 받아 처리하는 인간이었다. 맹목적으로 성실한 그는 내구성도 좋았다. 아무리 굴려도 탈 나는 일이 없었다. 으레 가져야 할 최소한의 성깔도 없었다. 그는 공노비였다. 사내의 잡역부였고, 워크샵의 짐꾼이었고, 상사의 대리 기사이기도 했다. 화낼 줄도 모르고 거절할 줄도 모르니 모두가 노비처럼 부려 먹었다. 처음엔 왜 저러냐 너무한 거 아니냐 미안하지도 않느냐 했던 사람들마저 "쟤는 그래도 된다"는 생각에 젖어 들었고 너도 나도 부담 없이 알뜰살뜰 P를 부려 먹었다. 그나마 양심 있는 동료들 몇 명이 그를 악독하게 부려 먹는 사람들 욕을 하며 대처법을 조언했지만 P는 그런 친절을 받으려 하지 않았다. 그는 되려 그들이 욕하는 사람들을 변호했다. 그럴 만한 사정이 있어서 그런 거라고. 그는 그렇게 상사들 뒤치다꺼리 공노비 인생 10년을 살았다. 그 와중에 자기 관리도 게을리하지 않았다. 자격증을 취득해 자격증 서너 개 추가된 전문직 인재가 되었다. 그는 조직에서 가장 평판 좋은 인재였다. 그보다 더 조직에 도움되는 인간은 존재하지 않을 것 같았다. 100년 뒤 인공지능 로봇이 개발되기 전에는 P보다 더 조직에 충성스러운 인간은 나오지 않을 것 같았다. 하지만 그는 승진 심사에서 탈락했다. 3년 연속 탈락했다. 마지막 최종 면접까지 갔을 때는 정말로 되는 줄 알았다. 승진 시험을 위해 휴직까지 했으니까. 아무리 사심 없이 객관적으로 생각해도 P보다 더 나은, 그보다 더 적합한 인재는 존재하지 않으니까. 하지만 그는 또 떨어졌다. 그리고 멘탈이 나갔다. 지금껏 조직에 자신의 인생을 바쳐 온 그는 그제야 "억울하다"는 생각이 들었다. 세상이 "너무한다"는 생각이 들었다. 그는 인사과에 전화를 걸었다. 일주일 동안 10번을 걸었다. 자기가 왜 떨어졌는지 분노한 목소리로 합당한 이유를 대라고 따졌다. 심지어 그는 심사에 레퍼런스 체크를 했을 것으로 추정되는 과거 상사들에게도 전화를 해서 혹시 자신에게 나쁜 평가를 주지 않았는지 캐물었다. 지난 10년 동안 어떤 일이 있어도 절대 단 한 번도 어떤 것도 사적으로 받아들인 적이 없었던 강철멘탈이 하루아침에 유리멘탈이 돼 산산이 부서졌다. 승진 심사는 다음 해에도 있었지만 그는 회사를 그만두었다. 그리고 다른 조직의 계약

직으로 들어갔다. 한때 지도자의 자리에 오를 것으로 의심치 않았던 인재가 그렇게 버림받았다.

P가 왜 승진 심사에 탈락했는지 정확한 이유는 아무도 모른다. 하지만 이런 사례는 드물지 않다. 거의 항상 반복되는 패턴이다. "쟤는 그래도 돼"라는 인상을 주는 사람은 언제나 이렇게 결정적 순간 불이익을 당한다. "쟤는 그래도 돼"라는 인식 때문이다. 쟤는 야근을 시켜도 되고, 일을 떠넘겨도 되고, 연봉을 적게 줘도 되고… 조직을 위해 희생해 줘서 고맙다고 생각하는 게 아니라 앞으로도 계속 희생시켜 먹을 "희생양"으로 생각하는 것이다. 의도적으로 그런 게 아니라, 마치 관성의 법칙처럼, 저절로 그렇게 돼 버리는 것이다. 불만도 없고 주관도 없는, 마냥 착하고 성실한 사람이 윗자리로 승승장구하는 경우는 없다. P처럼 열심히 살면 세상이 알아주겠지 생각했던 사람 중에 정말로 세상이 알아준 경우는 없다. 당신이 회사의 종이든, 나라의 노비든, 창작을 하든, 사업을 하든 다 마찬가지다. 악착같이 기회를 만들고 악착같이 기회를 무는 사람이 성공하지 제자리에서 소처럼 묵묵히 일하는 사람이 성공하는 경우는 거의 없다. 소처럼 묵묵히 일하면 "소처럼 묵묵히 일하는 사람"이라고 알아주지 달리 알아주지 않는다. 소처럼 묵묵히 일하는 사람이 마지막 향하는 곳은 도살장이다. 승진 탈락 1순위요, 정리 해고

1순위다. 왜. 쟤는 그래도 된다고 생각하니까. 희생에는 언제나 관성의 법칙이 뒤따르니까.

과몰입의 문제를 이야기하는 중이다. P의 가장 고질적/치명적 문제도 과몰입이었다. 눈앞의 일에 코 박고 단 한 번의 회한이나 회의도 없이 일에 몰두한 결과였다. P는 사례 2의 B와 비슷해 보인다. 같은 종류의 인간처럼 보인다. 하지만 둘은 달랐다. B는 과몰입하지 않았다. 이직을 위해 이력서를 들고 다녔다. 여차하면 더 좋은 자리로 튄다는 생각을 갖고 있었다. 그는 조직에 자신의 운명을 맡기지 않았다. 그는 자기가 대체 가능한 인력이라는 사실을 뻔히 알고 있었고, 몸으로는 충성하면서도, 조직에 기대하지 않았다. 그는 아무리 조직이 잘해 줘도 결국 자신과 조직은 서로 다른 운명이며 서로 다른 길을 가게 될 것이란 사실을 처음부터 이해했다. P는 그렇지 않았다. 그는 자신과 조직을 운명 공동체로 여겼다. 조직으로부터 부당한, 비인간적인 대접을 받으면서도 불만을 말하지 않았던 건 그런 이유였다. 조직이 결국은 보상해 줄 거란 믿음, 자신의 운명을 책임져 줄 것이란 믿음 때문이었다. 그게 P를 몰락시켰다. 자신이 조직을 위해 존재한다는 생각, 조직이 내게 빚졌다는 생각, 나와 조직은 서로에게 책임을 다한다는 생각. 이런 생각이 P의 인생을 망가뜨렸다.

다시 말한다. 아무도 너의 인생을 책임지지 않는다. 당신이 아무리 조직에 진심으로 충성을 다해도, 조직이 아무리 당신을 물심양면 보살펴 주고 진심으로 애지중지하는 것 같아도 당신과 조직은 별개의 존재다. 조직의 입장에서, 세상의 관점에서, 당신은 언제든 대체 가능한 소모품이며, 당신은 그런 현실을 따라 살아야 한다. 나는 조직을 위해 존재하지 않으며, 조직은 내게 빚진 것도 더 해 줄 것도 없다는 사실을 이해해야 한다. 나는 조직에 대체 가능 소모품이며, 그러니 언제든 기회를 만들고 기회를 찾아 떠난다는 생각을 해야 한다. 이게 과몰입을 방지하고, 조직에, 세상에, 사람에 희생당하지 않는 마음가짐이다.

인생 리셋
9

인기 있는 사람보다
필요한 사람이 먼저 뽑힌다

나는 꽃이다.

사람들에게 다가가지 않는다.

꽃을 피워 사람들이 다가오게 만든다.

사례 1

K는 겉보기에 성공한 인생이었다. 명문대 출신에, 유명 언론사 해외 특파원으로 근무하며 TV와 라디오에 출연해 인지도를 높였다. 그는 다수의 책을 출판한 작가였으며, 유능한 커리어 우먼과 결혼해 아들 딸 하나씩 낳은 단란한 가정의 가장이기도 했다. 하지만 K는 실패했다. 그는 한때 화려했던 커리어를 뒤로 하고 현재 특별한 직업이 없는, 아내의 수입에 의존해 살며 아이들 도시락과 책가방을 챙겨 주는 것이 하는 일의 전부인 사람이 되었다. 그는 열심히 살았고, 자기 한몫 챙기는 데도 적극적이었다. 주관도 있었던 데다, 줄도 잘 탔으며, 사교성 높고 인간관계도 원만했다. 말하자면 그는 한국 사회에서 성공해야 하는, 성공할 수밖에 없을 것 같았던 인물이었다. 하지만 사람의 겉모습과 실

제 모습은 대부분 다르다. 대중 매체를 통해 이름을 알린 사람들은 특히 더 그렇다. 사실을 말하자면 K는 처음부터 망할 수밖에 없는 요인을 갖고 있었다. K는 한국인들이 가장 많이 망하는 요인 때문에 망했다. "도움 안 되는 인간관계"였다. K는 전형적인 한국인의 특징 그대로 "아무나"와 허물없이 지냈다. "아무나"와 허물없이 지내는 사람들의 전형적인 특징은 까다로운 사람과는 사귀지 않는 것이다. 이들에게 "아무나"의 의미는 진짜 "아무나"가 아닌, 접근성이 낮은, 사귀기 수월한 사람들을 의미한다.

K의 주변엔 항상 사교성 높고 술 잘 마시는 친구들로 가득했다. 신중하고 까다로운 친구들은 없었다. K는 친한 사이면 무조건 믿었다. 친구뿐만 아니라, 같은 직장 사람들, 자기와 같이 일했던 적이 있는 사람들, 자기와 뭐든 연고가 있는 사람은 무조건 다 믿었다. K는 원래 인생 한 방이나 일확천금의 꿈을 믿는 사람은 아니었다. 하지만 친하게 지내던 직장 동료가 주식으로 많은 돈을 벌었다는 말을 듣자 자신도 그렇게 벌 수 있을 것이라 믿었다. 그 동료에게 돈을 맡기기만 한다면, 그 동료는 자신이 주식 전문가라고 떠들고 다녔고 자신에게 돈을 맡기면 금방 큰 이익을 얻을 것처럼 굴었다. 그리고 K는 몇 개월 만에 큰돈을 잃었다. K는 이성적 판단으로 투자하지 않았다. 친구들을 따라 투자했다. 그의 친구에 대한 맹목적 믿음은 그 무엇보다 우선시되었다. K는 다시는 주식을 하지 않겠다고 이를 갈았으나, 주식 시장

이 상승세를 타자 또다시 같은 사람에게 돈을 맡겼다. K는 또다시 많은 돈을 잃었다.

K는 친구를 "판단"하지 않았다. 그에게 친구는 그냥 친구였다. 그가 어떤 사람인지, 얼마나 똑똑한지, 내게 얼마나 이익이 되는지 생각하지 않았다. 그는 잘못 프로그래밍 된 기계 같았다. 친하다, 가까운 사이다, 내게 잘해 줬다, 이 조건이면, 엄청난 손해를 입고도, 금방 다시 아무 거부감 없이 믿었다. 부지런하고 생각이 많았던 K는 다양한 출판업을 시도했는데, 출판하는 책마다 망했다. 자신이 쓴 책이 잘되지 않자, 직장 동료들을 필진으로 책을 냈는데, 그중엔 평소 근무 태만으로 같이 일하기 힘든 동료도 있었다. K는 그가 어떤 사람인지 충분히 겪고도, 단지 술자리를 자주 하는 친구라는 사실만으로, 중요한 출판에 필진으로 참여시켰을 뿐 아니라 그에게 편집 전권을 맡겼다. 책은 출판일이 늦춰졌고, 반년이나 늦게 출판된 결과물은 기획 의도와 아무 상관없는 쓰레기 내용뿐이었다. K의 사업은 항상 이런 식이었다. 가장 믿을 수 없는, 가장 무능한 사람에게 모든 걸 믿고 맡겼다. 단지 자신과 친하다는 이유로, 자기가 보기에 "좋은 사람"이라는 이유로, K는 출판업으로 엄청난 손해를 보았고, 아내의 수입까지 끌어 쓰다가, 결국엔 아무것도 하지 않고 가만있는 것이 이득이라는 결론에 도달했다. 그는 자신의 페이스북 계정을 삭제했고, 사회적 관계를 대부분 끊은 채, 가정에 충실한 삶을 살고 있다.

사례 2

W는 K의 친구이자 직장 동료였다. W는 K와 공통점이 많았다. 명문대 출신에, 미국 유학파에 (영주권자), 유명 언론사 근무 경력이 있었다. W는 매력 있는 사람이었다. 친구가 많았고, 면접을 보면 항상 붙었다. 회사엔 그를 따르는 무리가 있었고, 그가 전화를 걸면 한달음에 달려 나오는 측근들도 있었다. 하지만 W에겐 문제가 있었다. 항상 회사에서 잘린다는 점이었다. 어디든 쉽게 입사했지만, 어디든 쉽게, 예상치 못하게 잘렸다. W의 직장 경력은 화려했으나 어디서도 오래 붙어 있지 못했다.

W가 K와 다른 점은 까다로운 사람도 사귀었다는 점이었다. W의 지인 목록에 특별히 "편중"된 요소가 없었다. 부자도 있었고, 가난한 사람도 있었다. 똑똑하고 교양 있는 사람도 있었고, 수준 이하인 사람도 있었다. K는 똑똑하고 교양 있는 사람들에게 배척당했지만, W는 그렇지 않았다. 하지만 W도 K와 같은 결과를 맞았다. 어디서도 자리 잡지 못하고, 어디에도 재취업하지 못한 채, 친구 사업을 도우며 살고 있다. 문제의 근본 원인은 K와 다르지 않았다. 해로운 인간관계. W는 언제나 인간적 유대감을 기준으로 중요한 결정을 내렸다. W에게 객관성이나 상식, 공정함은 말뿐이었다. W의 말은 공정했으나 실제 행동은 그렇지 않았다. 그는 언제나 자신과 조금이라도 더 친한, 심리적으로 더 가까운 사람을 믿었다. 그리고 그렇게 한번 믿으면 모든 걸 다

걸고 믿었다. W 역시 친구를 "판단"하지 않았다. 그에게 친구는 그냥 친구였다. 그가 어떤 사람인지, 얼마나 똑똑한지, 내게 어떤 이익이 되는지는 생각하지 않았다. 그저 자신이 믿으니까, 믿기 위해 믿는 것이었다.

W가 믿은 친구들은 모두 그를 배신했다. W가 믿은 이들은 하나 같이 1) 무능하거나, 2) 몰상식하거나, 3) 이기적이었다. 회사에서 W에게 업무 진척 상황을 물으면 언제나 "누구에게 맡겨 놓았으니 문제없다"는 말만 반복하거나, 그 맡겨 놓은 사람의 생각만 앵무새처럼 반복했다. W는 자신이 믿은 사람을 열과 성을 다해 아꼈다. 하지만 그가 믿은 사람들 중에 믿을 만한 사람은 없었다. 심리적 유대감으로 사람을 판단하는 W는, 신뢰성 높은 친구보다는, 그렇지 못한, 사교성 높은 친구들을 더 철석같이 믿었다. W가 마지막으로 잘린 직장에서 W를 쫓아낸 사람은 K였다. W는 K를 자신의 친형제처럼 믿었다. 상식이 아닌 "남자의 의리"로 세상을 사는 이 둘은 천생연분이었다. 둘은 막상막하의 수준 이하 실력으로 회사에 도움되지 않는 이들이었고, 회사 대표는 둘 중 하나를 자를 생각을 하고 있었다. 이때 K가 끼어들어 자신이 W의 자리를 차지하고 W를 쫓겨나게 만들었다.

W는 그 뒤에도 자신의 문제를 깨닫지 못했다. 자신은 아무 문제 없는데 (단지 운이 없어서) 계속 부당한 일을 당한다고 생각했다. 애당초 K 같은 수준 이하의 사람들만 골라 믿은 자신의 어리석

음을 탓하지 못하고 인정 없는 세상 탓을 하고 있다. W는 지금도 여전히 K 같은 도움 안 되는 수준 이하 사람들을 친구로 두고 있다.

한국처럼 인간관계를 신성시하는 나라도 드물다. 친구가 곧 재산인 나라, 친구가 많을수록 인격이 높아지는 줄 아는 나라, 친구가 없는 것이 수치가 되는 나라. 이 나라에서 가장 많이 벌어지는 사건은 친구 간의 고소 고발이다.

사실을 말하자면, 세상 사는 데 친구만큼 위험한 존재도 없다. 친하다는 이유로 쉽게 믿기 때문이다. 친한 건 지금 당장 친한 것뿐이다. 그런 인간적 유대감은 자고 일어나면 달라진다. 어리석은 사람들은 지금 친한 것이 영원할 것으로 믿는다. 나쁜 남편감과 결혼해 인생 망치는 여자들이 지금 사랑하면 영원히 사랑해 줄 것이라고 믿는 것처럼.

인류 역사 이래 무수히 많은 사람들이 친구 때문에 망했고, 친구에게 배신당하고, 친구 때문에 죽임당했다. (그러고 보니 한국 영화「친구」도 친구끼리 배신하고 죽고 죽이는 내용.) 오죽하면 동서양을 막론하고 친구를 조심하라는 격언이 있겠는가.

나쁜 친구를 사귀는 것보단 혼자가 낫다

(Better be alone than in bad company.)

가짜 친구보다는 진짜 적이 낫다

(Better an open enemy than a false friend.)

모두의 친구는 누구의 친구도 아니다

(A friend to all is a friend to none.)

친구 따라 강남 간다

(친구 때문에 갈 필요 없는 강남까지 따라 가는 아둔함을 이르는 속담.)

먹을 가까이하면 검어진다

(좋지 못한 친구를 사귀면, 그를 닮아 나쁜 쪽으로 물든다는 속담.)

새도 가지를 가려 앉는다

(짐승도 친구를 가려 사귄다는 속담.)

  친구 관계 때문에 망하는 사례는 셀 수 없이 많으며, 한국에서 인생이 망한 사람의 절반은 친구 때문에 망했다고 해도 과언이 아니다. 그런데도 아직도 예나 지금이나 한국인들은 친구가 많으면 무조건 좋은 줄 안다.

  결론은 그렇다. 나쁜 친구를 사귀느니 혼자 사는 것이 낫다는 것이다. 친구를 사귈 것이면 까다롭게 사귀라는 것이다. 그렇지 않으면 당신의 인생은 잘 안 풀리는 수준이 아니라, 어느 한 순간, 전혀 예상치 못한 시점에, 철저하게 망한다는 것이다. 친구끼리 돈 거래만 하지 않으면 문제없을 거라는 착각도 흔하다. 친구끼리 돈 거래 한 번 하지 않더라도, 단지 인간관계를 과신한 것만으로 완전한 인생의 몰락을 가져온 사례는 부지기 수로 많다.

인간 심리의 무서운 점이다. 인간은 군집 생활을 하는 동물이고, 군집 내 가까운 이를 전적으로 믿는 습성이 있다. 구석기 씨족 사회에서는 이런 습성 덕에 생존율을 높였을지 몰라도 현대 사회에서는 목숨을 앗아가는 결과를 낳는다. 보이스 피싱을 비롯한 거의 모든 종류의 사기가 인간의 이런 심리를 이용하고 있다. 메신저 목록 친구가 급하니 돈을 빌려 달라고 하면 아무 의심 없이 입금해 주는 것이 인간의 자연스러운 심리다. 왜냐하면 친구가 급하다니까. 친하니까. 나를 배신할 리 없으니까. 땅 사기꾼들도 언제나 사기 대상의 친구에게 먼저 접근해 공사를 친다. 친구에게 "아주 좋은 땅이 있다, 믿을 만하다" 이 2줄 대사만 치게 만든다. 그러면 대부분 넘어간다. 심지어 그 땅이 어디 붙어 있는지 확인도 해 보지 않고 계약을 하는 경우도 부지기수다. 왜. 친구가 그렇다니까. 친하니까. 나를 배신할 리 없으니까.

인간은 진실이나 논리를 믿는 동물이 아니다. 인간은 가까운 사람을 믿는 동물이다. 어리석다, 수준 낮다 그런 가치 평가는 일단 접어 두자. 인간은 원래 그렇게 만들어진 동물이라는 사실부터 인정해야 한다. 인간의 심리가 원래 그렇다는 사실부터 받아들여야 한다. 인간의 이런 어쩔 수 없는 속성 때문에 누구를 가까이하느냐에 따라 인생이 달라진다는 사실을 이해해야 한다. 해가 될 인간은 애당초 가까이하지 않는 게 상책이라는 것이다. 친구 따로 비즈니스 따로, 이런 안이한 생각으로 살기 때문에 인생이 도탄에 빠지는 것이다. 애당초, 처음부터, 해가 될 인간을 가려 철저히 멀리하는 습관이 중요하다. "해가 될 인간을 가려내라"는 조언은 "이런 사람을 가까이하라"는 조언보다 반드시 앞서야 한다. "어떤 친구를 사귀느냐"는 기준은 무의미하다. 각자 알아서 할 일이다. "어떤 사람과 사귀지 말아야 하느냐" 이게 인생에 100배 더 중요한 일이다.

1. 친밀함은 아무것도 보증해 주지 못한다

친구를 사귀는 건 결혼할 때와 같은 기준이 적용된다. 나와 친하다고 좋은 배우자감인 것도 아니고, 나와 잘 맞는다고 좋은 배우자감도 아니며, 서로 사랑한다고 결혼해서 좋은 배우자가 되는 것도 아니다. 결혼에 적합한, 좋은 배우자의 행동 패턴을 갖고 있어야 좋은 배우자감이다. 마찬가지로, 친하다고, 잘 맞는다고, 서로 좋아한다고 인생을 담보할 수 있는 사람이 되는 건 아니다. 당신과 잘 맞는 건 단지 당신과 잘 맞는 것뿐이다. 서로 잘 맞는다는 것만으론 신뢰도가 높아진다는 생각은 굉장히 멍청한 착각이다. 서로 잘 맞으면 친밀도가 높아지지 신뢰도가 높아지지 않는다. 잘 맞으면 취미 활동이나 같이할 일이다. 생사고락을 함께할 친구는 "행동 패턴의 신뢰성"을 판단하는 것이 우선이다. 신뢰할 수 있는 사람의 행동 패턴을 갖고 있어야 신뢰할 수 있는 사람이다. 다시 말하지만, 당신과 친한 것은 지금 친한 것뿐이다. 친하다는 것은 절대로 신뢰의 기준이 될 수 없다. 그 사람의 행동 패턴만이 신뢰의 기준이 될 수 있다. 한국인들은 언제나 이 부분을 착각해서 망한다. 친하니까 신뢰할 수 있다는 뿌리 깊은 착각. 이것 때문에 망한다. "친하니까 믿는다"는 사람은 절대로 인생이 잘 풀릴 수 없다.

2. 못난 놈을 친구로 두는 못난 놈

못난 사람, 무능한 사람, 사고 치는 사람을 친구라고 이해하고 받아 주면 이 친구와 같은 수준의 인생을 살다가 이 친구와 같은 운명을 맞게 된다. 친구가 인생에 꼭 도움될 필요는 없다. 하지만 친구가 인생에 해가 되는 건 매우 심각하게 받아들여야 하는 문제다. 쌓인 정이 어쩌고 의리가 어쩌고 하는 사람일수록 인생이 안 풀리고 가난해지는 건 절대 우연이 아니다. 반대로 쌓인 정, 의리 따위 무시하고 쉽게 관계를 끊는 사람일수록, 사람을 처음부터 까다롭게 사귀는 사람일수록 인생이 잘 풀리는 데는 그만한 이유가 있다. 꼭 못난 짓을 하지 않더라도, 그 주변이 못난 놈, 무능한 놈, 사고 치는 놈 천지라면 이 역시 관계 정리의 이유가 되어야 한다. W는 K의 주변 사람들 수준을 보고 K가 어떤 사람인지 파악할 수 있었다. W에게 피해를 본 사람들은 W가 K 같은 수준의 사람들과 친하게 지내는 걸 보고 어떤 사람인지 파악했어야 했다. 이 사람이 믿을 만한 사람인지 아닌지는 그 사람의 가장 가까운 친구들을 보고 판단해야 한다. 지금 당장 이 사람이 아무리 뛰어나고 훌륭한 사람 같아 보여도 주변 사람들이 수준 이하면 이 사람도 결국 수준 이하의 짓에 연루될 수밖에 없다.

3. 모두의 친구는 절대로 내 친구가 될 수 없다

인생이 잘 안 풀리는 사람들의 또 하나의 중요한 공통점이 무작정 인기 많은 사람에게 가서 붙는다는 점이다. 이들은 자신의 판단에 따라 사람을 사귀는 것이 아니라 주변 사람 눈치를 보고 사람을 사귄다. 사기꾼은 그래서 언제나 이 점을 이용한다. 주변 사람 서너 명만 섭외해서 "좋은 사람/도움되는 사람"으로 추천시키면 자동으로 그 열 배의 사람들이 몰려든다. 이게 바로 "청담동 주식 부자" 같은 사기꾼들이 사용한 방식이다. 주변에서 "좋은 사람/도움되는 사람/돈 되는 사람"이라고 떠들면 그 소문에 혹해서 꼬이는 사람들이 있다. 사람을 직접 보고 판단하지 못하고, 주변 사람 말을 듣고 판단하는 것이다. 이런 사람들이 이용당하고 손해 본다. 인간의 가치를 친구 수로 판단하니 멍청한 실수를 반복한다. 친구가 너무 많은 것 자체가 문제라는 생각을 하지 못한다. 지나치게 사교성이 높은 사람일수록 문제가 있을 가능성이 높다는 생각을 해야 한다. 아까 W 사례에서 설명했다. 사교성이 높을수록 믿을 만한 사람들과는 멀어진다고. 사교성이 높을수록 주변에는 믿을 수 없는 사람만 남게 된다고. 그래서 잘나갈 때는 도움이 되는 것 같다가, 궁지에 몰릴 때는 뒤통수를 맞게 된다고.

4. 한 번이라도 피해 준 관계는 지금 바로 끝내야 하는 관계

어떤 친구가 내게 이익인지 혈안이 된 사람일수록 자신에게 피해 주는 관계를 버리지 못하고 집착하는 경향이 있다. 아무리 지금 당장 내게 손해라도 친하게 지내면 언젠가 이익이 될 것이라고 생각하기 때문이다. 지금 당장 불필요한 물건은 나중에 쓸모 있을 수도 있다. 하지만 지금 내게 피해가 되는 관계는 앞으로 점점 더 심각한 피해가 되는 관계로 발전한다. 인간은 죽을 때까지 자신의 행동 패턴에 따라 행동한다. 지금 그 사람 행동 패턴에 의해 내가 피해를 보았으면, 이 사람은 앞으로도 내게 계속 피해를 줄 것이라고 판단해야 한다. 실제로 인간관계 때문에 파멸하는 사람들 절대 다수가 "한 번 피해 준 관계"를 빨리 끊지 못한다는 공통점을 보인다. 친하니까, 친구니까, 내게 잘해 줬으니까, 착하니까, 인간관계는 소중한 것이니까, 인맥이 재산이니까, 그래도 언젠가는 도움될 테니까, 이런 멍청한 착각으로 관계를 유지하다가 결국 다시 돌이키기 어려운 피해를 입고 피눈물 흘리는 것이 불행한 한국인들의 자화상이다. 인간관계에 관한 가장 중요한 조언이다: 한 번이라도 내게 피해를 준 관계는 지금 바로 영원히 끊어 버리고 다시는 돌아봐선 안 된다. 한 번이라도 내게 피해를 준 사람은 10년 뒤에 다시 연락해서 사과하고 기어 들어오더라도 절대 다시 곁에 둬선 안 된다. 이것 하나만 지켜도 당신의 인생이 억울해질 확률은 절반 이하로 줄어든다.

사회 초년생들의 정신 세계를 지배하는 인맥이라는 미신이 있다. 인맥이 있어야 취업이 된다, 인맥이 있어야 좋은 직장을 얻는다, 인맥이 있어야 직장에서 잘나간다, 인맥이 있어야 사업이 된다, 인맥이 있어야 인생이 잘 풀린다, 인맥을 쌓아야 생존한다, 기타 등등. 정말 그럴까. 실제 사례를 보자.

사례 1
부장 판사 A 씨는 법원 내 사람 좋기로 유명한 사람이었다. 배석 판사들이 가장 선호하는 부장 판사로 언제나 가장 먼저 언급되는 사람 중 하나였다. 술자리를 좋아해서 친구도 많았다. 너그럽고 공명정대하고 친화력이 좋아서 어디서든 "인맥"이 만들어졌다. 그는 정년을 10여 년 남기고 퇴임하기로 결심했는데, 자녀들 교육비를 감당하기 위해서였다. 로펌 파트너로 가면 지금보다 훨씬 더 많은 돈을 벌 수 있다는 계산이었다. 그동안 쌓은 인맥이면 어느 로펌으로 가든 고액의 수임료를 끌어올 수 있다고 생각했다. 하지만 그를 데려가려는 로펌은 없었다. 그와 가장 친했던 동기가 있던 로펌에 파트너 자리를 하나 간신히 마련해 주었지만, 그나마도 "파트너 계약금" 5천만 원을 A가 로펌에 지불해야 갈 수 있는 자리였다. 결국 그는 로펌에 가지 못했다. 그렇게 많은 인맥에도 불구하고 혼자서 변호사 사무실을 "창업"하는 수밖에 없었다.

사례 2

부장 판사 B 씨는 외톨이였다. 그는 사회성이 좋지 않았다. 말을 함부로 해서 배석 판사들이 싫어했다. 한때 배석 판사들의 "기피 부장"으로 이름이 오르내리기도 했다. 하지만 일을 잘했다. 법원 내에서는 평판이 별로였지만 변호사들과 검사들 사이에선 존경받았다. 왜냐하면 재판을 잘하니까. 문제를 빨리빨리 해결해 주고 실수도 하지 않으니까. 부장 판사 B는 자기 일에 만족하고 살았다. 그는 정년 퇴임할 생각이었다. 잘하면 대법원까지 갈 수 있지 않을까 내심 기대도 했다. 하지만 그는 법원을 그만두고 로펌 파트너로 자리를 옮겼다. 로펌에서 끈질기게 설득했기 때문이었다. 그것도 한두 곳이 아니라 서너 곳에서 B 씨를 데

러가기 위해 사력을 다했다. "파트너 계약금" 1억 원을 로펌이 B에게 선지급한다는 조건도 걸었다. 결국 B 씨는 1억 원을 받고 대형 로펌 파트너가 되었다. 가진 건 판사라는 사회적 명예에 밖에 없던 그의 인생은 부유해졌다.

화려한 인맥을 자랑하는 사람일수록 남들보다 먼저 망하는 길로 빠진다. 본인이 그 인맥에 희생되거나, 자신이 그 인맥에 연루돼 범죄를 행한다.

"인맥이 성공이다", "인맥에 강한 아이로 키우는 법", "성공하는 사람의 인간관계법", "어떤 사람을 골라 사귀어야 하는가", 이런 자기 계발서가 쏟아지는 이유는 실제 사례를 제대로 본 적 없기 때문이다. 아무것도 제대로 보지 않고 그냥 대충 감으로 "그럴 것"이라고 풍월을 읊기 때문이다. 성공한 사람/인생 잘 풀린 사람들에게서 공통적으로 발견되는 특징은 예나 지금이나 다르지 않다: "쓸데없는 인간관계를 맺지 않았다"는 것, 그리고 "해가 되는 인간관계를 끊었다"는 것이다. 어느 누구도 인맥으로 성공하지 않았으며, 어느 누구도 인맥으로 인생이 잘 풀리지 않았다. 인맥으로 잘된 사람보다 인맥으로 망한 사람이 100배 더 많다는 사실 이제는 정말 진실로 기억해야 한다. 사람은 자기 능력으로 성공했다가도 인맥으로 망하는 법이다. 아무리 지금 당장 인맥이 좋아 보여도, 능력 있거나 잘나갈 때 그렇게 보이는 것일 뿐, 당신이 무능하고 별 볼 일 없어지면 인맥은 눈 녹듯 사라진다.

사례 3

정치인 이회창. 그는 인생이 잘 풀린 사람이었다. 대통령이 되려고 하지 않았다면 그는 아마 법조계 역사상 가장 인생이 잘 풀린 사람으로, 그리고 가장 존경받는 법조인으로 남았을 것이다. "대쪽 판사"에서 "대통령병 환자"로 추락한 그의 이미지는 물론 순전히 그 자신의 책임일 것이다. 하지만 정치와 결코 어울리지 않을 것 같던 그가 철옹성 같던 3김 체제를 종식시키고, 역사상 가장 막강했던 보수 정치계의 수장으로, 십 년 넘게 한국 보수 이념의 챔피언으로 군림했다는 사실은 어떻게 해석해도 놀라운 일이다.

이회창은 본바탕이 까다롭고 냉랭한 반골이었다. 그에겐 선후배도, 동기도, 술친구도 없었다. 그의 30년 간 공직 생활 동안 친구라고 부를 수 있는 사람은 이한구 전 총리 하나밖에 없었다. 그는 사람들에게 바라는 게 없었다. 누구 덕을 보고 싶지도 않고, 누구와 친해지고 싶지도 않은, 혼자만의 세계에 빠져 있는 독불장군이었다. 이회창이 "저 사람은 좀 아닌 것 같다" 이 말을 한 번이라도 하는 순간, 그 사람은 이회창의 인생에서 사라졌다. 이회창에게 "미워도 다시 한번"이라는 개념은 없었다. 한 번 내

편이면 마지막까지 믿어 줬다가, 한 번 아니다 싶으면 영원히 상종하지 않았다. 전형적인 아웃사이더, 술자리도 취미 생활도 즐기지 않는 외톨이였지만 퇴임하자마자 전국구 유명 인사가 돼 모두의 "러브콜"을 받았다. 왜. 이회창의 인품 때문에? 그의 상식적이고 정의로운 인생관 때문에? 아니다. 그가 필요해서 그런 거였다. 이회창을 갖다 써야 자신들에게 유리하기 때문이었다. 이회창을 데려옴으로써 자신들에게 필요한 인지도와 평판과 이득을 얻을 수 있기 때문이었다.

우리는 인간의 사회적 가치를 생각해 본다. 사람의 사회적 가치는 어떻게 매겨지는가? 연봉? 직급? 다니는 회사? 경력? 친한 사람 수? 인맥? 인간도 엄연히 시장에서 거래되는 "재화"다. 아무리 인간적 유대 관계가 어쩌고 사람의 정이 어쩌고 해 봐야 결국 인력 시장도 다른 모든 재화 시장과 마찬가지로 "필요"에 의해 돌아간다. 당신이 아무리 평소 귀하신 분들과 호형호제하며 우애를 다져도 당신이 필요 없으면 누구도 당신을 쓰지 않는다.

술자리에서는 친밀감에 의해 사람의 가치가 정해질 것이다. 하지만 사회에서는 시장 평가에 의해, 필요에 의해 사람의 가치가 정해진다. 그 사람의 인성, 인생관, 정치 견해, 살아온 방식, 친구 수, 인맥, 그런 건 그 사람의 가치에 아무 영향을 주지 못한다. 그런 건 시장의 필요와 관련 없기 때문이다.

"나 그 사람 알아! 친구야! 술 같이 먹어!" 아직도 이런 구태가 시장에서 먹히는 줄 아는 사람들, 아직도 자유 시장 경제가 씨족 사회 정서로 돌아가는 줄 아는 이들이다. 이제는 깨달아야 한다. 쓸데없는 "인맥 타령"하는 사람들이 얼마나 위험한지. 인맥이 당신 인생에 독이 되는 이유는 인맥을 재산으로 여기기 때문이다. 지갑 안에 연예인, 전문가, 권위자, 대기업 임원 명함을 주렁주렁 차고 다니는 걸 자랑으로 여기기 때문이다. "행님 그동안 으뜨케 지내셨어라?" 친한 척할 수 있는 유명인 휴대폰 번호 목록을 자신의 사회적 신분, 인격 수준으로 알기 때문이다.

당신의 인맥은 시장의 평가에 아무 영향을 주지 못한다. 당신의 사회적 가치는 오직 당신이라는 재화에 대한 시장의 필요에 의해 결정된다. 인맥을 쌓기 위한 유일무이한 원칙은 필요한 사람이 되는 것이다. 그래서 공부하는 것이다. 자격증을 따고 입사 시험을 보고 경력을 쌓는 것이다. 지각하지 않고 펑크 내지 않고 주어진 일에 최선을 다하는 것이다. 이게 기본이다. 당신은 필요한 사람이 되어야 한다. 호형호제하는 "행님들"을 만들면 안 된다. 그건 인맥이 아니라 허세다. 무능한 사람이 꼴값 떠는 것이다. 씨족 사회 원시인으로 전락하는 것이다.

필요한 사람인 것처럼 보여야 한다. 그렇게 보이도록 "위장"해야 한다. 유용한 사람으로 포장하는 법이다. 자격증이나 경력 같은 증명 서류 없이 "심리적 눈대중"으로 일 잘하는 사람, 필요한 사람처럼 보이는 거다. 당신이 진짜 시장에서 필요한 사람이 되려면 최소 5년 이상의 경력이 필요하다. 당신에겐 그럴 만한 시간도 없고 그 기간 내내 꾸준할 수 있다는 보장도 없다. 당신은 지금 당장 자신을 포장하는 법을 익혀야 한다.

"인생 리셋" 첫머리에서 이야기한 눈에 띄는 법이 그 얘기였다. 주관을 드러내야 한다고. 보이고 들려야 주관이라고. 당신은 주관이 있어야 한다. 당신은 사람들 비위를 맞춰 주는 게 아니라, 사람들이 내 비위에 관심 갖게 만들어야 한다. 누구나 강한 주관에 끌리게 돼 있다. 학교든 학원이든 직장이든 유튜브든, 더 강하고 확실한 주관을 가진 사람이 관심을 받는다. 주관 옆에 사람이 모인다. 사람들을 끌어모으고 내 편으로 만드는 것. 그게 주관의 역할이다.

자기가 먼저 사람들한테 부지런히 다가가서 "아이고 행님 저 이런 사람입니다 잘 좀 봐주십셔" 손이 발이 되도록 굽신대는 걸 인맥 만들기라고 생각한 사람들 많을 것이다. 당신이 필요해서 기어 들어간 인맥은 절대로 당신 인생에 도움되지 않는다. 남이 필요해서 기어 들어온 인맥이 당신 인생에 도움된다. 다시 말한다. 사람들이 당신에게 관심을 갖도록 해야 한다. 당신을 일 잘하는, 일 잘할 것 같은 사람으로 포장해야 한다. 그래야 인맥이 생긴다. 보이지 않는 인맥. 쟤 괜찮은데? 싶어서 기억해 됐다 필요할 때 찾게 되는 인맥. 명함 지갑 한구석에 처박힌 인맥이 아니다. 휴대폰 주소록에 기록된 수천수만 명 중 하나의 인맥이 아니다. 인간의 내면, 머릿속 깊이 자리 잡은, 도저히 지울 수도 없고 잊히지도 않는 그런 인맥이다.

5. 하다 보면 길이 생기고 사람이 붙는다

거의 모든 성공한 사람들은 공통적으로 '일단 몸으로 부딪치라고' 조언한다. 머리로 생각하지 말고 일단 몸으로 부딪치라고. 그래야 알게 된다고. 뭐가 되고 뭐가 안 되는지. 어떻게 하는지 잘 모르는데 어쩌지, 무서운데 어쩌지, 남이 흉보면 어쩌지, 욕하면 어쩌지, 폐 끼치면 어쩌지. 이딴 고민을 하는 한, 당신의 인생은 한 발짝도 나아가지 않는다. 지금 그 자리에 영원히 머물러 있을 것이면 계속 평생 그딴 걱정을 하고 있으면 된다. 하지만 그러기 싫으면 이렇게 생각해야 한다: "하다 보면 알게 된다"고. 일단 해봐야 아는 법이다. 모르면 모르는 대로 실수하는 것이고, 그를 통해 배우면 되는 것이다. 누구나 다 그렇게 시작하고, 누구나 다 그렇게 세상에 적응한다. 실수를 하는 것도 눈에 띄는 방법 중 하나다. 아무것도 하지 않으면 실수를 할 일도 없고 눈에 띌 일도 없다. 그리고 뭔가 배울 일도 없다. 모르는 걸 시키면 어떻게 하냐고 무서워 벌벌 떠는 사람은 미래가 어두컴컴한 사람이다. 반대로, 모르는 걸 시켜도 일단 해 보지 뭐 하고 들이대는 사람은 미래가 밝은 사람이다. 앞으로 뭘 하든 인생이 쉽게 풀릴 사람이다.

6. 안 되면 다시 하면 된다

몸으로 부딪치면서 배우려면 반드시 이 조언을 새겨야 한다. 안 되면 다시 하면 된다. 이번에 안 되면 다음엔 될 것이다. 다음에 안 되면 또다시 해 보면 된다. 수많은 성공한 벤처 사업이 이 과정을 거쳤다. 사람들은 페이스북 성공 신화에 쉽게 속는다. 하버드 대학 천재가 만든 천재적 아이디어로 모든 걸 한 방에 이룩했더라. 세상에 페이스북처럼 성공한 기업은 수천수만 개 중 하나도 되지 않는다. 대부분 악전고투 바닥부터 박박 기어올라 성공했다. 운은 언제나 랜덤이다. 그래서 운이다. 경우의 수가 많아지면 결국 행운도 찾아오기 마련이다. 시행착오가 늘어날수록, 머리 대신 몸을 움직일수록, 행운의 확률은 조금씩 더 늘어나게 돼 있다. 세상 어떤 사업도 아이디어/아이템이 좋아서 성공하지 않는다. "안 되면 다시 한다, 될 때까지 끊임없이 움직인다"는 자세 때문에 성공한다.

이게 인맥을 쌓는, 세상의 눈에 띄는 최고의 방법이다. 될 때까지 한다는 것. 포기하지 않는다는 것. 다시 말한다. 세상은 스스로 돕는 자를 돕는다. 스스로 포기하는 자를 돕는 세상은 어디에도 없다. 포기하지 않으면, 될 때까지 이 악물고 분투하면 사람들 눈에 띈다. 도와주고 싶게 만든다. 도와 달라고 읍소하는 사람을 도와주고 싶은 사람은 없다. 스스로를 도우며 악착같이 살고자 하는 사람을 돕고 싶지, 의지박약 게으름뱅이 무기력증 환자를 도와주고 싶진 않다.

우리는 도움 안 되는 쭉정이들을 밀어내고 도움되는 귀인들을 끌어들이는 마법의 전략이 여기 있음을 깨닫는다. 삶에 대한 의지. 좌절하지 않는 긍정의 마음. 당신이 삶에 대한 의지를 불태울수록, 긍정의 마음을 잃지 않을수록, 당신에겐 꽃향기가 난다. 당신 인생을 뒤바꿔 줄 귀인을 유혹하는 아주 진한 꽃향기가.

인생 리셋
10

처음 핀 꽃에는 향기가 없다

나는 도공이다.
처음 만든 도자기는 깨지기 위해 만들어진다.
깨지 않을 작품이 나오기까지
앞으로 백만 개의 도자기가 더 깨질 것이다.

앞서 에디슨의 사례를 들었다. 그때 에디슨의 말을 다시 보자. "내가 우연으로 발명한 건 아무것도 없다. 해 볼 만한 걸 발견하면 될 때까지 했던 것이다. 요약하자면 1%의 외부 자극과 99%의 땀이었달까." 에디슨과 같이 나왔던 포레스트 검프의 말도 들어 보자. "나는 한 번도 어딜 가기 위해 달리지 않았어요. 달리는 게 날 어떻게 해 줄 거라고 생각하지 않았어요. 왜 사람들은 달리는 거에 대단한 의미가 있다고 생각하는지 모르겠어요." 성공하는 법의 본질이다. "몸뚱이를 굴려야 성공한다". 몸뚱이를 굴리기 위해 꿈을 갖는 것 아닌가? 라는 서민들의 착각에 에디슨은은 일침을 놓았다. 사실 관계를 정리하면 이렇다.

1) 꿈 때문에 성공하는 것이 아니라,

2) 몸뚱이를 굴리는 "습관" 때문에 성공하는 것이며,

3) 꿈은 그 과정에서 방해가 되는 경우가 많다.

앞서 지능이 성공에 방해된다고 말했다. 왜냐하면 몸뚱이를 굴리기 전에 머리를 먼저 굴리기 때문에. 머리를 먼저 굴리면 몸뚱이를 굴리는 데 방해가 되기 때문에. 평판도 그렇다고 말했다. 평판이 아니라 평판을 신경 쓰는 마음이 당신을 망하게 한다고. 왜냐하면 평판을 신경 쓰는 마음이 몸뚱이 굴리는 걸 방해하기 때문에.

꿈도 그렇다. 그렇지 않을 것 같지만 사실은 그렇다. 꿈은 대부분의 경우 몸뚱이를 성공의 목적지까지 굴리는데 장애물이 된다. 처음엔 다들 꿈 때문에 몸뚱이를 굴린다. 꿈이 없는 사람은 드물다. 왜냐하면 어디서든 억지로 꿈을 주입하기 때문이다. 그래서 다들 주입된 꿈을 향해 달리기 시작한다. 그리고 대부분 실패를 겪는다. 한 번도 실패를 겪지 않는 사람은 없다. 누구나 실패를 겪는다. 이때 꿈에 잔뜩 부풀었던 사람들은 머릿속에서 풍선이 빵 터지는 느낌을 받는다. 꿈이 크면 클수록 풍선은 더 세게 터진다. 그리고 말한다.

"그럼 그렇지, 나 같은 게 무슨."

당신들은 절대로 손정의를 따라 해선 안 된다고 말했다. 손정의가 문제 해결을 위해 썼던 방법을 따라 하라 했지 절대로

그의 "꿈과 용기"를 따라 해선 안 된다고 했다. 왜냐하면, 정신병리학적 관점에서 손정의는 미친 사람이기 때문이다. 당신들처럼 정상적인 DNA를 물려받아 정상적인 가정에서 정상적인 교육을 받고 자란 사람들은 손정의 같은 미친 사람의 인생을 살 수 없다. 당신이 만일 손정의의 일대기를 읽고 손정의와 같은 꿈을 꾸다간 수년 내 피눈물을 흘릴 가능성이 51%다. 손정의의 성공 방정식은 미쳐야 가능한 것이다. 정상 범위에서 아주 한참 벗어나야 겨우 따라 해 볼 만한 것이다. 다시 말한다. 여기서 말하는 조언들은 절대적으로 표준 분포도 가운데 몰려 있는 우리 모두와 같은 평범한 이들을 위한 것이다. 당신이 만약 표준 분포도의 오른쪽 가장자리에 속한, 정말로 특별한, 정말로 비정상적인 사람이라면 지금 이 글을 보지 말고 손정의를 따라 하면 된다.

꿈은 풍선이다. 클수록 쉽게 터진다. 손정의 같은 미친 사람이어야 실패를 겪어도 풍선이 터지지 않는다. 되려 실패 때문에 풍선이 더 커진다. 이게 성공할 수밖에 없는 유전자를 타고난 사람의 정신 상태. 하지만 당신들은 그렇지 않다. 실패를 겪으면 풍선은 터진다. 풍선이 터진다는 것은 좌절을 의미한다. 좌절과 함께 꿈도 일장춘몽이 돼 사라지는 것이 정상적인 사람의 정신 상태다. "그런 물러 터진 정신 상태로는 성공할 수 없다"고 헛소리 지껄이는 사람들은 1) 한 번도 성공해 보지 못한 사람이거나, 2) 범죄자이거나, 3) 저능아다. 온갖 종류의 실패와 좌절을 경험하면서 계속, 수십 년 동안 처음과 똑같은 꿈을 꾸는 게 과연 정상적인지 생각해 볼 필요가 있다. 인간은 생존을 위해 움직인다. 꿈은 꿈일 뿐, 생존과 전혀 아무 상관이 없는 경우가 대부분이다. 그래서 꿈이 생존에 방해가 되는 경우 꿈을 포기하는 것이 정상적인 사람의 정상적인 선택이다. 절대로 꿈이 생존보다 우위일 수는 없다. 꿈이 생존보다 우위인 사람은 미친 사람이거나 범죄자거나 손정의다.

성공에 특별한 DNA를 요구한다면 그건 사기다. 성공이 생존에 기반하지 않았다면 이는 자살 행위다.

언제나 인생이 안 풀리는 사람들이 있다. 뭘 해도 어렵고 힘들고 불행한, 평생 단 한 번 아주 작은 성공 근처에도 가지 못하는 불우한 이들이 있다. 이들의 가장 흔한 공통점은 쉽게 좌절한다는 것이다. 극히 사소한 일에 상처받고 좌절한다. 원하던 연봉에서 100만원만 적어도, 누군가로부터 싫다는 대답을 들어도, 모처럼 찾아간 식당이 맛이 없어도, 여행 가서 날씨가 좋지 않아도, 세상이 망했다고 땅을 치며 서러워한다. 멘탈이 장애인 것이 문제가 아니라, 좌절이 습관화된 게 문제다. 사소한 일에 좌절하니 몸뚱이를 사리게 되는 것이다. 또 좌절할 것이 두려워 몸을 움직이지 못하는 것이다. 몸을 움직여도 의욕을 보이지 못하는 것이다. 그게 습관화된 것이다. 그러다 보니 또 실패하고 좌절할 수밖에 없다. 그러다 보니 더 몸뚱이를 사릴 수밖에 없다. 불행의 구덩이 속으로 더 깊이 파고 들어가는 악순환이 발생하는 것이다.

꿈은 흔히 이런 악순환의 시작으로 작용한다. 꿈이 있기에 좌절도 있다. 멍청이들은 "그럼에도 꿈을 잃지 않으면 되지요!" 개풀 뜯어먹는 소리를 한다. 당신이 정상적인 인간이면 꿈 때문에 더 크게 좌절하게 된다. 그리고 대부분, 정말로 대부분은, 어쩔 수 없이, 자연스레, 꿈을 잃게 된다. 왜냐하면 그게 생존에 더 유리하기 때문이다. 그게 정신의 건강을 지키는 방법이기 때문이다. 꿈을 잃는다는 건 나약함과 관련 없다. 생존의 현실로 돌아오는 것이다. 꿈을 잃는 건 당신이 나약하기 때문이 아니라 정상적이기 때문이다.

행복한 연애, 행복한 부부 관계를 위해 가장 많이 하는 조언 중 하나가 "기대하지 말라"는 것이다. 상대에게 뭔가를 기대하기 때문에 매력을 잃고 푸대접을 받고 차인다고 했다. 꿈도 그렇다. 꿈은 세상에 대한 기대다. 세상에게 기대하는 게 많을수록 매력을 잃고 푸대접을 받고 차이게 된다. 평판에 기대는 심리와 같다. 자신이 너무 특별하기에 세상에 기대하는 게 많은 것이다. 자기는 세상에 아무것도 해 준 게 없으면서 세상으로부터 받을 것만 그리 많은 것이다. 꿈이란 그런 것이다. 근거 없는 특권 의식. 준 건 없고 받을 것만 잔뜩 있는 도둑놈 심보가 당신들 꿈의 본질이다. 도둑놈 심보가 나쁘다는 게 아니다. 그 도둑놈 심보 때문에 남보다 더 쉽게 상처받고, 좌절하고, 의욕을 잃는 게 나쁜 것이다.

앞서 "머리 굴리면 망한다" 챕터의 선영과 해영의 사례를 다시 보자. 이 둘의 공통점은 꿈이 없었다는 거였다. 변호사가 되고 의사가 되려는 건 꿈 아니었을까? 꿈이 아니었다. 이들에게 변호사나 의사는 삶의 종착지가 아닌 경유지였다. 만약 변호사나 의사가 되지 못했다 해도 이들은 좌절하지 않았을 것이다. 왜냐하면 그건 꿈이 아닌 과정일 뿐이었으니까.

같이 나왔던 대현과 선웅의 사례도 다시 보자. 이 둘의 공통점은 꿈이 있었다는 거였다. 사법 고시에 합격해 판사가 되거나 검사가 되거나 아무리 못해도 변호사가 되는 게 꿈이었다. 이들에게 사법 고시 합격은 삶의 종착지였다. 살아야 할 이유였다. 이들은 마지막 순간까지 꿈을 잃지 못했다. 마지막 순간까지 꿈을 잃지 않고 버텼다. 그래서 망했다. 다시는 재기할 수 없는 사회 낙오자가 돼 버렸다.

꿈도 없이, 세상에 대한 아무런 기대도 원망도 없이, 그저 묵묵히 하고 싶은 일을 하다 보니 인생이 잘 풀린 포레스트 검프류 사람들은 꿈이 없었음에도 성공한 것이 아니라 꿈이 없었기에 성공한 거였다. 꿈이 없었기에, 세상으로부터 뭔가를 기대하는 대신, 자기 자신을 몰아친 것이다. 꿈이 없었기에, 현재의 결과에 실망하지 않았던 것이다. 꿈이 없었기에, 자신이 특별하지 않다는 사실을 알았던 것이다. 꿈이 없었기에, 생존에 대한 의욕을 잃지 않았던 것이다.

꿈 대신 분노. 꿈은 터지면 사라지지만 분노는 터지면 더 커진다. 실패가 좌절을 가져오는 것이 아니라 더 큰 분노를 가져왔다. 실패할 때마다 의욕이 상실된 것이 아니라 증폭됐다. 꿈쟁이들도 물론 분노한다. 꿈이 좌절되면 분노한다. 하지만 이들의 분노는 생산적인 방향으로 흐르지 않는다. 자기가 대접받지 못했다는 생각 때문이다. 자기가 대접받을 자격이 있다는 얄량한 특권 의식 때문이다. 그래서 꿈쟁이들은 문제 해결을 위해 분노하지 않고 사적인 명분을 위해 분노한다. "내가 왜 이딴 대접을 받아야 해"라는 중2병 분노가 아닌 문제에 대한 분노였다. 문제에 대해 분노하면 문제 해결을 위해 움직이게 돼 있다. 사람 몸이 그렇다. 세상에 대해 분노하면 제자리에서 바둥바둥 데굴데굴 구르다 자멸하는데, 문제에 대해 분노하면 문제를 해결하기 위해 구르게 된다.

성공 방정식이다. 내 발등에 떨어진 불부터 끈다는 것이다. 기성세대 사기꾼들이 심어 준 꿈에 현혹되지 말고 일단 발등에 떨어진 불부터 끄는 데 사력을 다하라는 거다. 세상이 나를 알아주지 않는다고 생떼 쓸 시간에, 문제를 발견하고 문제를 해결하는 데 몸을 움직이라는 거였다. 인생 리셋 핵심 조언 "어두우면 일어나서 불을 켜라"는 말과 동일하다. 이를 분노라 말한 것이다. 당신은 어둠을 느끼지 못하고 살 수도 있다. 그러면 당신은 그냥 어둠 속에서 살면 된다. 그건 당신의 삶의 방식일 뿐 잘못된 삶의 방식이 아니다. 하지만 어둡다고 생각되면 그 즉시, 몸뚱이를 일으켜, 불을 켜기 위해, 움직이라는 것이다. 그걸 습관화하라는 것이다. 성공 비결은, 사실 성공 비결이 아닌, 인생 잘 풀리는 법에 대한 이야기다. 인생이 그런 식으로 풀리다 보면 어느새 자기도 모르게 성공할 수도 있다는 거다. 꿈이나 성공에 대한 강박 관념은 알고 보면 불행의 근원이자 인생이 안 풀리는 원인이라는 것이다. "앞으로도 꿈 없이 살겠다" 중요한 건 꿈과 성공이 아니다. 중요한 건 당신이 행복하게 사는 것이다. 성공은 부차적으로 따라오는 것인데, 그게 따라오든 말든 그게 중요한 건 아닌 것이다. 성공을 하고 말고는 중요한 게 아니다. 꿈이 이뤄지고 말고는 알 바 아니다. 왜냐하면 당신은 지금껏 행복하게 살았고 앞으로도 그럴 테니까.

추신 1

"처음 핀 꽃에는 향기가 없다." 이는 옛 중국의 선각자가 지어낸 말이 아니라 원예 전문가들이 하는 말이다. 즉, 격언이 아닌 사실이다. 대부분의 식물들은 한 번에 모든 꽃을 피우지 않는다. 처음 한두 개는 "공갈 꽃"이다. 향기를 싣지 않고 "시험적"

으로 피우기 때문이다. 그러고 나서 천천히 나머지 꽃들을 틔워 향기를 뿜는다. 리소스를 절약하고 번식의 가능성을 높이기 위함으로 보이는데, 이유가 무엇이든 그게 식물들의 생존법이며 자연의 섭리다. 인간들은 이 섭리를 이해하지 못한다. 젊을수록 이해하지 못한다. 무조건 처음 피는 꽃이 대박 나야 한다고, 그래야만 한다고 생각한다. 꿈이 위험한 이유가 여기에 있다. 자기가 꿈꾸면 한 번에 다 되는 줄 알기 때문이다. 살다 보면, 어쩔 수 없이, 꿈을 꾸든 경유지를 정하든 목표가 생기기 마련이다. 그럴 때마다 "첫 꽃엔 향기가 없다"는 자연의 섭리를 되새겨야 한다. 첫 꽃부터 향기를 뿜는 식물은 오래 살지 못한다. 한 번에 모든 꽃을 다 피워 버리고 나면 식물은 쉽게 죽는다. 그리고 죽을 환경에 놓인 식물들은, 죽기 전 모든 꽃을 한 번에 다 터뜨리고 죽어 버리기 마련이다. 첫 꽃이 허무하게 져 버렸다고 좌절하는 인간은 꿈이라는 뽕에 취한 도둑놈 심보의 소유자다. 대체 세상이 당신에게 무슨 빚을 졌기에, 대체 당신이 지금껏 세상에 뭘 해 주었기에 당신이 원하는 게 한 방에 이뤄져야 하는 것인지 생각해 볼 필요가 있다. 처음 핀 꽃에는 향기가 없는 법이며, 만약 처음 핀 꽃에 향기가 난다면 이는 죽음의 전조일 수 있다는 사실을 명심해야 한다. 처음 한 방에 성공했던 젊은 사업가들 상당수가 자살 혹은 범법 행위로 생을 망쳤다는 사실을 떠올려 본다면 알 수 있다. 첫 꽃이 향기 없이 지는 것은 당연한 일이며, 내년이나 내후년쯤 진짜 꽃을 틔우는 것이 정상적인 자연의 섭리라는 사실을 기억해야 한다.

추신 2

"나는 운이 없다" 말은 "나는 특별한데 세상은 나를 그렇게 대접해 주지 않는다"는 말과 동일하다. "운"이라는 단어 자체가 세상에 대한 기대다. 세상을 향한 투정이다. 당신이 말하는 운이란 "세상이 나를 대접해 주는 방식"을 말한다. 운을 기대하는 것은 세상으로부터 융숭한 대접을 받기를 원하는 것이다. 그래서 운을 기대하는 놈들은 인생이 안 풀리면 닥치고 무조건 세상을 저주한다. 운에 대한 생각은 결국 내가 특별하다는 생각에서 비롯된 것이다. 지금까지의 결론은 한마디로, 운은 존재하지 않는다는 거였다. 너의 행동이 너의 "운"을 결정하는 것이지, "운"이 너의 행동을 결정하는 일은 절대로 없다는 거였다. "운이 좋았다"고 말하는 성공한 이들은 아무것도 모르기 때문에 그런 말을 하는 거라고 이 책 첫머리에 설명했다. 이들은 매순간 발등에 떨어진 불을 끈 거였다. 끊임없이 닥치는 문제를 해결한 거였다. 이들에겐 그게 너무 당연했기에, 그저 하루하루의 일상이었기에 잊은 거였다. 그랬기에 지금 생각 나는 건 "난 운이 좋았나 봐"라는 근거 없는 착각인 것이다. 성공한 이들에게 난관은 해결해야 할 문제였다. 그래서 이들은 자신이 한 번도 불운하다고 생각하지 않았다. 문제가 있으면 해결하면 된다고 생각했기 때문이다. 하지만 어떤 이들에게 난관은 불운이다. 해결할 문제가 아니라 세상을 저주할 구실이다. 그리고 말한다. "나는 운이 없는 놈이다, 나는 세상으로부터 버림받았다." 그러면서 자기 연민에 빠진다. 너무 특별한 자아의 저주다. 애당초 내가 너무 특별하단 망상에 빠져 살았으니 사소한 역경도 "세상이 나를 죽이려는 음모"로 돌변한다. 몸뚱이를 움직여 문제를 해결할 생각은 못하고, 똥 같은 자기 연민에 빠져, 거지 같은 피해망상이 만들어 낸 불운에 질질 끌려다니다, 비참한 인생을 마감하는 것이다. 인생이란 그런 것이 아니다. 인생은 불운 타령이나 하며 자기 연민에 빠지라고 만들어 놓은 것이 아니다. 인생은 아무도 특별하게 만들어 주지 않는다. 인생은 생존을 위한 분투이며, 여기에 자기 연민은 존재하지 않아야 한다.

맺음말

『인생 리셋』이라는 제목으로 출간된 이 책은 원래 이드페이퍼에 2017년 2월부터 2018년 3월까지 10회에 걸쳐 연재된 "인생 잘 풀리는 법"의 출판본이다. 겉으론 기성 세대의 사회 경험을 정리해 사회 초년생들에게 "너희들은 이런 고생하지 말라"는 교훈처럼 보인다. 하지만 실제 집필 동기는 그게 아니었다. 인생 잘 풀린 사람들의 공통점이 너무 뻔하고 분명했기 때문이다. 인생이 잘 풀리려면 이렇게 하면 되는구나, 이 점이 너무 확실했기에 이를 꼭 세상에 알리고 싶었던 것이다. 그게 진짜 집필 동기였다.

인생 잘 풀린 사람들의 공통점은 어딜 가나 뻔했다. 도와주는 사람이 있다는 거였다. 자기 혼자 잘 풀린 경우도 있긴 있다. 1) 굉장한 재능을 타고났거나, 2) 오래 암약하며 업적(생산물)을 쌓았거나. 하지만 이 경우도 역시 누군가 도와주는 사람들이 있었기에 잘 풀린 것이다. 그렇지 않은 경우, 도움을 받지 못했거나, 도움을 배신한 경우, 아무리 굉장한 재능을 타고났고 굉장한 업적을 쌓았어도, 여지없이 인생이 꼬였다. 천재적 재능을 타고났는데도, 적지 않은 업적을 쌓았는데도, 그래도 여전히 인생이 망한 사람들. 세상에 순응하지 못하고 세상과 함께 가길 거부한 사람들. 내 재능이 너무 뛰어나서, 나의 뜻이 너무 고귀해서, 쉽게 타협할 수 없었던 사람들. "그냥 그렇게 한번 해볼까, 내가 한발 양보해 볼까" 이런 생각을 하지 못한 것이다. 그저 잠깐 한발 물러나면 되는 것을, 눈 딱 한번 감고 해 달란 대로 해 주면 되는 것을, 그 한발 양보가 죽기보다 싫어서 인생을 영영 고난과 불행으로 몰아넣은 것이다.

한심하기도 하고, 안타깝기도 하지만, 이들 중 정말로 100% 불운에 의해, 아무 이유 없이 인생이 망한 경우는 없다. 아무리 세상이 불공정해서, 기득권이 썩어서, 사람들 수준이 낮아서 등의 핑계를 대도 결국 원인은 하나뿐이다. 본인이 스스로 세상에 적응하길 거부한 것이다. 저 사람 능력 있는데, 실력 있는데, 사람들이 좋아하는데, 착하게 살았는데, 인성 좋은데, 그런데 인생 안 풀리고 망한 사례들, 이런 사례들을 보면서 같은 생각한 사람들 많을 것이다. 세상이 불공정하다, 기득권이 썩었다, 사람들 수준이 낮다, 어쩌고 저쩌고.

사람이 죽고 사는 것은 운의 작용이며 누구도 예상할 수 없는, 인과관계가 없는 일이다. 하지만 인생이 잘되거나 망하는 건 운의 작용이 아니다. 분명한 인과 관계가 있는 일이다. 왜냐하면 인생은 길기 때문이다. 아무리 처음에 불운에 시달려도, 결국 본인이 어떻게 하느냐에 따라 결과가 달라지기 때문이다. 대부분의 사회 초년생들은 이걸 이해하지 못한다. 모든 걸 운빨이고, 인맥이고, 부모 탓 수저 탓이라는 미신을 사실인 양 믿어 버린다. 그래서 고통받는다는 사실을 모른다. 왜 내 인생은 이 모양인지, 왜 정직한 사람들은 고통받고 비열한 기회주의자들만 잘되는지, 그렇기에 세상은 엉터리며 부조리 천지라는 피해망상에 빠진다.

당신이 이 책을 읽고 제목처럼 인생이 리셋되고 잘 풀리기 시작한다면 더할 나위 없이 좋은 일이다. 하지만 그렇지 않더라도, 최소한, 왜 저 사람은 인생이 잘 풀리고, 왜 저 사람은 안 풀리는지, 왜 저 사람은 잘나가는데, 왜 저 사람은 그렇지 못한지, 이유를 이해할 수만 있어도 이 책은 역할을 다한 것이다. 인생을 어떻게 살지는 순전히 각자의 재량이다. 가성비 인생, 잘 풀리는 인생, 성공하는 인생, 그딴 거 원치 않는 사람도 있기 마련이다. 그런 거 원치 않는 인생도 충분히 가치 있는 인생이며 소신 있는 인생이다. 중요한 건 고통받지 않는 것이다. 나보다 잘된 사람들, 잘나가는 사람들을 보며 질투심, 피해의식, 억울함에 시달리지 않는 것이다. 내가 내 나름의 인생을 사는 것처럼, 저들도 저 나름의 인생을 살았기에 저런 결과가 나온 것이란 사실을 이해하는 것이다. 그게 중요한 것이다. 그래야 마음이 편해지기 때문이다. 더 이상 고통받지 않고 세상에 순응하며, 세상과 함께 물처럼 흘러가는 인생을 살 수 있기 때문이다.

지은이 이드페이퍼

'월간이드'를 비롯해 인간, 사회, 문학, 예술 인문학 콘텐츠를 전자책으로 발행해 왔으며, 아마추어 작가들의 출판 커뮤니티 플랫폼을 운영 중이다. (https://idpaper.co.kr/)

출간작
『남자 구분법』
『남자 대처법』
『강철멘탈 되는 법』
『매력이란 무엇인가』
『거짓말 구분법』·
『인생 리셋』

인생 리셋

초판 1쇄 2025년 9월 17일

지은이 이드페이퍼

펴낸곳 데이원
출판등록 2017년 8월 31일 제2021-000322호

ⓒ 이드페이퍼, 2025
ISBN 979-11-7335-157-0 03320

* 잘못된 책은 구입하신 서점에서 바꾸어 드립니다.
* 이 책의 전부 또는 일부를 이용하려면 저작권자와 펜슬프리즘(주)의 서면 동의를 받아야 합니다.
* '도서출판 데이원'은 펜슬프리즘(주)의 임프린트입니다.
  pencilprism.co.kr